城市轨道交通职业教育系列教材——城市轨道交通车辆
CHENGSHI GUIDAO JIAOTONG ZHIYE JIAOYU XILIE JIAOCAI
CHENGSHI GUIDAO JIAOTONG CHELIANG

城市轨道交通车辆检修工艺

主编 ○ 郑炎华　蔡海云

西南交通大学出版社
·成都·

图书在版编目（CIP）数据

城市轨道交通车辆检修工艺 / 郑炎华，蔡海云主编.
—成都：西南交通大学出版社，2016.7（2023.1 重印）
城市轨道交通职业教育系列教材. 城市轨道交通车辆
ISBN 978-7-5643-4817-5

Ⅰ. ①城… Ⅱ. ①郑… ②蔡… Ⅲ. ①城市铁路 – 铁路车辆 – 车辆检修 – 职业教育 – 教材 Ⅳ. ①U279.3

中国版本图书馆 CIP 数据核字（2016）第 168919 号

城市轨道交通职业教育系列教材——城市轨道交通车辆

城市轨道交通车辆检修工艺

主编　郑炎华　蔡海云

责 任 编 辑	王　旻
特 邀 编 辑	王玉珂
封 面 设 计	何东琳设计工作室
出 版 发 行	西南交通大学出版社 （四川省成都市二环路北一段 111 号 西南交通大学创新大厦 21 楼）
发 行 部 电 话	028-87600564　028-87600533
邮 政 编 码	610031
网　　　　址	http://www.xnjdcbs.com
印　　　　刷	成都蓉军广告印务有限责任公司
成 品 尺 寸	185 mm×260 mm
印　　　　张	13.5
字　　　　数	336 千
版　　　　次	2016 年 7 月第 1 版
印　　　　次	2023 年 1 月第 4 次
书　　　　号	ISBN 978-7-5643-4817-5
定　　　　价	36.00 元

课件咨询电话：028-87600533
图书如有印装质量问题　本社负责退换
版权所有　盗版必究　举报电话：028-87600562

出版说明

城市轨道交通凭借快捷、准时、舒适、运量大、能耗低、污染小、占地少等优点，日益成为城市现代化建设进程中重要的公益性基础设施项目。城市轨道交通涉及面广、综合性很强，其发展状况已被当成一个城市综合实力和现代化程度的重要评判指标。由此，城市轨道交通建设正在我国兴起一个新的浪潮，社会对城市轨道交通专业人才的需求巨大，给城市轨道交通类专业的职业教育发展带来了良好契机。

西南交通大学出版社与国内诸多交通院校一直保持友好往来，并整合他们在轨道交通领域的尖端科技优势和人才集成优势，致力于为国家轨道交通教育事业做出贡献，形成了以"轨道交通"为核心的出版特色，在教育界、学界都拥有良好的口碑和较高的品牌知名度。

本套丛书从满足快速增长的城市轨道交通专业实用型人才培养需求出发，从校企结合教学直接面向岗位需求这一特点出发，精心组织国内相关专业优秀教育工作者或优秀教育工作高校，分"运营管理""工程技术""车辆""控制""供电技术"五大类，系统地为读者呈现城市轨道交通教育课程全景。在编写时，力求体现如下特点：

◎ **适用性**

理论知识够用即可，在讲述专业知识的基础上，突出实际操作技能的训练，注重岗位关键能力的培养。

◎ **专业性**

图书的顶层设计从国家高职高专专业目录规范出发，内容编排紧密结合岗位应用实际，体现专业性和主流设备前沿特征，体现教学实际需求。同时，在编写或修改时，尽可能地让一线用人单位参与进来，根据生产现场实际提出建议。

◎ **生动性**

在架构设计和版式设计上，力求简洁生动，图文并茂；努力体现二维码技术等移动互联网时代元素在图书中的应用，尽可能把生产实际和研究成果，用立体生动的形式予以表达，便于读者理解掌握。

这套书可作为高等职业院校、中等职业学校城市轨道交通相关专业的教学用书，也可作为城市轨道交通企业新职工的培训教材。有关教材的课件资料等，可以联系我社使用。

联系电话：028-87600533

邮箱：swjtucbsfx@163.com

西南交通大学出版社

二〇一六年六月

前　言

城市轨道交通诞生于 19 世纪中叶的英国伦敦，经历了 150 年左右的发展历史。它技术成熟、安全可靠、形式多样、用途广泛，以其大载客量、快捷、准时、环保等优势而成为解决日益严重的城市交通堵塞的最有效手段。

改革开放以来，随着经济的发展，我国内地城市化进程加快，城市交通问题成为制约城市发展的重要因素。为此，国家确立了优先发展城市公共交通的城市发展战略，建立以大容量快速轨道交通为骨干、以公共交通为主体的综合交通体系，解决城市交通拥挤问题，从而实现可持续发展。

我国城市轨道交通正处于飞速发展的大好时机，地铁、轻轨、单轨和磁悬浮等各种城市轨道交通系统如雨后春笋般在全国各大城市出现。

城市轨道交通的发展，急需大量德才兼备的各类人才。为了满足对人才特别是高、中级技能型人才培养的迫切需要，武汉铁路司机学校（武汉轨道交通学校）组织编写了适合高职、中职等学校及专业培训机构的城市轨道交通类专业的系列教学用书。

这套教材，紧扣职业教育的特点，在讲述基本专业知识的基础上，突出了对实际操作技能的培养。内容简洁明了，文字通俗易懂。为配合教学的需要，每章配有适量的复习思考题。

目前，各城市轨道交通建设成功后，运营和维修业需要紧紧跟上，因此运营和维修人才的培养更是迫在眉睫。由于城市轨道交通在我国还是个新生事物，经验积累少，因此目前关于城市轨道交通车辆设备和维修方面的专门教材甚少，不能满足教育和培训的需要。本书的编写目的就是充实这方面的需求，向学生介绍现代企业工艺管理的基本内容，通过大量的照片和图示较详细地讲解城市轨道交通车辆各级检修的工艺过程。编成后，虽经反复修改和校对，但由于编者水平和时间有限，不足甚至是错漏之处在所难免，欢迎读者批评指正。

本书由武汉铁路司机学校郑炎华、蔡海云担任主编，由武汉铁路职业技术学院机车车辆工程系何成才副教授主审。郑炎华编写第一章、第二章、第三章，蔡海云编写第四章、第五章。

本书在编写过程中，得到了武汉铁路职业技术学院机车车辆工程系黄秀川老师、武汉铁路司机学校钱传贤老师以及广州地铁运营部、武汉地铁运营部等多家地铁公司的帮助，在此表示由衷感谢。同时，在编写过程中参阅了大量专业书籍，书末列出了参考文献目录，在此我们对其作者表示衷心的感谢。

编　者
2016 年 5 月

目 录

第一章 城市轨道交通车辆的日常维修 ... 1
第一节 日检工艺过程与操作方法 ... 1
复习思考题 ... 6
第二节 月检（双周检）工艺过程与操作方法 ... 7
复习思考题 ... 16
第三节 临 修 ... 17
复习思考题 ... 33

第二章 城市轨道交通车辆的定修 ... 34
第一节 定修的工艺过程 ... 34
复习思考题 ... 35
第二节 定修工艺 ... 36
复习思考题 ... 49
第三节 定修的工艺特点和作用 ... 50
复习思考题 ... 50

第三章 城市轨道交通车辆的架修和大修 ... 51
第一节 架修和大修的性质和目标 ... 51
复习思考题 ... 52
第二节 架修和大修工艺过程 ... 53
复习思考题 ... 54
第三节 架修和大修的生产组织 ... 55
复习思考题 ... 57
第四节 架修工艺 ... 58
复习思考题 ... 77
第五节 大修工艺 ... 78
复习思考题 ... 82
第六节 车辆大修项目管理 ... 83
复习思考题 ... 90

第四章 城市轨道交通车辆机械部件的检修 ··········· 91

第一节 转向架的检修 ··········· 91
复习思考题 ··········· 112
第二节 车钩缓冲装置及部件的检修 ··········· 113
复习思考题 ··········· 123
第三节 车体的检修 ··········· 124
复习思考题 ··········· 129
第四节 车门的检修 ··········· 130
复习思考题 ··········· 140
第五节 制动系统及制动机部件的检修 ··········· 141
复习思考题 ··········· 160
第六节 空调的检修 ··········· 161
复习思考题 ··········· 170

第五章 城市轨道交通车辆电气部件的检修 ··········· 171

第一节 受流设备的检修 ··········· 171
复习思考题 ··········· 180
第二节 各类电动机的检修 ··········· 181
复习思考题 ··········· 183
第三节 牵引及控制系统的检修 ··········· 184
复习思考题 ··········· 190
第四节 辅助供电系统的检修 ··········· 191
复习思考题 ··········· 193
第五节 照明系统的检修 ··········· 194
复习思考题 ··········· 195
第六节 列车监控系统的检修 ··········· 196
复习思考题 ··········· 202
第七节 其他电气系统的检修 ··········· 203
复习思考题 ··········· 207

参考文献 ··········· 208

第一章　城市轨道交通车辆的日常维修

第一节　日检工艺过程与操作方法

日检是每天必须对车辆进行的检查。日检一般安排在每天运营结束后，列车回库时进行。日检的目的是保证车辆的正常运营，所以日检的主要内容是针对车辆运营安全至关重要的部位，如走行部分的转向架构架、轮对、齿轮箱悬挂装置、联轴器、轴承箱，制动系统的空气压缩机组、单元制动机、闸瓦，车门控制系统，车载信号设备等进行例行检查，保证在第二天出车前，车辆能够处于良好状态，所以过去日检又称为例检。

由于要保证白天车辆的投运率，所以一个正常运营的城市轨道交通运营企业的大规模车辆日检一般都安排在夜间进行（除非在运营初期或客流很小的线路）。因为对所有运营列车轮检一遍的时间是有限的，所以每列车的日检时间仅 1 h 左右。而且检查部件所在空间有限，不可能许多人挤在一起工作，所以日检操作必须分组进行。

日检一般按作业空间分为车底、车上和车顶 3 个层面。其中车顶检查有一定危险性，因为车顶比较光滑，容易侧滑坠落。一般进行车顶检查必须有与车顶一样高度的平台，并且四周有安全栏杆。现在新建的日检线大都按照轨面以下 1.2 m、车辆地板面和车顶高度设计成 3 层作业平台（见图 1-1、图 1-2），这样就能保证检修安全和方便地进行。

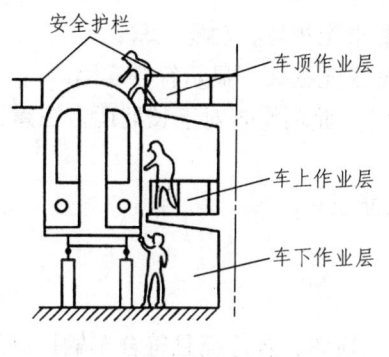

图 1-1

图 1-2

上海地铁一号线交流电动列车的日检规程，分为车顶电器、车内电器、车下电器、转向架、车体、空气气路及制动系统等几个部分。

一、车顶电器

地铁车辆车顶安装的电气设备有受电弓、避雷器和空调机组。日检检查受电弓和避雷器时，必须有车顶作业平台或其他安全措施，以确保作业人员的安全。

1. 受电弓的日检

受电弓的日检，重点是检查受电弓滑块工作厚度及工作面状况和弓头羊角。此作业对在新建线路上进行运营的地铁车辆尤为重要。由于在开通的初期供电接触网的状况及其和受电弓之间的配合需不断调整，受电弓滑块可能发生部分碎裂或贯穿至黏接面的裂纹，如不进行及时的更换或整修，可能造成弓网损坏事故。根据上海地铁的检修经验，要求滑块的炭块厚度应保持大于 3 mm。

在运营一段时间弓网配合良好后，受电弓的检查可根据实际情况只在月检（或双周检、双月检）中进行。目前，上海地铁采用的是对末班车进行登顶检查的方法，主要是检查弓网的运行安全情况。

2. 避雷器的日检

避雷器的日检，应检查避雷器绝缘瓷瓶表面状况及连接电缆。要求无破损、裂纹、明显松动。此项检查在雷雨季节特别是地铁车辆在运营中因雷击引起车辆故障后显得尤为重要。

二、车内电器

车内电器主要包括司机室电器、前部照明、侧墙指示灯、驾驶台显示屏、客室照明、客室车门状态显示和各控制单元。其中前部照明是指安装于地铁车辆前端的头灯、尾灯和运营灯。

1. 司机室电器的日检

（1）检查司机室内所有指示灯。要求无损坏，逻辑功能正常。上海地铁现已采用发光二极管替代灯泡。

（2）检查司机室照明和各种开关的外观及功能。要求无损坏，功能正常。

（3）检查蓄电池电压表、双针压力表、网压表。要求无损坏，显示符合实际。

（4）检查空调和通风装置。要求无损坏，功能正常。此项检查对于长期运营在露天或寒冷、酷热环境下的地铁列车尤为重要。

（5）检查主控制器（司机控制器），要求各联锁功能正常。

（6）检查风笛，要求功能正常。

2. 前部照明的日检

检查头灯、尾灯、各运营灯的外观及功能。要求无损坏，各灯亮且符合车辆控制逻辑，以确保运营安全。

3. 侧墙指示灯的日检

检查各侧墙指示灯外观及功能。要求无损坏，各灯亮且符合车辆控制逻辑。完好的侧墙指示灯系统可以帮助司机或维修人员快速准确地判断故障点，特别是车门故障、制动故障等。

4. 驾驶台显示屏的日检

对驾驶台显示屏读取故障并目测检查其外观。要求外观状态正常，并对故障进行存盘及删除。

5. 客室照明的日检

检查客室灯具及格栅，应无损坏。客室照明的完好将为乘客提供一个舒适的环境。

6. 客室车门的日检

检查客室车门灯的外观及功能。要求无损坏，功能正常。乘客能方便、及时、准确地了解附近客室门的状态，同时在车门系统发生故障时，帮助司机在运营中快速判断故障点并采取有效措施。

7. TCU 控制单元的日检

使用便携式计算机读取故障，目测检查 TCU 控制单元外观及各指示灯工作情况。要求状态正常，并对故障进行存盘、排除及删除。TCU 控制单元的故障读取，为日检人员正确掌握列车牵引系统状况提供依据，是十分必要的。

8. BECU 控制单元的日检

读取故障并目测检查 BECU 控制单元。要求状态正常，并对故障进行记录、排除及删除。BECU 控制单元的故障读取，为日检人员正确掌握列车制动系统状况提供依据，是十分必要的。

9. ACU 控制单元的日检

使用便携式计算机读取故障，目测检查 ACU 控制单元及各指示灯工作情况。要求状态正常，并对故障进行记录、排除及删除。ACU 控制单元的故障读取，使日检人员能正确掌握列车空调系统状况，及早排除故障。空调系统的完好将为乘客提供一个舒适的环境。

三、车下电器

车下电气设备包括 ATC 接收装置、各类电器箱体、各类电缆、速度传感器、接地装置、牵引电机和车间电源。

1. ATC 接收装置的日检

ATC 接收装置的日检主要检查机架、线圈及紧固件，应无损伤、无松动。

2. 各类电器箱体的日检

检查前后箱盖及电器接插件。要求箱盖锁紧，无异常。一旦各类电器箱的前后箱盖或电器接插件发生松动，轻者由于接触不良致使地铁车辆在运营中发生故障，引起列车下线。重者使电器箱内进水，造成电器设备损坏，甚至发生箱盖侵入限界或掉落，严重影响行车安全。

3. 对各类电缆、速度传感器、接地装置的日检

要检查电缆外表和速度传感器、接地装置的连接状况，要求无损伤、无脱落、无松动。

4. 牵引电机的日检

牵引电机的日检检查进、出风口，应无异常。

5. 车间电源的日检

车间电源的日检重点检查车间电源盖板固定情况。要求锁扣及尼龙扎带完好。考虑到车间电源盖板作为地铁列车牵引条件之一，一旦盖板松开，地铁列车将失去牵引能力的后果，

本项检查十分重要。上海地铁根据以往的经验、教训，在非使用状态下，使用尼龙扎带将车间电源盖板再加锁固。

四、转向架

转向架包括轮对、轴箱、轴箱拉杆、构架、一系悬挂、二系悬挂、中央牵引装置、齿轮箱及其悬挂、联轴节、抗侧滚扭杆、液压减振器和高度调节阀。转向架各部件的检查十分重要，涉及地铁列车的运营安全性。

1. 轮对的日检

（1）检查车轴和踏面。要求车轴轴身无裂纹、碰伤，踏面状况在标准允许范围内。

（2）检查车轮注油孔螺堵，应无丢失。本项检查十分重要，因为涉及今后退轮的作业和轮轴的再使用。

2. 轴箱的日检

（1）检查外盖螺栓及油脂渗漏情况，应无松动、无渗漏。

（2）检查轴箱止挡，应正常。

3. 轴箱拉杆的日检

主要检查拉杆、端部螺栓及开口销。要求无变形、无松动、无丢失。

4. 构架的日检

主要检查构架内外侧，牵引电机悬挂座，牵引拉杆座。要求无裂纹、无锈蚀、无冲击损伤，附件完好。

5. 一系悬挂的日检

主要检查橡胶件及簧座。应无明显裂纹、变形。

6. 二系悬挂的日检

主要检查空气簧及紧固件。要求无漏气、松动。

7. 中央牵引装置的日检

（1）检查牵引拉杆及所有附件，应无松动、损坏。

（2）检查中心销槽形螺母及开口销。

（3）检查中心盘与中心销套筒之间的距离。应在标准允许范围内。

（4）检查架车保护螺栓与下心盘上部的距离。应在标准允许范围内。

（5）检查横向止挡缓冲橡胶。要求无缺损。

8. 齿轮箱及其悬挂的日检

（1）检查齿轮箱外观及其所有附件。要求无明显漏油、松动。

（2）检查齿轮箱与悬挂装置连接螺栓。要求防松标记无错位。

9. 联轴节的日检

主要检查联轴节。要求无损坏，无漏油，螺栓无松动。

10. 抗侧滚扭杆的日检

主要检查抗侧滚扭杆松紧螺套紧固螺母。要求防松标记无错位。

11. 液压减振器的日检

（1）检查紧固件及漏油情况，应无松动、漏油。

（2）检查连接套筒，应无损坏。

12. 高度调节阀的日检

（1）检查高度调节阀。要求完好，无松动、损伤。

（2）检查高度调节阀的联动装置。要求完好，无损伤。高度阀调节杆应垂直，不准倾斜。

五、车　体

车体主要包括客室车门、司机室、车载灭火器和各类车钩。

1. 客室车门的日检

（1）检查客室车门外观、橡胶件和紧急手柄。要求完好，无明显损坏。

（2）测试车门开关功能，各门动作应基本一致。

2. 司机室的日检

应检查司机室遮阳帘、两侧刮雨器、左右两侧滑动门及紧固件、通客室门及观察孔。要求功能正常、无损坏、无松动。

3. 地铁车辆车载灭火器的日检

每日检查各车载灭火器，要求灭火器应在原位，外观完好，有效。上海地铁吸取韩国大丘地铁处理大火事故的经验，对各灭火器放置处都采用蓄光材料进行指示。使乘客在地铁车辆即使失去全部照明情况下，仍能快速找到灭火器并进行及时处理。

4. 车钩的日检

（1）检查全自动车钩钩头、橡胶托架、电缆和电缆夹、气管密封环、缓冲器标志环、各紧固件等。要求各项目正常，无明显损坏，无明显松动及遗落。

（2）检查半自动车钩、橡胶托架、电缆和电缆夹、缓冲器标志环、各紧固件等。要求各项目正常，无明显损坏，无明显松动及遗落。

（3）检查半永久车钩抱箍、橡胶托架、电缆和电缆夹、各紧固件等。要求各项目正常，无明显损坏，无明显松动及遗落。

六、空气气路及制动系统

空气气路及制动系统主要包括空压机单元及空气干燥器、各类气管及阀和单元制动机。

1. 空压机单元及空气干燥器的日检

对空压机单元及空气干燥器的日检重点是检查空压机及空气干燥器外观、紧固件及工作状况。要求外观正常,紧固件无松动。

2. 各类气管及阀的日检

对各类气管及阀的日检要求是:

(1) 检查各类气管,要求无明显泄漏。

(2) 检查可见阀门,要求阀门位置正确。

3. 单元制动机日检

对单元制动机的日检要求是:

(1) 检查锁紧片、橡皮保护套、闸瓦卡簧及其各螺栓。要求无异常。

(2)检查闸瓦。要求闸瓦未磨耗到限,更换闸瓦后调整间隙,上海地铁的间隙标准为(12 ± 1) mm。

复习思考题

1. 日检在什么时间及什么地点进行?
2. 根据日检规程城市轨道交通车辆日检共分几大部分?
3. 受电弓的日检重点是什么?
4. 转向架的日检内容有哪些方面?
5. 车钩的日检要求有哪些内容?
6. 对车载灭火器的日检有什么要求?

第二节 月检（双周检）工艺过程与操作方法

月检也是城市轨道车辆日常维修的重要一环，即每个月对车辆进行一次保养和检查。有许多车辆，过去月检是双周检，每两周进行一次，之后因经验积累，延长了检查周期，改为每月二次。现在也有新造车辆，最初投入运营时还做双周检。由于新车故障多，对其性能掌握不够，所以需要经常检查和发现问题，待车辆性能稳定后再改为月检。

月检属于低级别的检修。月检的内容基本覆盖了日检，而且还增加了对易耗零配件的更换以及对部分易损零件的修理。月检一般所需时间为一天，所以要占用车辆的投运时间。为了缩短留车时间，有的单位做月检只需半天。

月检是对运营时间或运营里程数分别达到一个月或 10 000 km 的电动列车所进行的检修维护。月检规程分为 A 检和 B 检两类，其中 A 检项目是每个月都需执行的，而 B 检项目是每两个月执行一次。由于各型电动列车的技术水平和使用环境都不相同，因此，在下面的介绍中，不对 A 检或 B 检内容进行特别的标示。

月检的主要目的是对主电路中的受电弓、牵引电动机和其他电气箱以及走行部分的转向架构架、轮对、齿轮箱和联轴节、车载设备的控制单元及各类信号、指示灯等进行检查。以保证电动列车走行部分的安全和电气控制性能的良好及易损耗件具有足够的工作尺寸。

上海地铁一号线交流电动列车的月检规程，分为车顶电器、客室电器、司机室电器、车下电器、转向架、车体、空气气路及制动系统和动态调试等几个部分。

一、车顶电器

车顶电器的月检包括对受电弓、避雷器、空调机组等的检测。

1. 受电弓的月检

受电弓是城市轨道交通车辆从供电接触网取得电流的电气设备，在月检中，要重点检查受电弓与触网间的接触压力及滑块的炭块厚度。具体如下：

（1）目测检查构架、连接电缆、连接螺栓和弓头羊角。

（2）清洁、检查支持绝缘子，要求表面无破损、无裂纹。在清洁中，应使用软布类材料。

（3）测量受电弓与触网间的接触压力。接触压力在测量时，应根据正线和段内供电接触的高度情况，选择有代表性的位置分别进行测量。

（4）测量滑块的炭块厚度，检查与底架的固定状况。

（5）检查受电弓销及轴承并加润滑脂，应充分润滑。

上述检查是对气缸驱动的受电弓而言，对于由电机驱动的受电弓，对高、低压回路间的隔离绝缘子的检查、检测是十分重要的。

2. 避雷器的月检
(1) 清洁并检查绝缘瓷瓶。
(2) 检查连接线及连接螺栓。

3. 空调机组的月检
(1) 更换空气过滤材料,要求安装良好。该作业可根据清洁程度,调整更换周期。
(2) 清洗排水孔,要求排水顺畅,蒸发器箱内无积水。上海地铁一号线交流列车由于排水孔径较小,极易堵塞,此项作业较频繁。其他地铁列车可根据自身情况进行调整。
(3) 检查蒸发器及其翅片,要求蒸发器两侧无异物,翅片无变形。
(4) 检查过渡风道,要求风道表面无裂纹、无损伤。
(5) 检查管路表面及接口,要求管路表面无损伤、无油污,管路接口无漏液、无松动。
(6) 检查冷凝器及其翅片,要求冷凝器两侧无异物,翅片无变形。
(7) 检查冷凝风机,要求叶片完好、可自由转动。最后检查客室紧急通风功能。

二、客室电器

客室电器的月检主要是对客室车门电气性能、客室照明、各控制单元和设备柜进行检查。

1. 客室车门电气性能的月检
检查客室车门灯、蜂鸣器的外观和功能。

2. 客室照明的月检
首先检查客室灯具及格栅。其次检查客室照明功能(包括应急照明功能)。

3. 各控制单元的月检
(1) 确认各控制单元状态正常,并对故障进行记录,排除及删除。
(2) 以北京时间为标准,校正各控制单元的系统时间。
(3) 根据轮径尺寸设置标准在相关控制单元中检查或重新设置轮径代码。

4. 设备柜的月检
检查设备柜门、锁、照明及设备柜内各开关、各类电气设备。

三、司机室电器

司机室电器的月检包括对逆变器应急启动,受电弓操作,司机显示屏,头灯、尾灯、运营灯和两侧指示灯,司机控制器,目的地、列车号指示灯进行检查。

1. 逆变器应急启动功能测试
进行逆变器应急启动功能测试,要求本单元受电弓正常升起,逆变器正常启动。

2. 受电弓操作
进行受电弓升弓操作,要求所有受电弓正常升弓、网压表有指示,相应指示灯显示正确。

3. 司机显示屏的检测

对司机显示屏进行检查，主要为：

(1) 按下故障显示确认按钮，检查各指示灯是否亮。

(2) 检查或重新输入轮径代码。

4. 头灯、尾灯、运营灯和两侧指示灯检测

检查头灯、尾灯、各运营灯和两侧指示灯的外观及功能，要求无损坏，功能正常。

5. 司机控制器检测

检查司机控制器，要求各手柄间的连锁正常。

6. 目的地、列车号指示灯检测

检查目的地、列车号指示灯，要求灯亮、显示正确。本项检查对混线运营的轨道交通车辆尤为重要。

四、车下电器

车下电器包括牵引电动机、空压机电机、主接触器箱、制动电阻箱、蓄电池、各类电器箱、牵引箱、辅助逆变器、车间电源、接地装置、速度传感器、电缆布置和 ATC 接收装置。

1. 牵引电动机

以上海地铁一号线交流电动列车为例，其使用的是交流牵引电动机，其维护保养较简单，只要进行进、出风口及速度传感器的检查即可。

上海地铁一号线直流电动列车由于使用的是直流牵引电动机，除了上述的检查外，对电机内部碳粉的清洁及对换向器和刷握部分的检查尤为重要。

2. 空压机电机

以上海地铁一号线交流和直流电动列车为例，其使用的空压机电机是由 DC 1 500 V 直接供电的直流电动机，在进行月检检查时，要进行下列操作：

(1) 清除电机内部的碳粉、灰尘。

(2) 检查换向器表面状态和碳刷工作长度。

3. 主接触器箱

上海地铁一号线直流电动列车设有主接触器箱，因此，对各主接触器的检查必不可少。

(1) 检查主接触器的触头与灭弧罩（重点检查制动接触器、牵引接触器）。对主触头表面有小面积烧损结瘤的，要刮去砂平。如主触头表面烧损结瘤面积大于触头面积一半或触头顶部磨耗超过 3 mm 者，需更换触头。新安装的触头用蓝印法检查其接触面积。灭弧罩导弧角无积瘤、无积尘，转轴无移位。灭弧罩罩壁烧损深度小于 3 mm。

(2) 手动检查接触器动作，应灵活。

(3) 检查各辅助回路保险丝，应完好。

现在的城市轨道交通交流车辆使用少量主接触器，并将它们安装在牵引箱内，有关的检

查要求，归入到牵引箱的检查中。

4. 制动电阻箱

制动电阻是城市轨道交通车辆进行电阻制动的能量消耗器件，由于城市轨道交通车辆频繁起制动的特点，制动电阻也长期工作在高温下。因此，对制动电阻的清洁、检查和检测是十分重要的。制动电阻的良好事关城市轨道交通车辆的正常运行，制动电阻如故障，轻者引起动车封锁，影响列车正常运营；重者引起电阻元件烧损或主电路其他元器件损坏。在月检中：

(1) 要使用干燥压缩空气清洁电阻元件、进出风口和箱体。
(2) 检查电阻元件有无变形或发热痕迹。
(3) 检查通风冷却电机。
(4) 检查差压开关或风速传感器等。

5. 蓄电池

蓄电池是电动列车上非常重要的电气部件，在紧急状态下为电动列车提供紧急电源。因此，对蓄电池的月检检查是很重要的。

(1) 清洁蓄电池表面污迹。
(2) 检查蓄电池接线和紧固状态。
(3) 检查每个蓄电池单体的液面高度。要求液面离最高液位标志线的距离小于 20 mm，否则，需补加蒸馏水至最高液面标志线处。对于新车型，在投运后，应充分考虑充电电压和高温季节的影响，加强对液面高度的检查。
(4) 给所有蓄电池单体连接板涂凡士林。要求涂覆完整、表面均匀。并检查保护熔丝、隔离开关及辅助开关。

6. 各类电器箱

此处的各类电器箱是仅对箱体的检查，并不涉及内部安装的电气件的检查。

(1) 检查前后箱盖及电气接插件。要求箱盖锁紧，无异常。
(2) 检查连接螺栓与悬挂处，应无锈蚀、无松动、无损坏、无裂纹、安装牢固。
(3) 检查箱盖和盖板的密封性和警告标记。
(4) 检查箱盖锁舌标记。

7. 牵引箱

牵引箱是城市轨道交通交流车辆的心脏，且多采用模块化设计，体积较大。根据上海地铁的多年运营经验，保持其通风风道的清洁非常关键。对牵引箱的月检检查：

(1) 清洁和检查其冷却系统，保持风道和各模块、电气件的清洁及冷却风机的功能正常。
(2) 检查线路接触器与预充电接触器。
(3) 检查各类高压接线。

8. 辅助逆变器

辅助逆变器为城市轨道交通车辆提供辅助电源，是车辆的重要电气部件。在月检中：

(1) 要清洁逆变器箱内部。
(2) 打开盒盖，拆下应急电池。清洁应急电池盒内外及排气孔并检查各连接触点有无腐蚀。如有，清除后涂接触油脂。

(3) 测量应急电池电压，应急电池电压大于 105 V。

9. 车间电源

车间电源是城市轨道交通车辆进行静态调试时，在受电弓不能从供电接触网得到电源时的辅助受流器。从车辆系统的安全性出发，其和受电弓之间设有联锁，以保证在任何情况下，两者不能同时得电，因此车间电源盖板的位置状态是城市轨道交通车辆是否允许进行牵引的判别条件之一，对车间电源盖板固定情况进行检查是十分重要的。为此，上海地铁为了保证车辆在运营中车间电源盖板不会弹出，在锁紧后再用尼龙扎带进行紧固。

10. 接地装置

城市轨道交通车辆的接地系统包括接地连接线和带接地碳刷的接地装置，考虑到月检的检修周期仅 2 天，在月检中只对接地连接线进行检查：

(1) 检查线缆及线缆夹，应完好，无松动。
(2) 必须检查线缆与构架间的距离。

11. 速度传感器

对于速度传感器的月检检查：

(1) 检查电缆夹。应完好，无松动。
(2) 检查与车体的接口插座。要求无松动，橡胶密封件完好。
(3) 检查电缆软管及其与构架的距离。要求无裂纹、无擦伤。

12. 电缆布置

检查所有电缆的连接有无松动情况及有无绞缠磨损。并检查电缆固定夹有无窿形、松动。

13. ATC 接收装置

检查机架、线圈及紧固件。

五、转向架

转向架包括轮对、轴箱、轴箱拉杆、构架、一系悬挂、二系悬挂、中央牵引装置、齿轮箱及其悬挂、联轴节、抗侧滚扭杆、液压减振器、高度调节阀和地板高度调整。

1. 轮　对

轮对是城市轨道交通车辆走行部的重要部件，在检修中应重点检查。

(1) 目测检查车轴，要求轴身无裂纹、碰伤。
(2) 目测检查踏面的擦伤、剥离和沟状磨耗状况，应在允许范围内。
(3) 检查轮径，直径应大于 770 mm。
(4) 使用轮缘尺测量轮缘，应在允许范围内。
(5) 使用内侧距尺测量轮对内侧距，尺寸应在允许范围内。
(6) 目测检查车轮注油孔螺堵，应无丢失。

2. 轴　箱

(1) 检查紧固螺栓及油脂渗漏情况。

(2) 检查轴箱止挡。

3. 轴箱拉杆

检查紧固螺母、开口销及拉杆套。要求无松动、脱落,拉杆套无弯、瘪现象。

4. 构　架

检查构件内外侧、牵引电机悬挂座、牵引拉杆座。要求无裂纹、无锈蚀、无冲击损伤,附件完好。

5. 一系悬挂

(1) 检查橡胶件及簧座,应无明显裂纹、变形。
(2) 测量轴箱与构架的距离。

6. 二系悬挂

(1) 检查空气簧及其部件。要求空气簧无损坏,无老化裂纹、无铅发丝裸露。各部件无明显结构性损伤、附件齐全。与空气簧接触的部件无明显的锈蚀,疤痕。
(2) 检查空气簧的密封性。

7. 中央牵引装置

(1) 目测检查心盘座与车体底架的连接、牵引拉杆及所有附件。
(2) 测量中心盘与中心销套筒之间的距离。
(3) 目测检查中心销槽形螺母及开口销。
(4) 测量架车保护螺栓与下心盘上部的距离。
(5) 检查横向止挡缓冲橡胶。

8. 齿轮箱及其悬挂

(1) 目测检查齿轮箱外观及其所有附件。要求无明显漏油,附件无松动。
(2) 目测检查齿轮箱与悬挂装置连接螺栓。
(3) 检查齿轮箱油位。要求油位在上下两油位线之间,如低于下油位线,应补油。
(4) 检查齿轮箱紧急止挡及紧固螺栓。要求止挡无损伤、无裂纹,螺栓无松动。

9. 联轴节

目测检查紧固件状态,要求无松动。对于上海地铁一号线直流电动列车使用的橡胶联轴节,还需目测检查橡胶件。要求无异常变形,如裂纹深度大于 10 mm,必须更换。同时检测联轴节偏心度和联轴节轴向距离。

10. 抗侧滚扭杆

目测检查抗侧滚扭杆松紧螺套紧固螺母,要求防松标记无错位。

11. 液压减振器

(1) 目测检查紧固件及漏油情况。
(2) 目测检查连接套筒。

12. 高度调节阀

(1) 目测检查高度调节阀。要求完好,无松动、无损伤。

(2) 目测检查高度调节阀联动装置。要求完好，无损伤。高度阀调节杆应垂直，不准倾斜。

13. 垂向及横向止挡

目测检查垂向及横向止挡、止挡间隙、螺栓、衬垫。应完好，无损伤。

14. 牵引拉杆

(1) 目测检查所有螺栓及衬垫。要求螺栓、锥垫完好，无损伤。衬垫橡胶件无松动。
(2) 检查扭矩。

15. 转向架上的气管路

(1) 目测检查管路、托架、夹子。应完好，无遗失、无松动。
(2) 检查管路接头密封性。

16. 地板高度调整

在充气状态下测量地板面距轨面的高度。

六、车体、车门、车钩

车体、车门、车钩包括车体外表、客室车门、客室内饰、司机室、司机室侧门、安全门、乘务员钥匙、通道、全自动车钩、半自动车钩和半永久车钩。

1. 客室车门

城市轨道交通车辆的客室车门随着客流量的增大，客室车门的故障发生率也不断增高。因此，在月检中必须对客室车门的重要尺寸根据情况进行检查。

(1) 清洁滑动导轨、底部导轨、滑轮、连杆、紧急排气装置、活塞杆和门叶。要求清洁，无污垢。
(2) 目测检查客室车门外观、橡胶件、紧急手柄及玻璃。要求完好，无明显损坏。
(3) 检查所有紧固件和车门止挡块。要求紧固件无松动，止挡块缓冲橡胶无脱落。
(4) 检查开关门动作。要求开关门动作灵活、整齐，开关门时间（2±0.5）s。
(5) 润滑紧急排气装置、活塞杆，应涂抹均匀。
(6) 检查、清洁和润滑门锁机构并调整安全钩与门销间隙。要求清洁，无损坏，门锁机构动作灵活；安全钩与门销间隙为 1～1.5 mm。
(7) 检查车门门槛条、滑槽及门叶。要求门槛条无松动，滑槽内无异物，门叶在门槛条内滑动正常。
(8) 检查并调整钢丝绳张紧力以及防跳轮和承载轮的间隙。
(9) 检查并调整各限位开关的状态。要求位置正确，紧固可靠，接线无松动。
(10) 测试车门开关功能。主要关门压力和开关门时间都符合要求。

2. 客室扶手、立柱

检查扶手、立柱及紧固螺钉。要求扶手、立柱无转动，紧固螺钉无松动。

3. 客室内座椅

检查各座椅的外观及固定情况。要求外观无破损，连接无松动。

4. 贯通道与折棚

检查贯通道渡板及人造革折棚。要求当渡板出现严重磨耗（不锈钢板厚度<0.5 mm，铝合金板厚度<1 mm）时，应更换。折棚外观无破损、脱线，斜撑无断裂。

5. 各端墙、侧墙、地板窗及玻璃

检查墙、地板、窗及玻璃。要求墙面无破损、无裂纹。地板无破损，窗及其玻璃完好无损，夹层无积水。

6. 司机室

（1）目测检查座椅、顶棚、各墙面和左、右挡风玻璃。要求完好，无明显损坏。

（2）检查司机室遮阳帘、两侧刮雨器、左右滑动门及紧固件、通客室门及观察孔、隔离布帘。要求功能正常、无损坏、无松动。

（3）检查灭火器，应在原位，外观完好，在有效期内。

（4）检查辅助工具。应在原位，齐全。

7. 安全门

检查电气联锁功能及阻尼杆功能。要求功能正常。

8. 全自动车钩

当城市轨道交通车辆在运营中发生严重故障不能自行运行时，必须进行连挂救援。因此，对全自动车钩的检查十分重要，具体如下：

（1）清洁并润滑机械车钩。

（2）目测检查全自动车钩各部件，橡胶托架，电缆和电缆夹，气管密封环，各紧固件等。

（3）检查电气车钩盖板，车钩电气触头表面防腐处理。

（4）检查车钩压溃管是否移位。

（5）清洁电气触头保护罩转动轴的表面并润滑。

（6）测量全自动车钩中心至轨面的距离，应为（720±10）mm。

（7）对接模拟及自动对中试验。

9. 半自动车钩

（1）目测检查半自动车钩各部件，橡胶托架，电缆和电缆夹，各紧固件等。

（2）检查电气车钩盖板，电气车钩密封橡胶应无损伤。

（3）检查车钩电气触头表面防腐处理并检查各弹性触头弹力。要求全面处理表面，各触头保证有足够的弹力，且电气车钩端面应凸出机械车钩端面2～3 mm。

10. 半永久车钩

（1）目测检查半永久车钩抱箍，橡胶托架，电缆和电缆夹，各紧固件等。

（2）检查车钩压溃管是否移位。

（3）检查气管连接处，应无泄漏。

七、空气气路及制动系统

空压机单元及空气干燥器包括空压机单元及空气干燥器、各类气管及阀和单元制动机。

1. 空压机单元及空气干燥器

（1）检查空压机及空气干燥器外观、缸盖螺栓等紧固件及工作状况。要求紧固件无松动。空压机工作正常无异声。

（2）检查油位，应在游标的上限和下限之间。

（3）检查电磁阀，应完好。

（4）检查排泄管，要求排水、排气正常，出口无异物。

（5）检查滤清器，要求清除积灰。

2. 各类气管及阀

（1）检查各类气管，要求无明显泄漏。

（2）检查可见阀门，要求阀门位置正确。

3. 单元制动机

（1）目测检查锁紧片、橡皮保护套、闸瓦卡簧及其各螺栓、扭簧轴销卡簧。要求无异常，卡簧无断裂、脱落。

（2）检查管路及紧固件，要求管路无漏气，紧固件完好、无松动。

（3）检查闸瓦，要求闸瓦未磨耗到限，更换闸瓦后调整间隙至（12±1）mm。

八、动态调试

动态调试是对城市轨道交通车辆的运行性能考核，其包括牵引试验、制动试验和司机室显示屏功能检查。动态调试一般在试车线上进行，使用的测试仪器主要是便携式计算机或记录仪。

动态调试时，牵引试验和制动试验交替进行。牵引试验的主要考核指标是牵引加速度。

制动试验分为全常用制动试验和快速制动试验。其主要考核指标是制动距离。司机室显示屏功能检查的目的是检测显示功能和逻辑是否正常，通常的方法是拉下任一扇客室门的紧急手柄，检查司机室显示屏显示是否正确（故障类型，单元，车型）。在上述试验完成后，确认司机室显示屏和其他控制单位状态正常，并对故障进行记录，排除及删除。

九、双月检工艺过程和操作方法

双月检是与双周检配套的检修周期，如果不做双周检，一般就不做双月检。双月检是每两个月进行一次的检查和保养，与月检的检修内容大致相同。其主要内容除了与月检相同的以外，还有检查更换闸瓦、给蓄电池组加水、座椅检查、照明检查等。现在有些城市轨道交通企业（如上海地铁）已基本取消双月检，将其内容归入月检。

复习思考题

1. 城市轨道交通车辆运行多少千米或多少时间需要进行月检?
2. 月检规程分为哪两类?如何规定的?
3. 月检的主要目的是什么?
4. 以上海地铁为例说明月检规程分为哪几个部分?
5. 根据月检规程各个部分的检查内容是什么?
6. 熟悉上海地铁的月检工艺。

第三节 临 修

一、概 述

（一）车辆临修的概念

地铁车辆的正常维修包括日检、月检、定修、架修、大修，各级修程的常规检修项目、内容范围及技术要求由车辆专业公司制定并由上级部门批准颁布的法定文件《各级修程技术规程》限定。

车辆临修是指在本次正常计划修程的规定时间内或正常检修力量配备下无法完成，并且超越该修程法定项目内容范围或超越本次修程计划成本的检修任务以及正线运营列车非正常下线产生的检修任务——超计划维修检修项目以及正线运营列车非正常下线产生的检修。

通常我们把"超计划维修检修项目"称为地铁车辆的临修。

（二）车辆临修的认定及组织实施流程

1. 车辆临修的认定

临修是由正常计划修程派生出来的检修任务。车辆检修项目在满足以下条件之一的情况下被认定为临修任务：

（1）该检修任务超出本次法定修程内容范围。
（2）如果实施该检修项目将超出本次修程计划成本。
（3）如果实施该检修项目将使本次修程无法在规定时间内完成。
（4）正线运营列车非正常下线产生的检修。

2. 车辆临修实施流程

车辆临修实施流程如图 1-3 所示。

3. 车辆临修的分类

根据采用的检修线，车辆临修可分为一般临修和重大临修。可以在一般检修线上实施，不需要使用架车机、镟床、行车、铲车等大型设备就能完成的临修任务，我们称其为一般临修；必须在专用检修线上实施，并且要借助架车机、镟床、行车、铲车等大型设备完成的临修任务，我们称其为重大临修。

根据运营情况及计划修程，车辆临修可分为直接临修与超计划临修。正线运营车辆由于列车故障而掉线、清客、救援回库，由计划部门直接安排相关部门对其实施临修，我们称其为直接临修；地铁车辆常规修程一般包括日检、月检、定修等。如果在实施上述常规计划修程过程中，发现超计划维修检修项目，我们称其为超计划临修。

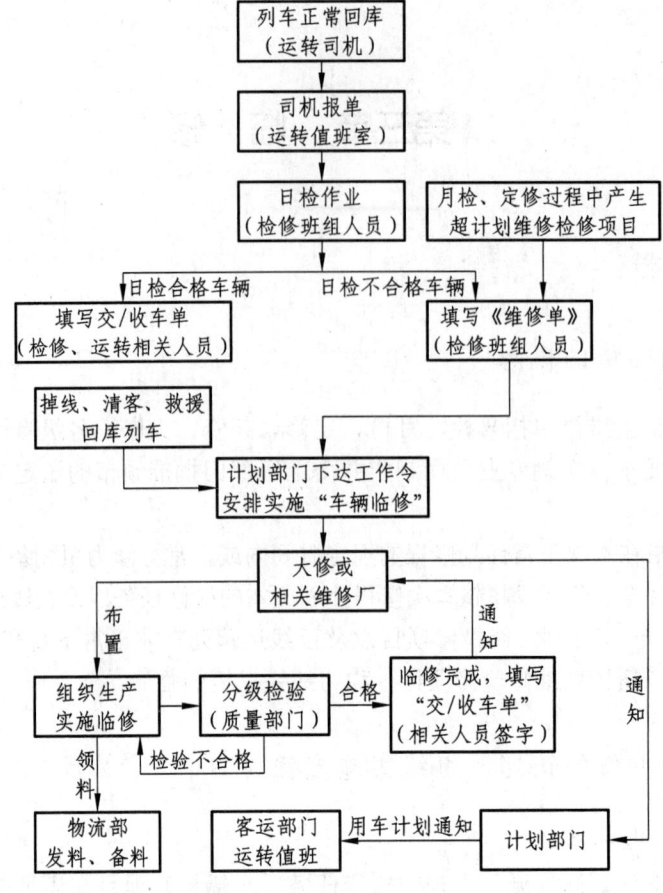

图1-3 车辆临修实施流程图

二、由日检而产生的临修

由日检而产生的临修大多数为一般临修。

每天地铁列车运营结束,检修人员必须对所有列车实施日检。日检人员依据"日检技术规程"对车辆进行检查,同时根据运转部门的"司机报单"对当日正线运营的故障列车进行重点检查。并且对所有运营列车的CCU、TCU、BECU(BCU)、ACU以及DBU故障进行读取并存盘保存。日检人员对故障进行初步分析,对影响或可能影响第二天车辆运营的故障列车立刻填报"故障列车临修单",报送计划部门安排扣车临修,同时计划部门及时通知运转部门调整第二天运营列车。

另外,日检人员在正常检修时如果发现不符合规程技术要求的异常现象,而该故障在本次日检中又无法排除,特殊情况下(如轮对踏面擦伤、剥离超标,转向架裂纹等),日检人员同样要填报"故障列车临修单",由质检人员确认后报送计划部门安排扣车转为重大临修。

(一)日检故障统计分析

日检人员在每天的日检作业时对所有当日运营车辆读取的CCU、TCU、BECU、ACU以及 DBU 故障通过各种途径传递到各相关部门或单位，各相关部门或单位的专业人员对故障内容进行分析研究。我们知道，事物的发展都是由量变到质变，质变都是由量变的积累才发生的。车辆的故障同样如此。正线运营车辆由于各类故障引起的掉线、清客、救援，从理论来说绝大多数都是可以避免的。导致掉线、清客、救援的车辆故障，往往都是前期相关微小故障的积累而引发的。只要我们密切关注每天的日检故障，对其进行深入分析研究、归纳统计，就能及时发现问题，采取有力措施防患于未然，从而最大限度地避免车辆故障引起的掉线、清客、救援。

根据我们长期研究发现，日检人员每天读取的车辆故障很多，但不外乎两种，一种是直接影响正线车辆运营的故障，此类故障直接转为临修；另一种也就是绝大多数的故障并未影响当天的正线车辆的运行，我们将其归纳为三类故障，第一类是"CCU 中的 BECU 故障"；第二类是"高速开关（HSCB）故障"（如：CCU/"B 车高速开关故障""C 车高速开关故障"等）；第三类是"联络故障"（如：CCU/"TCU 联络失败""BECU 联络失败""显示屏无法联络"等、TCU/"与 CCU 无法联络""与其他 TCU 无法联络""与 BECU 无法联络"等）。以上 3 类故障几乎每天每列运营车辆都有发生，产生的原因很多，其中有车辆本身的原因，也有通号方面和司机操作方面的原因。虽然三类故障多数都没有影响当天的车辆运营，但我们每天对每列车发生的三类故障次数进行统计累加，一段时间后，发生次数多的列车，我们重点对其检查分析，必要时填报"临修单"由计划部门及时安排扣车组织有关部门进行临修作业。

（二）客室车门临修

由于地铁车辆正线运营站距短、车门开启频繁。门控电、气动零件部由于长期超负荷运转造成故障，正线运营结束而实施日检的车辆，经常会发生车门临修。

地铁车辆车门一般分为双叶内藏式移动门和双叶塞拉式对开门两种。移动门和塞拉门各有特点。移动门较易受车体变形影响而发生故障，塞拉门不存在此问题。现代轨道交通车辆的发展趋势是轻型化，车体材料和以前大不相同，多为铝合金等轻型材料。这样其车体在外力作用下很容易产生弹性变形，因此移动门随着现代车体轻量化的趋势将逐渐为塞拉门所取代。当然，塞拉门也有其弱点，但只要我们在其控制软件设计及车门临修方面不断探索研究，就可以扬长避短。

双叶内藏式移动门的开、关门动作的动力为压缩空气，它是由压缩空气推动气缸活塞，再由活塞杆带动钢丝绳、滑轮等机构使两门叶同步反向移动完成车门的开、关动作。车门机械装置主要的特点是：气缸的尾座是铰接连接而活塞杆的头部是球铰连接，因此整个气缸是处于浮动状态，不会因车体变形而产生活塞在气缸内卡死现象。每扇门叶的顶部装有 4 个尼龙轮，吊嵌在 C 字形的导轨内，只要准确地调整好尼龙轮与导轨的间隙，就可使门叶平稳地灵活滑动。尼龙轮（上轮）与导轨的间隙一般在车两端的车门为 0.3 mm，而在中间车门为 0.5 mm。若门叶在运动时有跳动则可适当减小其间隙，但要保证车体在承受最大载荷时，即车体有一定挠度时，车门也能正常地开关。

正线运营时，由于车辆客室某扇门不能正常启闭而将该门切除，运行结束后回库检查，车门开启或关闭又往往恢复正常。那么这又是什么原因呢？正线运营列车往往满载荷或超载，此时车体变形量大。移动式车门各部件都有严格尺寸标准范围，比如：尼龙轮（上轮）与导轨的间隙尺寸应调整在：两端头 4 扇门为 0.2～0.3 mm、中间 2 扇门为 0.4～0.5 mm、其余 4 扇门为 0.3～0.4 mm；车门门钩板与两门板上的两个锁钩销之间的间隙应调整为：1.0～1.5 mm；两门护指橡胶侧边之间距：上端 84 mm、下端 82 mm，上下间距差为 2 mm。由于车辆运行时不断振动，车门各尺寸都有可能变化而超标或者原来尺寸根本就未调整在标准范围内，那么列车在正线满载或超载运营情况下车门就不能正常开启或关闭，而运营结束回库，车辆是空载，客室车门启闭就又会恢复正常。因此对于此类车门故障的临修，首先就要求运行司机必须准确填报当天运营报表，明确故障车门位置。因为，每列车有 60 扇客室车门，日检人员不可能对每扇车门进行检查，只有通过"司机运转报表"准确获取故障车门信息，才能快速针对该车门进行临修。日检人员尤其要注重各尺寸的检查复测，发现某项尺寸超标必须重新调整至"技术规程"所规定的范围。

车门另一类故障为门控或传动零部件的损坏，车门驱动气缸损坏、关门按钮故障、护指橡胶条脱落、各行程开关故障、门钩气缸损坏、车门传动钢丝绳断裂等等都会导致车门无法正常开关，因此此类车门的临修必须及时更换相关故障零部件。有时根据实际情况，对车门易损零部件严格检查，甚至发现稍有异常就必须提前更换（如钢丝绳虽然未断但起毛刺、气缸异声等），以最大限度地杜绝正线运营车辆的车门故障。对于塞拉式车门，由于其传动是靠直流电机驱动螺杆或齿条再驱动门叶移动。因此与移动式车门相比，塞拉门的各传动零部件位置没有严格的尺寸要求。车门很少由于车体变形而产生故障，塞拉门受车体变形的影响发生故障的概率较之移动式车门要少得多。但塞拉门也有弱点，由于靠电机转动而驱动开关门，因此一旦正线运营时客流量大，乘客由里向外顶住车门，关门数次后仍未关上，那么电机停转亦即关门驱动力消失，关门动作就停滞；另外，在关门时碰到障碍物后，有时门控电脑系统会死机，这样就会影响车辆的正常运行。针对塞拉门此类特有故障的临修，我们完全可以通过适当调整门控电脑软件的方法加以避免，如：适当加大关门压力（调控电机转速）、增加车门受阻后的再关门次数以及调整最后一次车门受阻后的受控状态（最后一次关门受阻后，通过电脑程序控制电机，使驱动电机不停止动作：停→转→停→转……从而使关门动作不停止）。

总而言之，对于车门的临修，不管是移动门还是塞拉门，我们都必须根据各自门控系统的特性，具体问题具体分析，采取有针对性的检查处理方法，及时准确地排除故障，最大限度地避免因车门故障而造成的对正线运营的不利影响。

车门气动控制原理图如图 1-4 所示。

（三）空调临修

在高温季节，空调故障往往由日检人员检查发现并填报"临修单"由计划部门统一安排临修。空调故障临修一般包括以下几类：

第一类是"空调冷凝水滴入客室"问题，此类问题主要是由于机组内冷凝水排放不畅而引起，只要疏通排水即可解决。

第二类是"制冷剂泄漏"问题，"制冷剂泄漏"会引起空调制冷量不足或不制冷，严重影响正线运营车辆舒适度。此类故障的临修难度较大，检修人员首先必须寻找发现制冷回路的泄漏部位。首先是阀类部件泄漏，一般是压缩机排出口或吸入口的截止阀，由于排出口压力高，因此绝大多数阀类泄漏来自于压缩机高压排出口的截止阀（见图 1-5 中的截止阀 1）。临修处理方法是：对其法兰连接处进行检查，更换密封圈，紧固连接螺栓；其次是铜管破裂而导致制冷剂泄漏，一般来自于冷凝器原连接弯管焊接处，临修方法就是对泄漏处重新烧焊。只有找到泄漏处，并对其处理以后才能对机组补充制冷剂。列车空调制冷剂的泄漏，极大地影响正线运营列车的舒适度，列车空调制冷量的不足甚至不制冷，往往直接引起乘客的投诉。另外，制冷剂的泄漏又会对大气造成污染。因此，对列车空调机组的制冷剂泄漏问题进行攻关解决已迫在眉睫。一般情况下为方便维修，在压缩机低压吸入口及高压排出口各设置了一个截止阀以便进行压缩机的更换。然而，由于列车长时间的处于运动状态，制冷回路应该尽量减少阀类部件，因此最大限度减少制冷回路阀类部件，应该是地铁车载空调系统设计中的基本思路。相信在不远的将来，经过对既有车辆空调机组的整改，必将大大减少针对"制冷剂泄漏"的临修作业。

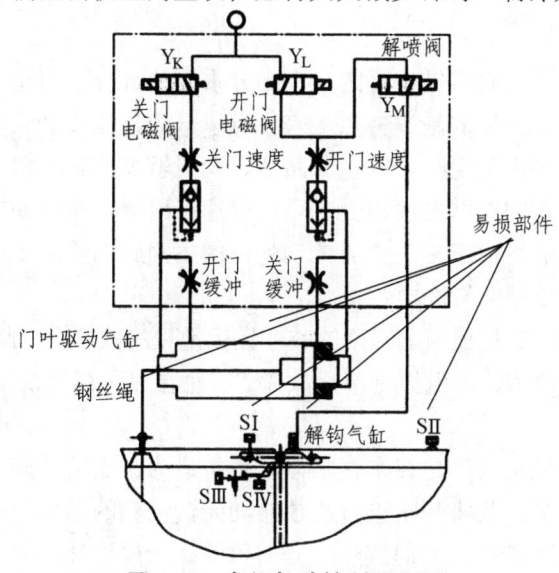

图 1-4　车门气动控制原理图

第三类是针对空调零部件损坏的临修，如：通风电机、冷凝风扇电机、各温度传感器、压缩机保护单元等部件损坏频率较高；检修人员可以根据 ACU 的故障代码显示，对具体受损部件进行修理或更换。

上海地铁交流传动车辆空调制冷回路原理图如图 1-5 所示。

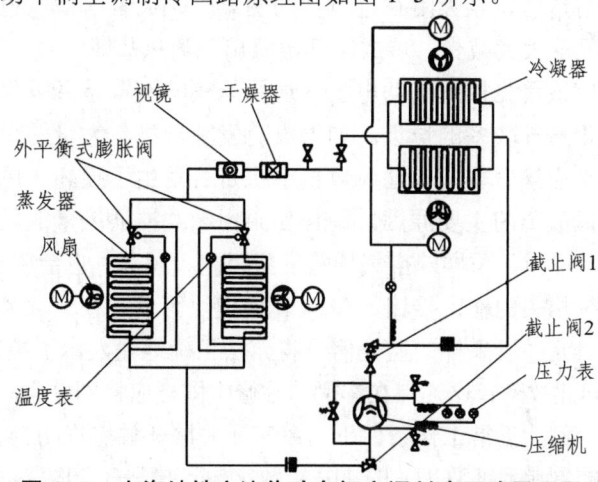

图 1-5　上海地铁交流传动车辆空调制冷回路原理图

对于上述空调的第二类、第三类故障，有的可以直接在车顶处理解决完成的临修，为一般临修；而有的故障分析查找原因比较困难或者处理时间相对较长，检修人员往往直接更换机组总成，将车上有故障的空调机组总成换下后进行临修处理，此类临修为重大临修。

（四）车辆电气临修

城市轨道交通车辆的电气部分的临修可以分为以下几个部分的临修：主回路、控制回路、辅助回路、信息与监测回路、列车照明回路、辅助设备、车门控制回路、列车自动驾驶（ATC/ATP）。

1. 主回路部分的临修

城市轨道交通列车的主回路是车辆的一个十分重要的部分，对于不同的车型其组成是大不相同的，但根据车辆主回路的基本特点上来说可以分为直流传动列车、交流传动列车。这里直流列车的主回路主要由受电弓、高速断路器、牵引斩波器、直流牵引电机、制动电阻等组成；交流传动列车的主回路则主要由受电弓、高速断路器、牵引逆变器、交流三相异步牵引电机、制动电阻等组成。由于交、直流传动列车的主回路的构成上的差异与相似，其临修作业在某些方面将有部分相似与差异。

城市轨道车辆在运营的过程中主回路的临修比较常见的故障有：制动电阻通风风机故障，各类电压、电流传感器故障，牵引控制单元故障，各种温度传感器故障，以及 GTO/IGBT 模块故障等。

例如制动电阻通风风机故障是在车辆临修过程中最为常见的故障，制动电阻是主回路的一个极其重要的组成部分，其将列车进行反馈制动无法消耗的那部分电能进行消耗，这时它将产生大量热能，对其进行有效的散热十分重要。一般设计，制动电阻采用的是强迫风冷、被动散热，通常使用通风风机对制动电阻进行散热，鉴于此种设施，监控通风量十分重要。制动电阻通风量的监控通常采用风速传感器、压力差动开关等元件实现。

由于我国城市轨道交通车辆的运行环境不是十分的洁净，线路上可能会经常的存在各种垃圾（如报纸、塑料包装袋、树叶等），空气中的各种悬浮固体颗粒较多，列车在运营的过程中制动电阻风机可能将这些垃圾吸附在进风口的网罩上，或者内部风道沉积大量的灰尘，势必造成制动电阻的通风量大大减少，造成制动电阻出现通风故障。

在检修过程中，应该首先检查制动电阻的通风风机的网罩是否吸附了异物、风道内是否严重积灰，出风口是否悬挂较多的垃圾。如果没有发现异物与大量的积灰，则应该考虑其他相关环节的问题。通常应该着重检查通风风机电机是否发生了损坏，风机叶片是否损坏，这也是造成制动电阻通风故障的主要原因。同样如果用于监控通风量的风速传感器、压力差动开关损坏、初始值设定不当、采样的空气导管发生阻塞、脱落，也会引起制动电阻通风故障；此外如果牵引控制系统相关的输入接口、A/D 转换模块等发生损坏，风速传感器、压力差动开关等监控风量的测量元件所采样的监控信号将无法正确地输入牵引控制系统，由信号处理单元进行处理，也会引起此故障，这几点在车辆的临修中同样应特别注意。

以某种交流列车为例，正常工作条件下，风压开关常开触点将闭合，将 DC 110 V 监控信号传送给列车的牵引控制单元（TCU）的 110 V 数字输入模块（C087），TCU 在得到该信号后进行处理，判断制动电阻通风风机工作正常；如果制动电阻通风口被垃圾阻塞，通风量减小到最低要求后，风压开关的常开触点将自动分断，而常闭触点将闭合，此时没有开关量信号输入 TCU 的数字输入接口 C087，如果这个时间大于 10 s，TCU 便判定制动电阻通风风机出现了通风故障。

该型号列车的检修过程曾经碰到 110 V 数字输入模块（C087）内与该差压信号采集通道相关的分立元件 R112 损坏，造成监控信号无法正常输入牵引控制系统；同样笔者也碰到过由于压力差动开关损坏，而引发该故障，在此次故障的临修过程中，经过反复的检查才发现了故障产生的原因——压力差动开关损坏。

同样车辆也可能是由于压力差动开关设定值设定不合理而出现制动电阻通风故障。对压力差动开关设定值进行合理的设置是十分重要的。以上面的交流列车为例，压力差动开关出厂时默认初始值设为 60 Pa，但该设定值并不一定正确、合理。具体的设定方法如下：风扇开关闭合，使制动电阻通风风机工作，盖上制动电阻进气口的 1/3，调整设定旋钮直到可以听到压力差动开关动作的声音，同时可以使用必要的测量设备（如万用电表等）判定压力差动开关是否已经动作。

高速断路器在正线运营的过程中跳开也比较常见。一般来说，高速断路器跳开的原因有多种，例如：列车超速（包括车辆的设计速度、ATP 系统设置的运行速度）、列车牵引系统存在故障、网压过压或欠压、线路过流、ATP 系统存在故障等。

其中 ATP 系统引起高速断路器跳闸的故障最为常见。ATP 系统为了保证列车正线运营的过程中不超过运营所规定的速度，将会对超速的车辆施加制动，其中一些公司生产的车载 ATP 系统，往往在列车的高速断路器的继电控制回路中串联了一个高速断路器允许接通继电器，控制列车的高速断路器，从而达到限制列车的行车速度的目的。当列车在运营的过程中由于某种原因而超出 ATP 系统设定的速度，ATP 系统将使高速断路器允许接通继电器失电，进而切断高速断路器。如果 ATP 系统出现了故障或没有收到 ATP 速度码，其也将切断高速断路器，引起故障。一般来说，在此类故障发生前大都存在 ATP 故障或经常发生在比较固定的区间（例如同一车站、折返区间），而且总是全部高速断路器同时跳开。

牵引系统故障造成的高速断路器的故障比较少见，但判断较容易，一般来说为部分高速断路器跳开，高速断路器跳开的该节车辆的牵引系统通常存在一系列的故障。这些故障通常是主电路存在短路，电压、电流传感器有故障，牵引控制系统的相关部件（包括 CPU、SPU、A/D、D/A、I/O、COM 等部件）损坏等。

牵引电机是列车牵引系统中仅次于牵引逆变器（直流传动车辆为牵引斩波器）的一个重要组成部分。比较常用的牵引电机有直流牵引电机、交流异步牵引电机等。由于牵引电机结构上的不同，其临修工艺也有所不同。直流牵引电机的临修比较复杂，临修的工作主要是换向器的打磨与车削、更换碳刷、电机轴承的润滑与更换、片间槽下刻等。交流异步牵引电机的临修作业比较简单，一般来说是免维护的，通常只需要进行简单的清洁保养工作。

牵引电机轴承的再润滑十分重要，若轴承缺油，电机的轴承可能会"咬死""烧坏"，甚至造成电机报废。鉴于电机的结构不同，加油再润滑的操作方法、油脂的牌号与添加的质量也有所不同。通常加油时牵引电机应低速运转，为了使轴承能够得到充分地再润滑，一般可以采取两步作业的办法，即当全部电机第一次加油作业完成后，列车慢速向前牵引少许，再进行第二次补油作业。

车辆的牵引回路中安装有大量的电压传感器,它时刻监控着各环节的电压等电气参数,如果任何一个电压传感器检测的电压超过了设计的理论范围,列车将对牵引回路的电压进行限制,从而保护牵引设备。引起这些故障的原因很多,例如接触网(或接触轨)电压上升过高(网压上升过高的原因有多种,如列车再生制动与牵引变电站的配合问题等),列车遭受雷击(通常为接触网遭到雷击),电压传感器故障,制动电阻损坏、牵引逆变器(或斩波器)监控模块损坏等,这一些在车辆的临修时,应该特别注意。

2. 控制电路部分的临修

城市轨道交通车辆的控制回路是整个车辆电气系统中最复杂、最重要的一个子系统。通常该系统所包含的各类继电器、接触器、按钮、旋钮开关、指示灯、电磁阀等控制器件最多,它主要承担着车辆的受流器、高速断路器、牵引斩波器(或牵引逆变器)、牵引电机、制动系统等的控制、监控等工作。该系统的工作状况直接关系到列车的是否能够正常运行。通常该系统故障出现不是特别的频繁,它的临修作业一般也就是一些相关的、易损坏的控制元件(例如各类控制按钮、旋钮开关)、各种指示灯灯泡。以上海地铁二号线电动列车为例,各种司机室指示灯灯泡损坏最常见,通常每天总是有数只,鉴于此情况,已经将全部的指示灯灯泡采用 LED 进行了替代,取得了十分明显的效果,指示灯的损坏现象基本下降为零;而对于按钮开关,常见的故障为烂牙,必须在发现的第一时间更换,以确保控制功能的正常。

列车各微机控制系统(CCU、TCU、BECU)的联络中断的故障比较常见。这类故障的产生的机理比较复杂,既可能是车辆元件损坏引起的,也可能是车辆折返的时候司机操作不当引起的,其中尤其以司机的不当操作引发的故障最为突出。

车辆在运营终点折返过程的列车控制权转换中,由于在主控制器钥匙关断后,列车的某些微机控制系统需要关闭,如果另一司机转换主控制器钥匙过快,此时某些控制系统并没有完全关闭,这样这些控制系统将无法收到启动的控制信号,将无法正常完成初始化,造成系统无法启动,这样便会引起微机控制系统之间的联络故障,比较常见的故障为同一编组单元内牵引控制单元之间相互联络的故障,牵引控制单元与电子制动控制单元之间的联络故障,中央控制单元与牵引控制单元之间的联络等。

由车辆内部件损坏造成联络故障比较复杂,既有牵引系统内电压、电流等传感器损坏引起的,也有电机速度传感器短路引起的,也有各微机控制系统通信接口损坏引起的,也有通信线路故障引起的,同样也可能是相关的接插件接触不良引起的。因此此类故障的查找将是比较困难的。通常此类临修可以采用替换法(或称为试错法),即将怀疑已经损坏部件与其他车辆上的部件进行替换,如果故障发生了转移,便可以认定所替换的器件发生了损坏,此时只需要将该器件进行更换即可;同样检查通信电缆、光缆、接插件的连接状况也十分重要。

启动监控故障(停车制动未释放)对于某些型号的车辆发生比较频繁。该故障是不缓解故障的一种比较常见的原因。这里列车具体的故障现象主要表现在列车施加牵引指令的时候,列车不能够启动,司机操作台上的相关指示灯显示列车制动不释放;甚至列车一启动就出现此故障。对于此类故障的临修,首先应该根据列车的各相关指示灯判断发生故障的车辆号;在找到故障车辆后,应该着重检查列车的电子制动控制单元是否正常工作,工作电源是否正常,判断它与牵引控制单元之间的连线、牵引控制单元与制动相关的模块是否正常;如果这一切均正常,则应该检查紧急制动电磁阀的线圈是否正常;如仍未发现故障的原因,则必须检查所有的制动（包括摩擦制动与停放制动）控制继电器、监控的压力传感器（或压力开关）是否发生损坏，这样通常可以将该故障排除。

车辆控制回路中各种控制继电器、接触器、电磁阀发生故障的几率比较小，但如果发生了损坏，列车将会出现一些比较严重的故障，甚至引起列车掉线、清客、救援，由此引发的临修作业也是比较复杂的，故障点的查找亦比较困难。

以采用受电弓为受流器的轨道交通列车为例，受电弓通常采用气动方式升弓，它的控制一般来说需要使用若干继电器与电磁阀，这里比较容易发生故障的是用于升弓控制的电磁阀。电磁阀的常见故障为垃圾等异物阻塞气路、漏气等，这样仅需要对垃圾等异物进行彻底清理，或寻找到漏气点进行紧固处理或更换即可。如果控制电磁线圈发生短路、断路（这里可以使用万用电表进行测量、判断），则必须进行更换。

随着列车运行里程的增长，牵引电机速度传感器可能由于某些原因附着油污等污物、发生损坏或出现短路现象，进而引发一系列的牵引故障，造成列车限速。通常，在这种情况下列车的牵引控制系统中的故障记录单元内有相应的记录（如某电机速度变化率过高、某电机速度太低、某电机在停止状态时速度传感器有脉冲信号输出等），这时需要具体根据故障记录，对速度传感器进行清洁或更换。一般来说如果故障发生的次数不是太多，大多是速度传感器附着了污物，也有可能是速度传感器已经损坏，一般可以先将速度传感器进行清洁、跟踪，如果故障依旧出现，就需要更换；如果故障发生的次数较多，则极有可能是速度传感器已经存在故障。通常速度传感器具有一定的方向性，它在安装的时候应该特别加以注意（为了防止出现安装方向上的错误，一般来说电机速度传感器采用了"防错"设计，也就是它的安装基座与电机上设计了一个定位装置）。如果出现了安装错误，将会引起许多其他故障，例如牵引控制系统将相关的牵引系统闭锁等，牵引电机反向旋转，列车在牵引工况下出现"冲动"现象等。

3. 辅助回路部分的临修

城市轨道交通车辆的辅助系统主要包括辅助逆变器系统、空压机控制系统等。其中辅助逆变器系统为列车的各控制继电器、接触器、内外照明系统、空调系统、信息监控系统、广播机控制系统供电，同时为车载蓄电池充电。空气压缩机系统为列车制动、门控等气动系统提供压缩空气。

车辆辅助逆变器系统的故障在车辆的日常临修中比较常见。辅助逆变器的故障尤其以高温季节较为突出，它的故障大多是由空调机组的故障引起的，或者可能是由于辅助逆变器内各类接插件在列车运营的过程中因振动而松动引起的，同样也可能是辅助逆变器内电气元件损坏引起的，在辅助逆变器的临修作业中尤其应该特别注意这几点。

对于因空调故障引起的辅助逆变器的故障比较容易判断，一般来说此时这种情况下辅助逆变器记录的故障多为输出三相不平衡等，具体的判断方法如下：将相关负载（即空调）切除，如果辅助逆变器故障消失，那么该故障很有可能是空调机组故障引起的。引起辅助逆变器故障的常见的空调故障一般有以下几种：通风风机故障、冷凝风机故障、压缩机电机故障、空调机组与车体连接接插件接触不良，辅助设备柜中与空调控制相关控制接触器、空气开关的接线松动、触点接触不良或已经损坏等，在临修的过程中需要特别注意。

对于因为辅助逆变器自身故障，在临修中同样也十分常见。轨道交通车辆在运营的过程中，辅助逆变器受到的振动比较频繁，内部的一些接插件有可能因此松动、脱落，造成控制、监控等信号无法得到正确的传输，引起一系列的故障（如某元件过热、某监控信号无效等），对于这部分的临修可以根据辅助逆变器的电路图与控制系统中的故障记录，检查相关的接插件是否有松动、脱落现象。如果检查没有发现松动现象，一般来说很有可能是相关的元件发生了损坏，这样将需要根据控制系统中记录的故障信息与辅助逆变器的电路图，借助必要的仪器、仪表与测试软件进行检修。

由于一些城市轨道交通的线路有部分地面线路或者高架道路，因此在雷雨季节，列车很有可能遭受雷击。一般来说雷击有两种情况：第一种情况是雷电击中触网，然后传递到受电弓上，这种情况在正线运营中比较常见；第二种情况是雷电直接击中受电弓。这两种情况的区别就是由雷击造成的辅助逆变器输入电压的变化率不同，雷击的能量也有很大差别。一般情况下，辅助逆变器可以在雷击发生后自我恢复工作，不会影响列车的运营；如果雷击的能量特别巨大，则有可能造成辅助逆变器关停、闭锁，甚至发生损坏。

对于遭受雷击而出现辅助逆变器故障的车辆，通常可以首先进行收车作业，等待一段时间后重新启动列车，通常辅助逆变器能够重新启动并恢复正常；如果辅助逆变器仍旧不能够启动，则可以进行应急启动，一般来说辅助逆变器将能够启动；如果应急启动同样失败，则有可能是辅助逆变器或车间电源内部的相关元件因为雷击而造成损坏，这时需要仔细检查发生故障的辅助逆变器与车间电源的内部的各种电气部件。最为常见的是辅助逆变器车间电源内的熔断器发生熔断、高压隔离二极管被击穿等，必要的情况下需要使用兆欧表对辅助逆变器进行绝缘等级测定，判定是否有其他元件被击穿，保证逆变器完好。

通常为了节约能耗，城市轨道交通车辆一般都采用反馈制动，即列车在制动的过程中，牵引电机进入发电机模式，将机械能转化为电能，通过受电弓（或其他类型受流器）反馈到接触网（接触轨）上，如果列车的再生制动与牵引变电站配合存在一些问题，接触网（或接触轨）的电压将升高，将造成辅助逆变器过压保护，通常在一定的时间辅助逆变器内（一般为 10 s 左右，不同车辆有所不同）是可以恢复正常工作，在该段时间内列车将进入紧急照明、通风等工况，列车的控制系统将记录类似辅助逆变器负载等相关信息；但有时网压上升十分迅速，根据公式 $i = \mathrm{d}u/\mathrm{d}t$，通过列车辅助回路的瞬间电流将十分巨大，这时辅助回路中的受流器供电熔断器将有可能因此熔断，甚至高压隔离二极管也被击穿，此时列车的辅助回路将失电，辅助逆变器无法正常工作，进而造成设备通风丧失，引起车辆救援。

车辆的车载蓄电池目前通常采用镍镉碱性蓄电池、临修最多的是对电池进行补液作业。由于蓄电池在充电的过程中要大量的发热，电解液有可能会有所蒸发，甚至发生液泛，这样在检修的过程中需要经常的查看蓄电池的电解液的液面，如果液面有所下降，则需要及时地进行补液，或采取相应的维护措施。如果蓄电池缺液严重，则蓄电池很有可能因此报废，甚至发生爆炸，造成严重的后果；此外如果蓄电池的电解液蒸发过快也有可能是浮充电压过高引起的，此时需要将浮充电压适当调低，这一点也十分重要。

车辆的空气压缩机电机的临修作业，由于电机的类型的不同而有所不同，它的区别与牵引电机的临修作业比较相似，这里将不再赘述。

4. 信息、监控、广播部分的临修

城市轨道交通车辆的信息、监控、广播部分主要包括列车各控制回路的监控系统，中央控制系统、客室、司机室广播系统、车载无线电系统。这一部分的临修一般以监控部分最为常见。

现代轨道交通车辆一般采用微机进行控制,这些微机控制系统的体系结构比较复杂,它包括一系列极其重要的监控环节,例如数字输入/输出、模拟输入/输出、信号处理、A/D 转换、D/A 转换、微机通信等,任何一个环节出现了问题,将引起各种各样的故障,列车也有可能控制失灵,甚至完全失去动力、引起车辆救援。此类故障的临修一般首先着重检查各输入/输出环节是否工作正常,如果所有的输入/输出环节均正常,则因该重点检查相关的通信接口与控制系统的工作状况。

另一种以西门子公司的 SIBAS32(西门子铁路自动控制系统)城轨车辆为例,该系统由 CCU、TCU、SIBASKLIP、DDU 等组成。其中 KLIP 发生的故障相比之下较多,其损坏后列车将会出现一系列的故障(如按钮指示灯显示错误、客室照明控制异常、车门控制回路工作异常、列车控制回路工作异常等比较严重的故障)。对于此控制系统的临修,要特别注意是否为 KLIP 故障引起的,检查时需要检查各数字/模拟输入/输出 KLIP 分站、通信接口(AS318)、电源模块(SV)工作是否正常,接线是否有松动、脱落。其他微机控制系统类似。

5. 照明部分的临修

城市轨道交通车辆的照明系统主要完成列车正常运行过程中所必需的全部照明,其包括车辆的外部照明系统、客室照明系统与列车运营与检修所必需的照明系统。这一部分的临修工作一般比较单一,通常是照明灯具的灯泡、荧光灯管、荧光灯电子镇流器/逆变器损坏,而与照明控制相关的微型断路器、接触器等的临修比较少见。

6. 辅助部分的临修

城市轨道交通车辆的辅助设备包括:列车启动电源控制回路、解钩与低压电源、车钩继电器、车钩电气连接器与车钩电缆等。如果该系统出现了故障,列车将无法起动,正线运营时将会引起列车控制电路失电、控制回路无法接通,甚至造成列车紧急停车、紧急制动、整列车所有轮对严重擦伤等比较严重的后果,引起列车救援。

该系统在车辆的日常维护与运营中,临修比较少见但十分复杂,尤其是列车的监控回路最为复杂,故障的查找比较费时。这类故障在临修的过程中应该首先着重检查车辆的启动回路(也有可能是车辆车钩的监控电路)。如果列车在正线运营的过程中出现了此类的故障,可以首先将车钩监控回路进行旁路,使列车的控制得以接通,尽快地将列车开回车辆段,进行检修。

以某种型号的列车为例,根据车钩监控线路图,每节车半自动车钩内部均安装有 3 个用于监控车钩状态的行程开关:S1(半自动车钩机械头连接/解钩行程开关)、S3(半自动车钩电气头向前连接/向后解钩状态的行程开关)、S4(半自动车钩保证安全的行程开关),列车半自动车钩机械头与电气头均连接完好的时候,S1 的 13-14 触点、S3 的 21-22 触点、S4 的 21-22 触点将闭合,如果其中的一个行程开关发生了损坏,将会使列车的车钩监控回路无法接通,造成列车控制无法接通。此类故障一般发生在列车解钩重新连挂后,故障点的查找比较容易,只要分别将各半自动车钩进行旁路(按下列车末端按钮 72.S02),寻找到发生故障的半自动车钩,在机械头与电器头连挂好的情况下分别测量 S1 的 13-14、S3 的 21-22、S4 的 21-22 触点的导通状态(在车底半自动车钩底部中间盖板内),查找发生损坏的行程开关,进行更换。行程开关的更换比较费时,需要首先将贯通道的折棚拆除,拆下半自动车钩的盖板,才可以寻找到 3 只行程开关。

7. 车门电气控制部分的临修

城市轨道交通车辆的门控系统主要完成车辆车门的开启、关闭与监控等与车门相关的控制与保护。由于车门开启与关闭的执行机构主要分为气动与电动，故它在电气控制系统中的临修也有所不同。一般来说该系统可能发生临修的电气部件包括开/关门按钮、门控继电器、蜂鸣器、车门状态指示灯、电磁阀（对于采用气动执行机构的车门）、门控微型电机（对于采用电动执行机构的车门）、监控车门开启、关闭与切除状态的行程开关等。

以采用气动执行机构的车辆为例，门控系统的电气部分的故障经常发生在车门锁好行程开关（S1）、车门关好行程开关（S2）上。通常是由于这两只行程开关的机械位置调整不到位造成的，同样也有因为行程开关损坏引起的故障发生。如果这些行程开关出现了故障，将会引起列车摩擦制动不缓解、车门未关好指示灯不灭、DDU（司机显示屏）显示车门未关好等故障出现，此时应该仔细检查S1、S2这两只行程开关安装的机械尺寸、电气性能、相关的电路连接等。

城市轨道交通车辆由于车门监控回路接线松动而引发的一系列故障，故障现象比较特别，临修比较复杂。

以某种采用西门子控制系统的城轨车辆为例，一次列车正线运营时，I单元A车司机显示屏显示I单元A车13/15、17/19门紧急手柄释放，而车门紧急手柄的状态实际上正常，门灯显示也正常。读取I单元B车的中央控制单元(CCU)记录的故障代码，发现I单元A车13/15、17/19门紧急手柄释放，而无其他相应的故障代码。由于列车车门紧急手柄的位置由行程开关S3进行监控，于是仔细检查了该两扇车门的行程开关S3，发现行程开关均正常，检查行程开关的接线，一切也正常。根据此型号列车根据综合线路图，发现列车车门紧急手柄的状态由41-A1.02（数字输入模块）的B15端子输入，使用万用电表的直流电压挡测量B15端子发现有DC 110 V输入。我们仔细分析后认为，如果该数字输入模块的地线发生断路，将会造成故障。于是我们接着测量了该数字输入模块的地线B19，发现同样为高电平，这样便证明判断是正确的。查阅列车布线表后检查相关的接线，发现X3/7732125接线脱落，重新将接线紧固后故障消失。

ATP系统故障引发车门故障同样十分常见。由于列车在运营过程中，车门的开启比较频繁，而且方向不是一直固定，如果发生了开错门，后果将不堪设想。因此需要一套系统防止列车开错门，通常的做法是采用ATP系统来防止开错门。以庞巴迪公司生产的一种交流传动列车为例，如果ATP系统中门控使能信号出现了问题或列车停车对位偏差较大，车门无法开启（中央控制单元将记录门控使能故障），这时可以将ATP门控旁路，车门便可以自如地开启（此时车辆两侧车门均可以开启）。

列车自动关门的现象在临修的过程中也比较常见，引起列车自动关门的原因很多，例如：速度传感器损坏或附着严重的油污、ATP列车开门码丢失等，在此类临修的过程中应该特别考虑。

8. ATP外围电路部分的临修

列车自动驾驶（ATC/ATP）系统的临修不属于车辆方面临修的范围，这里将仅简单介绍ATP的外围电路的临修作业情况。

列车出现ATP故障通常是由于ATP自身的故障造成的，但同样也有可能由ATP系统外围的相关的控制继电器损坏造成的。例如，一次列车正线运营出现ATP中级故障，造成列车在ATC

驾驶模式速度只有 2 km/h，改 ATP 手动驾驶，列车恢复正常。后检查发现为自动驾驶转换继电器由于触点接触不良，造成 ATP 系统无法将牵引指令传输给列车的牵引控制系统，造成故障。

由于城市轨道交通建设进度的问题，一些线路的 ATP 系统没有调试完毕，线路已经开始试运营。这样列车在运营的过程中必须将 ATP 系统旁路，否则列车出现高速断路器分断且无法合上、摩擦制动不缓解等一系列的故障，这一点在临修中尤其应该特别注意。

ATP 系统另外一种比较常见的故障为引起高速断路器跳闸。具体的情况在前文中已经作了比较详细的分析，这里将不再赘述。

三、由月检、定修而产生的临修

由月检、定修而产生的临修很多属于重大临修，而重大临修多数为机械部分的维修作业。

（一）各类尺寸超标的临修

月检、定修按技术规程必须对车辆各类尺寸进行全面检查测量，尤其是车辆走行部分的各类部件及尺寸都要严格测量。对轮对各类尺寸：轮对内侧距、轮径尺寸（D）、轮缘高度厚度综合值（S_h、S_w、Q_r）踏面磨耗情况等等测量，技术标准为：直径 > 770 mm，28 mm ≤ S_w ≤ 32 mm，Q_r = 6.5～13.5 mm，28 mm ≤ S_h ≤ 34 mm，同一轮对轮径偏差 ≤ 2 mm，同一转向架轮径偏差 ≤ 4 m。如有尺寸超标或踏面严重擦伤或剥离，即填报"故障临修单"送计划部门，计划部门等待月检或定修完成后立即组织安排上"不落轮镟床"对超标轮对进行镟削修正。轮对在正常状态线路上运行时，轮缘的内侧距是影响运营安全的重要因素，地铁车辆轮缘内侧距有严格规定：（1 358±1）mm 或（1 353±1）mm（根据车型情况而定），这样才能保证车辆在各线路上运行时轮缘与钢轨之间有一定的游隙，同时又能保证在最不利的情况下，轮对踏面在钢轨上仍有足够的搭接量，不致造成脱轨，并安全通过道岔。因此，如果检查发现轮对内侧距超标，车辆必须立即转为重大临修，更换轮对。

同样，对于车轮与钢轨接触面的踏面以及沿圆周突起的圆弧轮缘，是保持车辆沿钢轨运行，防止脱轨的重要部分。地铁车辆运营时车轮踏面常有擦伤及剥离现象。车辆车轮踏面上的每一处擦伤或剥离，可以形象地比喻一个运动着的锤子，车轮转动时，它周期地以很大的力捶击钢轨，同时又反作用到轮对上，发出噪声。有时擦伤、剥离严重的车轮，会使它所通过的钢轨发生大量损伤。另外，由于车轮冲击、振动而引起车辆配件的磨耗和损坏，也会危及行车安全。

地铁车辆运行，一般情况下轮对擦伤、剥离不会很多。对由于司机操作（紧急制动）或 ATP、ATC 系统故障而引发的轮对擦伤剥离超标，只要对擦伤剥离超标车辆轮对进行镟轮修正即可；而如果运营车辆经常发生轮对擦伤、剥离或沟槽等非正常磨耗现象，那么就必须更深入地分析其原因。在上海地铁一号线运营初期，经常发现拖车闸瓦及轮对踏面非正常磨耗情况严重。闸瓦由于磨耗超标经常更换，轮对踏面由于磨耗沟槽超标而经常镟轮。经过分析研究，才知道这是由于制动系统的拖车、动车制动力分配比例及气制动、电制动分配比例不当造成。德国车辆供货方及时对制动系统控制软件进行适当调整，问题才得以解决。

同样，在上海地铁二号线运营中，车辆轮对踏面非正常磨耗现象严重。这主要是指轮对踏面靠近轮缘根部的环状"麻点"剥离现象（见图1-6），开始发现时，是靠近轮缘部位的踏面，有稀疏的"麻点"剥离且呈环状分布于整个踏面，随着运行公里数的增加，"麻点"越来越密，最后沿踏面圆周方向成片剥离，而且经长期观察统计，环状剥离绝大多数发生于正线运营车辆下行右侧车轮，此种现象是上海地铁二号线运营车辆所特有的。上海地铁二号线运营初期，是直流和交流车混合运营。直流车和交流车同样存在轮对踏面环状"麻点"剥离现象，经常为右侧镟轮。而直流车在上海地铁一号线运营时，轮对踏面几乎未发生此种现象。另外，在上海地铁三号线运行的绿带交流车也没有发现轮对的此类非正常现象。由此我们可以判断，上海地铁二号线运营车辆的轮对踏面环状"麻点"剥离现象主要是由于其特有的运营轨道线路所造成的。上海地铁二号线正线，最大的曲线半径位于张江站—龙阳路区段，而且线路由高架转入地下，最大的坡道也位于本区段。最大的曲线加最大的坡道，长年累月车辆高速运行导致了轮对踏面的环状"麻点"剥离现象。针对此类特殊情况，我们定期调换车辆运行方向，使车辆左右两侧踏面磨损尽可能均匀，从而将线路曲线坡道因素的影响降到最低限度。

上海地铁三号线ALSTOM车辆轮对踏面外形与一、二号线西门子车辆不同。自ALSTOM车辆运营以来，车轮踏面局部剥离现象频繁出现。经过分析，ALSTOM车轮踏面剥离可能是由于轮轨匹配关系不合理导致车轮与钢轨的局部黏着力过大造成的，因此外方建议选一列ALSTOM车做试验，即将该列车三节车车轮镟成西门子列车车轮踏面形状，另三节车保持不变，然后运营一段时间进行跟踪统计，再对该列车的轮对剥离情况作分析，看是否是由车轮踏面形状和轨道不匹配引起的。

由此可以看出，针对地铁车辆过于频繁的轮对踏面擦伤、剥离等问题的临修，我们不能仅仅简单地加以镟轮修正了事，而更应该根据具体的运行线路情况、轮轨匹配情况、车辆制动控制系统等情况，综合分析研究，找出导致轮对非正常磨耗的主要原因，采取有力措施，最大限度地减少车轮的镟削。

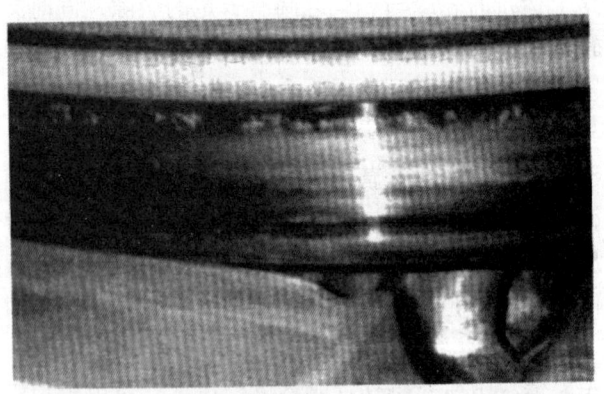

图1-6 车辆轮对踏面环状"麻点"剥离现象

（二）车辆走行部主要部件的临修

对车辆走行部的状态检查以及制动系统的全面检查，是月检、定修的重要内容，如发现轮对车轴裂纹、构架裂纹、橡胶联轴节裂纹超标、一系橡胶簧裂纹超标、电机受损、空压机异声等严重威胁运营安全的隐患，该车辆必须立即转入专用临修线，启用架车机、行车、铲车等大型设备,对发生裂纹的转向架、橡胶联轴节、受损电机、故障空压机等部件进行更换。此类临修属于重大临修。

关于转向架裂纹的临修。自1994年起陆续出现了转向架构架的疲劳裂纹。裂纹的出现部位主要集中在电机吊座内侧面和牵引拉杆支座,出现的裂纹不仅涉及一号线直流车,而且交流车也有发现。转向架是电动列车的走行部,是列车牵引动力、车辆载荷和轨道外力的直接承受者,而构架是转向架的重要支承部件,它传递、承受各种载荷和作用力。转向架构架是结构件,其设计寿命是30年。但目前上海采用的进口构架一般在运行3~4年后,便陆续出现裂纹,严重影响列车的行车安全及地铁车辆的正常运营。我们采取的措施是,一方面将补焊过的直流车裂纹构架替换正常列车拖车的构架,作为直流车备用构架。并通过购买一定数量的国产转向架构架,并配备抗侧滚扭杆和空气管路,增加应急备用数量;另一方面对上海地铁一号线及二号线的所有车辆转向架构架都必须逐步进行补强焊接处理。

关于直流车橡胶联轴节,如发现裂纹超标必须立即采取临修予以更换。联轴节是齿轮箱齿轮及牵引电机转动轴间的重要连接部件。如果其橡胶一旦产生严重裂纹,那么在车辆运行时将极有可能撕裂断开,危及行车安全。橡胶联轴节的临修更换,其紧固件的扭力标准及联轴器偏心度等都必须严格按技术规程来执行控制操作。

在月检、定修作业时,还必须对车下各机械部件润滑情况是否良好、是否漏油进行检查。牵引电机轴承、轴箱轴承、刚性联轴节、齿轮箱、横向垂向减振器、空压机等部件如有缺油及漏油现象,必须立即找出原因并进行一般临修。保证车辆各部件的润滑良好,油的泄漏必将导致相关部件润滑的不充分,从而损坏转动轴承甚至各传动部件,严重的还会引起运行车辆轴温升高、车轴咬死、切轴等现象,直接威胁到行车安全。

另外,检查各螺栓紧固件是否松动,也是月检、定修作业时的重中之重。紧固件虽小但其紧固与否将直接关系到运行车辆的舒适度甚至危及安全。例如:上海地铁二号线交流车辆走行部的架车保护螺栓松动,临修频率很高。这与二号线运营客流增减幅度很大有关,同时也与二系簧系统反应灵敏性有关。由于这种故障的发生会引起一系列的机械故障,如下芯盘变形、抬车保护螺栓及丝孔变形,导致列车运营的舒适性能下降。因此,如有发现必须及时临修。另外,对于车辆齿轮箱及悬挂装置中抱箍螺栓及紧固件、中央牵引装置中心销槽顶螺母等,如发现松动就必须立即按规定予以纠正。此类临修属于一般临修。

(三)车辆制动系统的临修

地铁车辆制动系统的气路系统包括:供气设备(空压机等)、制动控制设备、安装在转向架上的基础制动装置、微机控制的制动及防滑设备、空气悬挂设备、气动喇叭、车门控制装置、挡风玻璃刮雨器、受电弓气动控制设备、车钩操作气动控制设备等。

直流车和交流车制动系统的组成结构基本相同,只有在两种车的空压机、空气干燥器及空气悬挂气路等部分略有差异。

制动系统的临修主要来自于微机控制的制动及防滑装置和空气悬挂装置。前者的临修主要产生于防滑及防空转控制系统。我们知道,当黏着状态不好时,列车的速度和车轮的速度之间形成一个速度差,防滑控制系统就是用来控制车轮的速度,来消除这个速度差。列车起动后,防滑系统就对每个车轮的圆周速度进行监测,然后形成一个参考速度以取代列车速度并用排气阀门来控制车辆的滑行和减速度。轮对的速度和减速度与设定的规范数值相比较就形成控制排气阀的指令。由于轮对踏面镟削和磨耗的差别，轮对的线速度有差异，所以在防滑系统中设置了人工的轮径调整装置。将每辆车的工位轴调整到它的规定范围，而其他轴也将会根据轴端的速度传感器传出的速度值相应进行自动调整。参考速度从原理上讲是在牵引时取 4 根轴中的最大速度，在制动时则取最小速度，然后让其余 3 根轴的速度与其比较，以确定牵引时的空转和制动的滑行。而实际上为了获得速度传感器传出的电压信号与基准电压的差值能足以使门电路翻转，因此在防空转时，取 4 根中最小转速的那根为基准。同理，防滑时，取 4 根中最大转速的那根为基准。从而防滑控制系统将分别切断牵引回路的电源和打开制动闸缸的防滑排气阀，以分别取消空转和滑动现象。在实际车辆临修中，防滑及防空转系统的控制电路及各控制模块几乎很少出现故障，而作为采集最原始车轴速度信息再输入控制系统的重要部件——速度传感器却经常损坏，导致系统异常无法正常工作。由于防空转和防滑控制系统本身具有整个控制系统故障自诊断及故障储存功能，因此检修人员可以通过事后读取制动微机控制单元（EBCU）的故障记录情况，来及时发现故障，分析判断车轴速度传感器的位置，及时采取临修措施予以处理或更换。另外，由于速度传感器损坏，采集的轮对速度和减速度信号出错，当此信号与设定的规范数值相比较时就会形成错误的控制排气阀的指令，车辆在运行时，防滑阀由于接收了错误的排气控制指令就会频繁动作而不断产生放气声音。因此，检修人员往往也可以通过正线运行车辆的走行部是否有频繁的放气声来判断防滑、防空转控制系统的异常情况，及时采取临修措施。同时，也可以通过事后查看列车中央控制系统（CCU）所记录的 BECU 发生次数，来判断防滑、防空转控制系统的车轴速度传感器是否发生故障。一般情况下，如果 CCU 中记录的每节车当天发生的 BECU 故障次数有几十次以上（一般正常情况为 5 次以下），那么就可以初步断定此类故障，随后检修人员可以进一步读取当天该节车的 BECU 故障记录，来判断故障发生的具体位置，从而采取临修措施及时处理。此外，车辆各计划维修以后或者车轮镟削及更换轮对和转向架等重大临修后的重新对防滑控制系统中人工设置的轮径尺寸进行正确更改显得极为重要，因为人工轮径设置一旦完成，那么，作为防滑控制系统的对每个轮对圆周速度进行检测的基准值也同时确定。因此，相应重大临修后，对防滑系统的人工轮径调整装置及时、准确地重新设置轮径尺寸，是确保防滑控制系统乃至整个制动控制系统正常运作的必不可少的首要条件。

在车辆运行中，制动系统气路中的空气悬挂部分也会经常发生问题。车辆在有电正常情况下，会发现：车体地板面高度明显下降超标、空气簧元气等现象，检修人员又应如何处理呢？如果弄清了空气悬挂控制装置的组成及原理，那么问题就容易解决了。

地铁车辆空气悬挂设备是一个由三点（直流车）或两点（交流车）控制的平衡装置，当空气弹簧失效时能发挥平衡车体的功能，另外还具有保压作用。如图 1-7 所示，空气悬挂系统的空气是经空气过滤器、截断塞门、溢流阀（L03）、风缸（L04）、排水开关（L05）向转向架供气。每个转向架装备有 2 个空气弹簧装置（L09），它们由一个转向架上的 1 个高度调整阀 L07（交流车）或 2 个高度调整阀（直流车）和另一个转向架上的 1 个高度调整阀共同控制，每个高度调整阀可分别用塞门（L06）单独关断。高度调整阀装在车厢底架上并与转向架上一根长度可调的螺杆连接，由此决定转向架相对车体的位置，成比例的空气量被引入波纹管，可被排放，从而使车厢维持恒定高度和保持水平，同时也为空气簧悬挂装置提供必要的反作用力。由此可以看出，对于地板面高度超标的临修，可以通过调整转向架上一根长度可调的螺杆,来调节车厢高度及水平度,从而使地板面高度恢复到规定要求。那么,车辆在有电正常情况下,有时为何会发生空气簧无气或充气不足这种异常现象呢?在实际临修中,我们根据BECU(BCU)的相关故障记录情况,检查后会碰到两种情况:同一节车的一个转向架上两个空气簧无气而另一个转向架空气簧正常、同一节车两个转向架的 4 个空气簧均无气,地板面高度明显下降。对于前一种故障现象,根据图 1-7 可以看出,当控制此转向架上 2 个空气簧充气状态的高度调节阀 L07 出现异常,此高度阀处于排气状态,而控制另一转向架充气的高度阀正常,就会导致此种故障的发生。临修时,检修人员只要重新调节此高度阀 L07,恢复对转向架供气,调整地板面高度后即可恢复正常;对于后一种故障现象,多数是由于溢流阀(L03)损坏,截断了对整个空气悬挂装置的供气,从而才会导致同节车的 4 个空气簧(L09)以及 4 个风缸(L12)都无气。根据图 1-7,压力较高的压缩空气通过溢流阀(L03)的减压后对整个空气悬挂装置供气,溢流阀的内部结构较精密,一旦出现异常就会卡壳关断或泄漏。检修人员必须及时采取临修措施,在切断相关气路后更换该阀,以确保空气悬挂装置的正常供气。

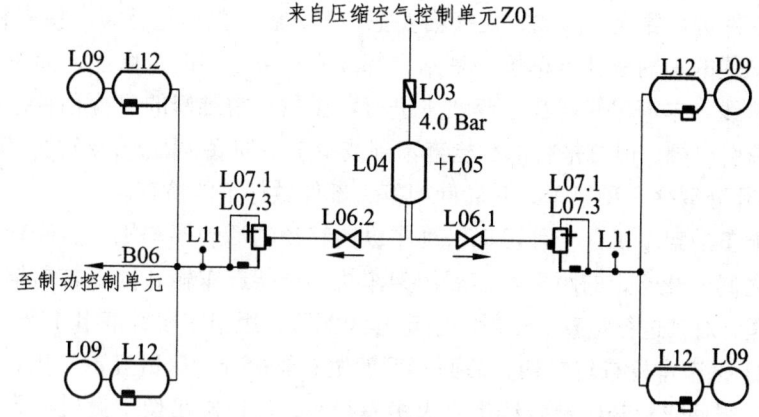

图 1-7 交流传动车辆空气悬挂系统气路图

L03—溢流阀;L04—风缸;L05—排水开关;L96—塞门;L07—高度调整阀;

L09—空气弹簧;L11—气压测试接口;L12—空气弹簧风缸

复习思考题

1. 车辆临修的概念是什么?
2. 熟悉车辆临修流程图。
3. 车辆临修如何分类?
4. 车辆临修如何认定?
5. 日检时三类故障是指哪三类?
6. 车辆移动式(塞拉式)客室车门有哪些常见的临修故障?
7. 简述有哪些尺寸超标而产生的临修。
8. 简述车辆走行部主要部件的临修。
9. 简述车辆制动系统的临修。

第二章　城市轨道交通车辆的定修

第一节　定修的工艺过程

定修属计划修，是一种预防性的检修，一般每10万km或1年进行1次（两个指标无论哪个先到就开始定修）。定修是对重要的大部件做较细致的检查；对检查后发现故障的部件进行修理；对易损零件进行更换。因此，定修需要把列车分解，然后进行架车检查和修理。

城市轨道交通的车辆段（停车场）基本上都设有一条专门的定修线，而车辆修理工厂甚至会设两条定修线。车辆定修就在定修线上进行。虽然日常维修的日检和月检每次也检查转向架、车钩和牵引电机，但总是有部位检查不到或检查不彻底。因此，经过一年或超过10万km的运行，必须分解列车和架车，对转向架等大部件做仔细的检查。

定修线上配备的架车机是一种可以沿列车纵向移动的活动架车机。定修列车解钩后，每节车与每节车之间分开一定的距离。然后用架车机逐一架起车辆，推出转向架，放置在车与车之间的空当里，对其进行检查。一般一条定修线配置3组架车机，每组4个，一次可架起3节车。如果前面3节车检查转向架，后面车辆就做其他检查，尽量互不干扰。一般定修线下面有地沟，可对车底作检查。定修线上空大多有行车，可以起吊像空调机组、转向架和车钩这样的重型部件，所以更换零部件很容易。

定修的工艺过程如图2-1所示。

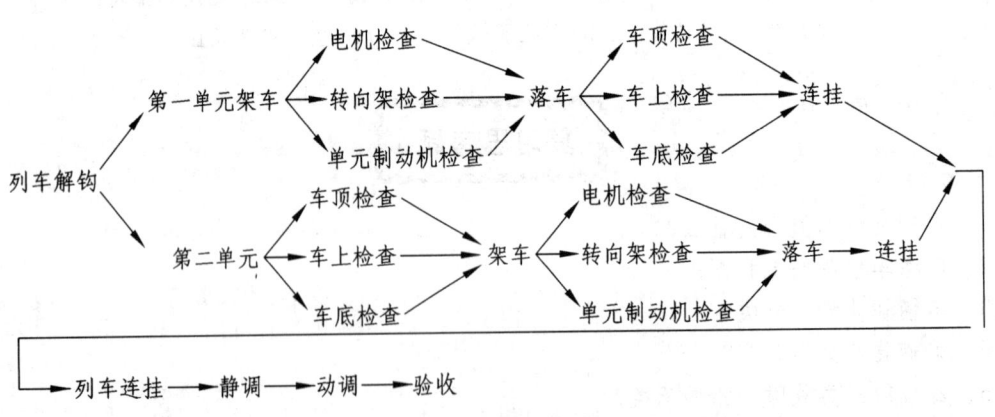

图2-1　定修的工艺过程

定修的检修内容较多，检查也有相当的深度，因此，一次定修的时间大约需要8~9个工作日。

复习思考题

1. 车辆的定修周期是多少?
2. 车辆的定修在哪里进行?
3. 定修线上一般采用什么类型的架车机?
4. 掌握定修的工艺过程。

第二节　定修工艺

定修是电动列车运营里程数每达到 10 万 km 或运营时间达 1 年时进行的检修,一般定修的周期为 10 天。前 5 天主要进行无电状态下的检修,后 5 天进行有电状态下的检修检查和静、动调作业。

在定修中要求对车顶、车顶部件和车下部件如受电弓、空调、避雷器、电器箱、转向架及牵引电动机等进行外表清洁。对此,应做好电器箱的防水密封工作并选用合适的清洗剂,以防止对车厢外表及橡胶件产生腐蚀。在下面的定修介绍中,不再提出对上述部件的外表清洁要求。

上海地铁一号线交流电动列车的定修规程,分为车顶电器、车内电器、车下电器、转向架、车体、空气气路及制动系统和动态调试等几个部分。

一、车顶电器

车顶电器包括受电弓、避雷器。

1. 受电弓

(1) 检查构架、电缆和连接螺栓。要求构架无严重变形、裂纹。电缆无损伤,紧固螺栓无松动。

(2) 清洁、检查绝缘瓷瓶,测试瓷瓶绝缘并记录。要求表面无破损、裂纹。

(3) 检查受电弓与触网的接触压力并记录。要求在指定高度点的接触压力值符合技术要求。

(4) 检查滑块并测量工作厚度。要求滑块工作厚度不小于 3 mm 及裂纹深度不应裂至最小工作厚度 3 mm 以下。滑块与衬底粘接状况良好。一般情况下,正常使用的滑块约可运行 200 000 km。

(5) 检查受电弓销和轴承并注入润滑脂,直至注油两侧排出新润滑脂为止。

(6) 检查脚踏泵升弓功能。要求管路无损伤和泄漏。脚踏泵升弓功能正常,脚踏次数<25 次。

(7) 检查受电弓升弓、落弓时间。

2. 避雷器

(1) 检查绝缘瓷瓶,要求无破损、裂纹。

(2) 检查连接线、螺栓。要求连接线无破损,紧固螺栓无松动。

(3) 测试瓷瓶绝缘并记录,要求避雷器顶部连接螺栓对地绝缘电阻值在标准范围内。

根据所选用避雷器种类不同,对地绝缘电阻值是有很大差别的,这一点需引起注意。

二、客室电器

客室电器包括设备柜及客室照明。

1. 设备柜

（1）检查电器设备状况。

（2）检查设备柜接地装置。再次清洁设备柜。

（3）检查滤尘装置，更换过滤网。

2. 客室照明

（1）检查镇流器、灯管接插件和其他附件，要求各部件完好、无松动。

（2）清洁日光灯格栅。

上海地铁一号线、二号线电动列车客室照明灯罩采用隔栅形式，长期运营后，积灰会影响客室照明效果和客室环境。对采用透明灯罩的电动列车，可根据实际情况进行。

三、司机室电器

司机室电器包括设备柜和继电器柜，司机室照明，主控制器，正、副驾驶台，头、尾灯、运营灯、两侧指示灯和目的地及车次号显示装置。

1. 设备柜和继电器柜

（1）检查电器设备状况。

（2）检查设备柜接地装置，并清洁设备柜。

（3）检查滤尘装置更换滤尘网。

2. 司机室照明

清洁照明灯及其附件。

3. 主控制器（司机控制器）

（1）清洁主控制器。

（2）检查连接线。

（3）检查主控制器机械联锁功能。

上海地铁一号线、二号线电动列车采用的是两手柄形式的主控制器，在定修中，我们要求对两手柄间及和控制钥匙相互间的控制逻辑和手柄功能进行检查。对于其他形式的主控制器，也应有类似的功能检查。

4. 正、副驾驶台

检查驾驶台桌面各指示灯罩和显示屏等。主控制器实际上是安装在主驾驶台上，但考虑到主控制器的重要性和相对独立，将主控制器单列检查内容。

5. 头、尾灯、运营灯、两侧指示灯

（1）检查头、尾灯、运营灯工作状态，要求功能正常。

（2）检查两侧指示灯状态，要求功能正常。

6. 目的地及车次号显示装置

清洁并检查其功能。要求清洁、无损伤,功能良好且显示准确。

四、电子设备

电子设备包括列车控制单元、车辆控制单元、制动控制单元、空调控制单元、各分站和基准值转换器。

(1) 对于各控制单元和分站,要求清洁各部件、更换锂电池并对控制单元进行标准时间的校对。

(2) 对于基准值转换器,应使用示波器或便携式专用测试仪进行波形测量。

五、车下电器

车下电器主要包括牵引电动机、空压机电机、制动电阻及其冷却风机、蓄电池箱、电容器箱、牵引箱、高速开关、逆变器箱、辅助箱、车间电源、速度传感器、电缆及线夹。

1. 牵引电动机

上海地铁一号线所属车辆既有使用直流牵引电动机的,也有使用交流牵引电动机的,在此分别进行介绍。

对于交流牵引电动机:

(1) 检查电机的安装是否牢固。

(2) 检查电缆接头及速度传感器的连接安装。

(3) 检查电机的进、出风口,要求清洁、无杂物堵塞。

(4) 检查注油孔盖,要求油堵锁紧良好。

(5) 检查轴承泄漏油脂情况并按标准补油。

对于直流牵引电动机:

(1) 打开换向器端下部观察盖,检查下部观察盖有无损伤及其密封橡胶圈有无破损或老化。

(2) 清除电机内部的碳粉和灰尘。

(3) 使用径跳测试仪测量换向器径向跳动量,一般要求径跳值<0.08 mm且无严重突跳现象。

(4) 检查换向器升高片和换向器表面。

(5) 检查刷握系统,要求刷架绝缘子无裂纹、表面光洁及紧固螺栓无松动;要求刷握、刷盒、压指、压指簧无裂纹、无烧损、无铜瘤,刷盒边缘无毛刺和结瘤、压指有力;要求碳刷无烧损、磨合后接触面>80%、磨耗面氧化膜均匀、碳刷高度>25 mm、并排碳刷偏磨值<10%,且碳刷安装位置正常、刷柄端紧固螺钉锁紧。

(6) 检查刷圈螺母、接地排螺钉紧固状况。

(7) 检查换向器端可见部分的无纬带表面和主负极连接线及其外包绝缘,要求无裂纹、不起毛刺、无烧伤。

(8) 检查放电螺钉。

(9) 检查牵引电机两端轴承，应无漏油和发热迹象；按技术标准及时补油并用油堵将注油孔盖锁紧。

(10) 检查电机端盖。

(11) 检查牵引电机引出线及其压板，要求引出线良好、压板绑扎牢固无松动。

(12) 测量引出线底部与轮对车轴距离，一般应保持 75～100 mm 的距离，防止引出线与车轴发生摩擦。

2. 空压机电机

(1) 检查换向器端观察盖。要求锁紧装置良好，不松动。

(2) 清除电机内的碳粉、灰尘，特别是换向器、刷架等处。

(3) 检查换向器表面。

(4) 检查碳刷状况。要求碳刷工作高度＞20 mm。

(5) 检查刷架、刷盒、压指、压指簧。要求各部件无破损、无裂纹；压指有力，压指簧无断裂。

(6) 检查换向器端无纬带。要求无裂纹，无烧伤，不起毛刺。

(7) 观察电机火花。要求火花等级＜$1\frac{1}{2}$。

3. 制动电阻及其冷却风机

(1) 首先使用干燥压缩空气清洁电阻元件并检查元件外形。

(2) 清洁压力传感器和温度传感器。根据上海地铁的运营经验，传感器的清洁和检查是十分必要的。

(3) 清洁并检查风扇叶片。

(4) 使用电桥测量电阻元件的阻值。

(5) 使用测振仪测试风机振动。可通过查阅标准，对不同功率的电机定出相应的振动值范围。

4. 主接触器箱

在城市轨道交通车辆上都装有接触器，上海地铁一号线直流电动列车主回路使用了大量的直流接触器，并集中安装在主接触器箱内，而上海地铁一号线交流电动列车只使用了少量接触器并安装在牵引逆变器箱内。在此，对上海地铁一号线直流电动列车的主接触器箱的维修进行介绍。

(1) 检查所有接触器（重点为牵引和制动接触器）及灭弧罩。要求若主触头表面有小面积烧损结瘤，应刮去砂平。如有烧损结瘤面积大于触头面积 50%应更换主触头。如触头顶部磨耗超过 3 mm 也应更换触头。新装触头用蓝印法检查其接触面积。灭弧罩导弧角无积瘤，无积尘，干净，转轴无移位。灭弧罩罩壁无严重烧损变形，烧损深度＜3 mm。灭弧罩内无铜粉遗落。

(2) 清洁箱体。

(3) 检查接触器安装紧固状况。要求箱体清洁无杂物、无灰尘，接触器安装良好、接线无松动。

5. 蓄电池箱

在定修时，一般要对蓄电池进行充、放电。

(1) 将蓄电池拆下，按充、放电要求进行充电。

(2) 将已充电完毕的蓄电池安装到车辆上并使用万用表测量蓄电池总电压，要求总电压大于 100 V。

(3) 检查各闸刀开关。

6. 牵引箱

(1) 拆下通风电机，清洁并检查牵引箱内部，特别是通风风道区域和进出风格栅的清洁。

(2) 检查 GTO/IGBT 模块散热片，要求清洁、无油污。

(3) 清洁并检查主回路接触器和预充电接触器的灭弧罩和触头，详见主接触器箱的介绍。

7. 高速开关

(1) 清洁高速开关。

(2) 检查高速开关灭弧罩及主触头的状况。要求灭弧罩无损伤、无积灰，触头无发黑。

8. 逆变器箱

(1) 清洁逆变器驱动板及触发板。

(2) 检查各连接线和插件板的状况，要求无损伤，连接线紧固无松动，插件板安装牢固。

(3) 检查熔丝状态。

(4) 更换相关插件板上的镉镍电池。最后检查应急电池。

9. 辅助箱

(1) 检查所有继电器及其连接线状态。要求继电器无异常，连接线完好、连接牢固，如继电器有镇定值，要求镇定值在技术要求范围内。

(2) 检查全部空气开关，要求位置正确。

10. 车间电源

清洁箱体并检查车间电源盖板固定情况。要求锁扣完好，扎带完好。

11. 速度传感器

(1) 检查线缆、线缆夹。要求完好、无遗失、无松动。

(2) 检查速度传感器与车体间的接口。要求无松动。

(3) 检查与探头的连接软管。要求无裂纹、无折断。

(4) 检查速度传感器电缆与构架间的距离。要求无接触。最后检查传感器头与磁轮的间隙。要求间隙为 (0.9 ± 0.5) mm 且探头清洁。

12. 电缆及线夹

(1) 检查所有电缆的连接情况及有无绞缠磨损。要求无松动、无绞缠磨损。

(2) 检查电缆固定夹有无变形、松动、损伤情况。要求无变形、不松动。

13. 接地装置

(1) 检查电缆接头及安装螺栓。要求接口、电缆无损伤。

（2）检查连接线。要求无损伤，无老化。
（3）检查接地碳刷。要求无破损，工作高度>20 mm。
（4）检查滑环接触面。要求无明显痕迹、沟槽、油脂。
（5）检查主接地的绝缘护套。要求绝缘无破损、老化。

六、转向架

转向架包括轮对、轴箱、构架、轴箱拉杆、一系悬挂、二系悬挂、中央牵引装置、齿轮箱及其悬挂装置、联轴器、液压减振器、高度阀、抗侧滚扭杆、垂向及横向止挡和各类传感器。

1. 轮 对

（1）目测检查车轴，车轴轴身应无裂纹、碰伤。
（2）开盖对轮座及齿轮座处进行超声波探伤检查。
（3）目测检查踏面有无擦伤和剥离及其深度，如有，按标准判断是否进行镟轮。
（4）使用轮径尺和轮缘尺测量轮径、轮缘，要求车轮直径大于770 mm，轮缘高度、宽度等数值符合标准，如轮缘尺寸不符合标准，则应镟轮。
（5）使用内侧距尺测量轮对内侧距。
（6）检查车轮注油孔螺堵，应安装牢固，无缺漏。

2. 轴 箱

（1）检查轴箱有无漏油，要求轴箱螺栓完好，无漏油。
（2）检查轴箱油脂，如有污染应更换，如耗尽则补油脂。
（3）清洁齿轮，应清洁、无油污。

3. 构 架

（1）清洁构架，主要为外侧、电机座两侧、构架弓形部分。
（2）检查构架，应无严重油漆剥离、无锈蚀、无裂纹。

4. 轴箱拉杆

检查端部螺母、拉杆套、开口销等部件。要求各部件无松动，拉杆套无弯曲、瘪痕。

5. 一系悬挂

（1）测量检查构架调整垫片与轴箱之间的距离。要求：35 mm≤拖车≤47 mm，29 mm≤动车≤41 mm。
（2）检查橡胶件状态。要求橡胶与金属件之间无严重剥离，橡胶裂纹在规定允许范围内。
（3）检查人字簧座与构架的连接情况。要求人字簧座与构架的连接处无裂纹。另外需要提出的是更换新的一系簧的车辆需静态置放48 h。

6. 二系悬挂

（1）目测检查空气囊外表有无开裂损坏状况。要求橡胶网线层不得有外露和损坏。
（2）目测检查与空气囊接触的金属部分，要求无粗糙锈斑。

(3) 目测检查二系悬挂各零部件的紧固状况。
　　(4) 在有气状态下检查气路及附加气室接头，要求无泄漏。
　　7. 中央牵引装置
　　(1) 检查中心销座与车体底架的螺栓连接；牵引拉杆及所有附件，要求螺栓良好，无松动，其余各部件无损坏。
　　(2) 检查中心销槽顶螺母及开口销，要求无松动、完好。
　　(3) 检查牵引拉杆螺母，要求无松动。
　　(4) 在充气状态下测量检查架车保护螺栓至下心盘的距离。要求距离为 25～28 mm。
　　8. 齿轮箱及悬挂
　　(1) 检查齿轮箱外壳及分箱面。要求无严重渗油及泄漏。
　　(2) 检查油堵吸附铁屑情况，要求无铁屑。检查完成后油堵用镀锌钢丝紧固。
　　(3) 检查油位。要求油位不低于下油位线，否则补油。同时，应考虑对油样进行化验，一般两年化验一次。
　　(4) 检查悬挂装置中抱箍螺栓和锁紧件。要求查看防松标记，应位置正常、无松动，抱箍槽口应对位。
　　(5) 检查齿轮箱紧急止挡及螺栓。要求紧急止挡无损伤、无裂纹，螺栓无松动。另外需要提出的是新装齿轮箱在运行 20 000 km 时应进行第一次换油。
　　9. 联轴节
　　上海地铁一号线交流电动列车使用的是橡胶联轴节，对联轴器的定修检查首先是检查联轴节，要求无损坏、无漏油，螺栓无松动。然后对齿轮联轴节进行换油。
　　上海地铁一号线直流电动列车使用的是橡胶联轴节，定修检查：
　　(1) 检查其紧固件状态。要求无松动。
　　(2) 检查橡胶件，要求无异常变形，如有裂纹，裂纹深度不可大于 10 mm。
　　(3) 使用样板尺检查联轴器偏心度。要求在空车、充气状态下，样板内间隙分别为 (2.3±0.3) mm 和 (127.3±0.5) mm。
　　10. 液压减振器
　　(1) 检查连接螺栓，要求无松动。
　　(2) 检查两端连接套筒和橡胶衬套。要求完好，橡胶无裂纹、剥落情况。
　　(3) 检查有无渗、漏油。
　　11. 高度阀
　　(1) 检查高度阀安装及连杆上的紧固件。要求紧固件无松动，高度阀调节杆应垂直，不准倾斜。
　　(2) 检查高度阀阀体上管路接头的气密性和阀体出气口。要求无泄漏，出气口不堵塞。
　　(3) 在空车、充气状态下测量检查地板面距轨顶面的高度应为 (1 130±10) mm，考虑到实际操作方便，上海地铁一号线交流电动列车实际测量从轨顶面至空气簧压板上表面（不包括垫片）之间的距离，要求为 (869±8) mm。上海地铁一号线直流电动列车实际测量从轨顶面至标志孔之间的距离为 (784±3.5) mm。

12. 抗侧滚扭杆

(1) 检查关节轴承两侧密封圈有否漏油、损坏。如有损坏,应更换,此时轴承腔内应换油。
(2) 检查连杆球铰的密封是否损坏。要求如有损坏,应换新球铰。
(3) 检查各紧固件,要求无松动。
(4) 测量下球铰中心与扭杆中心垂向高差,要求在充气状态下为 (10±1) mm(中心线以上);放气状态下为 (8±1) mm(中心线以下)。
(5) 检查扭杆调整螺套及锁紧螺母。

13. 垂向及横向止挡

(1) 检查垂向及横向止挡、止挡间隙、螺栓、衬垫。
(2) 检查横向止挡缓冲橡胶。
(3) 垂向止挡缓冲橡胶顶面至轴箱垂向止挡座上平面距离,应为 6_0^{+1} mm。

14. 传感器

(1) 检查线缆及线缆夹。要求线缆完好、线缆夹无遗失、无松动,线缆与构架无接触。
(2) 检查传感器与车体的接口。要求插座连接无松动。
(3) 检查与探头的连接软管。要求无裂纹、无折断。
(4) 使用塞尺检查速度传感器与齿轮间的气隙,要求为 (0.9±0.5) mm,探头清洁。

七、车体、车门、车钩

车体、车门、车钩包括安全门、灭火器、客室车门、通道、全自动车钩、半自动车钩、半永久车钩和内装饰及辅助设施。

1. 安全门

检查安全门开关门功能及外观。要求开启灵活、部件良好、外表无损伤、行程开关固定牢固。

2. 灭火器

检查灭火器,应在规定位置,无漏放,在有效期内。

3. 客室车门

上海地铁一号线直流电动列车和交流电动列车使用的客室车门是内藏式移动门,对于内藏式移动门的定修检查:

(1) 目测检查车门外观。
(2) 清洁导轨、滚轮、防跳轮、钢丝绳。
(3) 使用吊块检测钢丝绳张力并测量防跳轮上部边缘与道轨之间间隙。门叶关上后,测量两护指橡胶外侧边之间的距离,应在规定范围内。
(4) 清洁、润滑紧急解锁装置、驱动气缸活塞杆及门销。要求无损坏,动作灵活。
(5) 清洁、润滑门密封条,清洁门叶密封刷。
(6) 检查车门槛条,要求车门门槛与门叶间隙 0.5~1 mm。

(7) 对门锁机构进行分解、清洁并润滑。

(8) 检查并调整 S1、S2、S3、S4 4 个限位开关。对于 S1 限位开关要求当门钩落下锁住时，S1 与扇形片不接触。当门钩上去时，S1 动作，扇形片与导轮接触，接触位置应在正中。对于 S2 限位开关要求 S2 动作时，两护指橡胶外侧之间的距离在技术范围内。

(9) 检查车门所有紧固件和 S2 限位开关橡胶挡块。

(10) 测试车门开关功能，要求开、关门时间为（2±0.5）s，车门走行平稳。使用关门压力计测试最终关门压力，应在 130～160 N。开、关门缓冲功能良好。使用 30 mm×60 mm 测试方木检测车门开关功能，要求客室车门未关好指示灯亮。

(11) 检查蜂鸣器功能。

(12) 检查紧急手柄功能，要求功能正常，指示灯亮。

(13) 检测再开门功能。

4. 通道

(1) 检查折棚及内侧墙。

(2) 打开过渡板清洁折棚。

(3) 检查过渡板，过渡板应活动自如，不锈钢磨耗板厚度应＞0.5 mm，铝合金磨耗板厚度应＞1 mm，尼龙条厚度应＞2 mm。

5. 全自动车钩

(1) 检查各零部件应完好无损。

(2) 清洁接合面及其内部。

(3) 检查润滑点状况。

(4) 检查车钩橡胶托应紧固，如有裂纹，则深度≤3 mm，长度≤10 mm。

(5) 检查对中装置的功能。

(6) 检查钩尾座保险螺栓及其紧固力矩。

(7) 清洁电气触头。

(8) 在充气状态下测量钩头中心至轨顶面的距离，应为 720^{+10}_{0} mm。

(9) 检查压溃管（缓冲器）标记环，要求完好无损，标记环紧靠缓冲器端面，样板测量面与压溃管待测面之间的间隙≤5 mm。

(10) 用铜棒进行模拟对接试验，以检查撞钩动作，要求钩舌连挂动作灵活。

(11) 进行手动解钩功能检查。

(12) 进行自动解钩功能试验。

6. 半自动车钩

(1) 检查各零部件应完好无损。

(2) 清洁接合面及其内部。

(3) 检查润滑点状况。

(4) 检查车钩压溃管橡胶托及对中装置。橡胶托如有裂纹，则深度≤3 mm，长度≤10 mm。

(5) 复核连接抱箍紧固螺母力矩。

(6) 使用扭力扳手检查车钩与车体之间的连接螺栓的紧固力矩。

(7) 清洁电气触头。

(8) 在充气状态下测量钩头中心至轨顶面的距离,应为 720^{+8}_{0} mm。同时要求相对接的两钩头中心至轨顶面的高度差≤4 mm。

(9) 检查压溃管(缓冲器)标记环,要求完好无损,标记环紧靠缓冲器端面,样板测量面与压溃管待测面之间的间隙≤5 mm。

(10) 测量机械车钩接合面与电气连接器接合面相对位置尺寸,要求电气连接器接合面比机械车钩接合面凸出 2~3 mm,橡胶密封件应无损伤。

7. 半永久车钩

(1) 检查半永久车钩抱箍、橡胶托架、电缆和电缆夹、各紧固件等,应紧固、完好。

(2) 检查压溃管(缓冲器)标记环,要求完好无损,标记环紧靠缓冲器端面,样板测量面与压溃管待测面之间的间隙≤5 mm。

(3) 复核连接抱箍上四个螺母的力矩。

(4) 检查气管连接处。

8. 内装饰及辅助设施

(1) 检查司机室两侧侧门和背门,要求开关门移动或转动灵活,门锁功能正常。

(2) 检查司机室座椅。

(3) 检查顶板、挡风玻璃、刮雨器,要求顶板无破损,刮雨器刮片无断裂且功能正常,挡风玻璃及窗封条良好。

对于客室内装饰及辅助设施的定修检查:

(1) 检查扶手、立柱连接紧固状况。

(2) 清洁客室座椅及座椅下的设备,如脚踏泵、阀门、温度传感器、管路、气缸等。

(3) 检查客室端墙、侧墙、顶板、窗、地板,要求顶板、风道清洁并安装牢固;墙面、车窗、地板清洁且墙面无破损;车窗及玻璃完好、无积水;地板无破损,地板如有起壳,起壳一处则直径应<150 mm,起壳两处则每处直径必须<80 mm。

八、空气气路及制动系统

空气气路及制动系统包括空压机总成、空气干燥器、电磁阀、压力控制开关、安全阀、双针压力表、单元制动机和风缸。

1. 空压机总成

(1) 检查安装紧固螺栓。

(2) 检查减振弹簧。

(3) 更换纸质过滤器。

(4) 更换空压机油,油位为邮箱的 1/2~2/3。

(5) 检查进、出口阀。

(6) 检查安全吊绳,应完好,连接牢固。

2. 空气干燥器

清除排水出口积垢。

3. 电磁阀

检查电磁阀和插座的外观及安装状态。

4. 压力控制开关

检查压力控制开关的功能，要求当压力<0.75 MPa 时，打开；当压力到 9 MPa 时，关闭。

5. 安全阀

安全阀的功能检测十分重要，我们要检查安全阀外表及其功能，当压力到 1 MPa 时，应排气。

6. 双针压力表

更换双针压力表。

7. 单元制动机

首先检查闸瓦，要求闸瓦最低处厚度≥12 mm，并测量闸瓦与踏面间的间隙，应为(12±0.5) mm。然后检查停车制动功能，包括人工缓解在内，功能正常。

8. 风缸

主要是进行风缸排水作业。

九、空　调

空调包括蒸发器箱、冷凝器箱、空调总成安装座、过渡风道、系统功能试验和司机室空调。

1. 蒸发器箱

(1) 拆下新风滤尘网并清洗。
(2) 清洁混合风滤尘网框架。
(3) 更换混合风滤尘网。
(4) 清扫箱体进风格栅。
(5) 清洗蒸发器翅片。
(6) 清洗排水孔，要求排水顺畅，蒸发器箱内无积水。
(7) 检查蒸发器翅片，要求无损伤、变形，如有，使用翅片梳予以恢复。
(8) 清洁循环空气挡板，气动缸及气路外观。
(9) 检查循环空气挡板和气动缸，要求功能正常、无泄漏。
(10) 检查通风风扇，要求转动灵活、平稳。
(11) 在蓄电池供电下进行检查客室紧急通风功能，通风电机应间断性启动运转。
(12) 检查各温度传感器。最后使用检漏仪检查管路、阀门。

2. 冷凝器箱

(1) 清扫箱体、冷凝器翅片与电机、风叶等。

(2) 检查冷凝风扇，要求转动灵活、平稳。
(3) 使用检漏仪检查管路、阀门。
(4) 检查电磁阀。
(5) 检查压力传感器。
(6) 检查压缩机外观。
(7) 检查压缩机安装座橡胶件及紧固螺栓，橡胶件应无损伤和裂纹，螺栓无松动。
(8) 检查冷凝器翅片，要求无损伤、变形，如有，使用翅片梳恢复。
(9) 检查制冷液视镜中心色柱，色柱应呈紫色，腔内洁净。色柱如为粉红色表示制冷剂含水量过高；如为藏青色表示制冷剂内含污垢过多，都需更换干燥过滤器。

3. 空调总成安装座

检查橡胶件及紧固螺栓，要求橡胶件无损伤和裂纹，螺栓无松动。

4. 过渡风道

检查风道外表面及紧固螺栓，要求无损伤、密封良好、螺栓无松动。

5. 系统功能试验

使用便携式计算机控制空调系统试运转。

6. 司机室空调

(1) 检查司机室通风机外观。
(2) 检查通风机的可调风口。
(3) 对通风机进行性能测试。
(4) 检查司机室操作台下靠侧墙侧的送风风口。

十、静态调试

静态调试包括轮径代码设置和静态调试。

1. 轮径代码设置

轮径代码设置是十分重要的作业，上海地铁一号线交流电动列车的轮径设置是按实测数据在显示屏上输入轮径。上海地铁一号线直流电动列车的轮径设置是分别在车辆控制单元和制动控制单元上按轮径设置代码。

2. 静态试验

在静态试验开始前应将空调机组关闭，同时在列车两端端轴轮子下安放止轮器。

静态调试的作业内容应在两端司机室分别进行，具体介绍如下：

(1) 合上司机室蓄电池开关和司机室主控制器钥匙。检查蓄电池电压表的读数应 $>77\,V$。
(2) 分别对各受电弓进行脚踏泵升弓使用试验（脚踏泵位于 B 车 3 号座位下），各弓都应正常升起。
(3) 在所有受电弓处于落弓位置时用位于副驾驶台上的升弓按钮进行升弓，所有受电弓应正常升起。

(4) 检查主风缸压力,压力表读数应在 0.75~0.9 MPa,并进行保压试验,每 5 min 泄漏量应<0.02 MPa。

(5) 按下灯泡测试按钮以检查各指示灯功能,此时司机室内指示灯(包括侧墙指示灯)亮。

(6) 按逆变器应急启动按钮进行逆变器应急启动试验。

(7) 检查空压机进、出口阀,应功能正常。在空压机停机时查看干燥器排水口,应能正常排水。复核空压机调压开关,要求开关功能正常,当压力<0.75 MPa 时,打开;当压力到 0.9 MPa 时,关闭。

(8) 进行气制动试验,检查防滑功能。

(9) 按下高速开关盒按钮,按钮内置指示灯亮。

(10) 按停车制动缓解按钮检查停车制动缓解功能,当列车的所有停车制动缓解后,按钮变亮。

(11) 检查空调启动功能。

(12) 检查头灯及运营灯。

(13) 按下按钮 27-S01 合上停车制动,关闭主控制器钥匙。将司机操作权转换至另一司机室。释放按钮 27-S02 使停车闸松开,操作正确。

(14) 对各控制单元校正为北京时间,要求各单元时间误差<10 s。

十一、动态调试

动态调试是在试车线上进行,如试车线长度足够,应进行 80 km/h 的试验。如受试车条件限制,必须进行 60 km/h 的试验。

动态调试包括原地启动和收车试验、低速牵引及制动试验、牵引曲线试验、制动试验和 ATC 试验。

1. 原地启动和收车试验

由司机按司机手册的启动和收车步骤在列车两端逐项对列车进行操作。

2. 低速牵引及制动试验

在列车两端分别进行低速牵引和制动试验,具体如下:

(1) 进行慢行试验和故障牵引试验,使用便携式计算机记录下列车速度、触网电压和电机转矩。慢行时列车限速 3 km/h,故障牵引时列车限速 60 km/h。

(2) 进行警惕按钮手柄释放试验,列车在警惕按钮手柄释放 10 s 后列车自动施加紧急制动。

(3) 进行列车后退试验,此时列车最大运行速度为(10±3) km/h。

3. 牵引曲线试验

在两个方向上分别进行 36 km/h、60 km/h、80 km/h 的牵引曲线试验,使用便携式计算机记录列车速度、触网电压、线路电流、手柄参考值和电机转矩。要求在各速度下牵引加速度符合技术标准。

4. 制动试验

制动试验分为全常用制动和紧急制动两类，制动距离测试条件为晴天、轨道干燥情况下，如在轨道条件差的情况下进行试验，可适当调整距离参数。同时，二次紧急制动操作中间至少应有不少于 5 min 的时间间隔，在按下紧急停车按钮后应过 2 min 再升弓。

在两个方向上进行全常用制动试验，具体如下：

将列车分别加速至 40 km/h、60 km/h 和 80 km/h 时施行全常用制动，使用便携式计算机记录制动距离、时间和速度，要求各速度下的制动距离应符合技术标准。

在两个方向上进行紧急制动试验，具体如下：

（1）将列车加速至 20 km/h 时，按下紧急停车按钮，此时列车进行紧急制动并落下受电弓。

（2）将列车加速至 40 km/h 时，将主控制手柄置零位惰行，方式方向手柄放置零位进行紧急制动，使用便携式计算机记录制动距离、时间和速度，制动距离应符合技术标准。

（3）将列车加速至 60 km/h 时，将主控制手柄拉至快速制动位，制动距离应符合技术标准。

5. ATC 试验

根据 ATC 的要求对列车进行运行试验。

复习思考题

1. 一般定修时间为几天？
2. 定修规程规定城市轨道交通车辆定修分为几个部分？
3. 车辆定修时车顶电气设备包括哪些部分？每一部分具体的检修规程是什么？
4. 车辆定修时车下电气设备包括哪些部分？每一部分具体的检修规程是什么？
5. 车辆定修时转向架包括哪些部分？每一部分具体的检修规程是什么？
6. 车辆定修时车门、车体、车钩包括哪些部分？每一部分具体的检修规程是什么？
7. 车辆定修时空气气路及制动系统包括哪些部分？每一部分具体的检修规程是什么？
8. 车辆定修时空调包括哪些部分？每一部分具体的检修规程是什么？
9. 掌握车辆定修静态调试和动态调试的内容。

第三节　定修的工艺特点和作用

从定修的工艺过程来看，它具有以下几个特点：

(1) 因为定修以检查为主，修理为辅，很多零件未到修理极限，所以不采用互换修，而采用现车修。

(2) 为了缩短停修时间，定修采用分空间（车前、车后、车上、车下）分专业同时作业的方法组织生产，这样可以充分利用空间和时间。

(3) 因为一列车的定修工作量虽然不大，但是每年要进行的定修列车数量很大，因此，一般都专门成立一个定修组来负责定修工作；既充分利用劳动力，又能实现检修专业化。

定修在城市轨道车辆的预防性计划定期修理中，是周期最短，级别最低的一种。虽然它不像架修和大修那样对车辆及其所有零部件做彻底的检查和修理，但定修在车辆的日常维护与架修和大修之间起到了承前启后的过渡性作用，这对保证车辆的长期运行安全有着重要而不可替代的作用。

复习思考题

1. 定修工艺有什么特点？
2. 定修工艺有什么作用？

第三章 城市轨道交通车辆的架修和大修

第一节 架修和大修的性质和目标

城市轨道车辆的架修和大修都属于高级别的定期维修,即时间性预防维修。它是以使用时间或运行里程作为检修期限;只要车辆使用到预先规定的时间或运行的里程,不管车辆的技术状态如何,都要进行规定的检修工作,这是一种带强制性的预防维修方式。定期维修的主要依据是机件的磨损规律:当车辆运用一定时间或走行一定里程后,某些零部件会产生一定程度的磨损,磨损严重时会影响其正常工作和安全,甚至会出现故障或造成事故。通过对车辆零部件损伤的大量统计资料进行分析研究后,把车辆上不同损伤规律和损伤速度的零部件,科学地划分成若干组,并确定出不同零件的损伤极限,从而规定了不同修程的修理期限和修理范围。这样,使车辆在运用中能得到有计划的修理,亦即零件尚未达到极限损伤之前就加以修复或更换,所以是预防性的有计划的修理。

一、架 修

我国城市轨道车辆的架修一般是每 50 万 km 或每 5 年进行 1 次(两个指标无论哪个先达到即开始架修)。架修类似铁路客车的段修。车辆架修主要是恢复性的修理。架修时应对车辆进行全面检查,但重点是车辆的走行部(转向架)、车钩缓冲装置和空气制动系统等部件。对车辆在运营中已经发现的各种故障和损伤应彻底修复,按架修限度规定更换磨损过限的零件,保证各零部件作用良好,减少架修后投运中的临修作业,以提高车辆的使用效率。架修时首先将列车解钩,然后对每节车进行大部件拆卸,如转向架、牵引电机、车钩、空调机组、车门、制动控制单元和单元制动机等。这些拆卸下来的大部件分别送入各个专业班组进行检查和修理。而还有一些大部件则留在车上进行检查,如牵引逆变器、辅助逆变器等。此外,有些只能在现场作业的项目,如地板、内饰等也在车上修理。架修的最后阶段是列车进行组装、调试。

二、大 修

大修是最高级别的车辆修理,一般是每 100 万 km 或每 10 年进行 1 次(也是两个指标无论哪个先到达即开始大修)。城市轨道车辆的大修与大铁路客车的厂修类似,大多在大型轨道车辆修理工厂内进行,也有送回原车辆制造厂进行大修的。车辆大修的目的是对车辆做彻底的检查和修理,使其恢复新车出厂时的功能和标准。大修除了覆盖架修内容外,还要更换车轮、轴承、内饰和橡胶件等零部件。大修时对车辆进行全面细致的检查,对主要部件按大修限度(大修限度是车辆进行大修时,零部件上允许存在的损伤程度的规定,也是检验损伤修复后是否合格的依据)进行更换或彻底修理。大修还有一个额外任务,如果通过长期运营后发现车辆的个别部件设计有问题,应修改设计并重新制造部件在大修过程中更换。如果有的零部件其应用技术经过 10 年时间后已经被淘汰,还需对车辆进行必要的现代化技术改造,以提高现有车辆的质量。最后,车体还要进行整修和油漆。

复习思考题

1. 城市轨道交通车辆架修周期是怎样规定的?
2. 城市轨道交通车辆大修周期是怎样规定的?
3. 城市轨道交通车辆架修的性质是什么?
4. 城市轨道交通车辆大修的性质是什么?
5. 城市轨道交通车辆大修的目标是什么?

第二节　架修和大修工艺过程

一、架修和大修的工艺过程

城市轨道交通车辆的架修和大修一般都在专用的架/大修库内进行。自按计划规定进行架修、大修的列车被送入大修库起，直至修理调试结束的全过程，称为车辆架修或大修的生产过程。通常架修和大修的全部生产过程应包括以下几部分：

(1) 办理修车的交接手续。
(2) 待修车的修前清扫工作（用压缩空气在专用的清扫线上对车底部位进行吹扫）。
(3) 对待修车进行外观检查，记录缺损部件，制定检修计划。
(4) 列车分解和车辆分解，以及车辆进一步分解为零件或部件。
(5) 零部件在专业班组或车间清洗、检查、并确定其修理范围。
(6) 零件和部件的修理、装配和调试。
(7) 车辆组装及油漆（仅大修后油漆）。
(8) 列车连挂及静态调试。
(9) 列车试车线动态调试。
(10) 修竣车的技术鉴定和交付使用。

在上述车辆修理过程中，从待修车的分解，经过一系列按规定的检修程序，将车辆进行全面检修、组装、调试的作业过程的总和，就是车辆架修或大修的工艺过程。上述生产过程中的第（4）~（9）项，即构成车辆架修或大修的全部工艺过程。

二、架修和大修零部件修理作业方式

根据车辆零部件修理作业方式的不同，车辆修理工艺过程可分为现车修理（即不换件修理）与互换修理两种类型。由于城市轨道车辆的种类较多，结构大不相同，备品件库存数量差异很大，所以作业方式采用两种方式之一的或两种方式混用的都有。

上海、广州地铁的车辆基本上来自国外，备品备件数量不多，备品备件国产化的进程较慢，因此，目前架修和大修只能采用现车修理为主，互换修理为辅的方式。而以国产车辆为主的北京地铁，其架修和大修则采用完全互换修理的方式。

实际上，各种部件的修理过程和修理速度并不相同。如一列车的转向架（12~16个）的一般修理时间需要一个半月，而一列车的客室车门的修理时间仅需一周。与车体大修并油漆的时间一个月相比，转向架必须互换修，客室车门则可以现车修。

此外，有的部件可以互换，但有的部件只能现车修理，如客室内装饰板的整形、客室地板修补、车窗和制动管路等检修。现在有的城市轨道车辆牵引控制箱或辅助电源箱体积很大，

如上海二号线的交流车,不易拆装和运输,一般在架修时就现车检修调试。只是在大修时才视情况拆卸,运回车间检修调试。

互换修理的最大优点是能缩短车辆停修时间,并可采用流水作业,从而有效地提高劳动生产率和车辆利用率。但它的缺点是需要大量备品备件或一定数量的周转件(互换件),这对于车型较多、备品备件储备量小的修理单位来说是有困难的。但是对一些修理和组装时间较长的部件,例如转向架、轮对和车钩等,必须进行互换修。还有一些有条件拥有大量备品件的部件,例如受电弓、单元制动机等,由于价格不高,所以备品备件多,因此都可以实行互换修理。

复习思考题

1. 城市轨道交通车辆架修和大修的工艺过程是怎样的?
2. 进口车辆架修和大修采用什么样的修理方式?
3. 国产车辆架修和大修采用什么样的修理方式?

第三节　架修和大修的生产组织

与大铁路系统的客、货车段修和厂修不同，城市轨道车辆的架修和大修均不采用流水作业的生产组织方法。

首先，城市轨道车辆的车型较多，同一车型的车辆数量不大，采用流水作业不经济。不像铁路上同一型号的客车或货车成千上万、数量惊人，容易形成流水作业线。其次，城市轨道车辆的结构复杂，动车有电机驱动系统，拖车带驾驶室有列车控制系统；列车编组固定，检修结束后需要进行列车动、静态调试，技术含量高，不适宜采用流水作业。而铁路客、货车厢结构简单，无动力，编组不固定，可以采用流水作业方法。

但是，城市轨道车辆的某些部件的修理可以采用流水作业，如转向架、主接触器、单元制动机等。这些部件的数量较大，修理工序较多，一般都有分解、清洗、修理、组装和调试等修理工艺过程。对修理工人专业化程度要求比较高，使用设备上有很大一部分是专用的或特殊设计的，特别是调试设备和工具，有些是从国外进口的。流水作业为专门技术、专用设备的使用提供了最大可能性。

由于采用定位修的方法，所以城市轨道车辆架修/大修库的设计基本上都不是长条形的。比较典型的架修/大修库如图 3-1 所示。

库中修 6 线为架车线，装有地下架车机，三节车长，可一次分解最多三节编组的动车组。一列六节编组的列车分两次分解成单节车；一列八节编组的列车需分 3 次分解成单节车。列车分解成单节车后，单节车被地下架车机抬升，转向架从车底落到轨道上然后被推出，通过移车台送到转向架修理流水线上去。车体则用假台车（一种代替转向架的可承载车体的小车）装载，也通过移车台被送到右侧的五条大修线（修 1～修 5）上去。每条大修线可放置三节车辆，整个架修或大修过程中间，车体就这样由假台车或者其他固定台架负载着。为了保证在检修过程中不倾倒或摇晃，在使用假台车的同时，车体四个角还需用可调节高度的支架支撑牢固。在车辆分解时尚未拆卸的部件，这时可在车体上继续拆卸。现车修理的项目则在车体上进行。车体如需修理的，也由假台车装载，送入车体车间修理。车体的最终油漆，也是由假台车运输至油漆车间进行的。

从车辆上拆下来的部件，按照专业分工，被送入库内标明的各个车间或班组（工段），进行分解、清洗、修理、组装、调试和存放。现车修理的各个小组按计划上车修理，互不干扰。车辆的组装大部分在大修线的车位上进行；小部分安装困难，需调节车体高度才能安装的设备（如各种车底设备箱）则在架车线上进行。转向架的安装必须在架车线上进行，因为修竣的车辆是由假台车承载的，将假台车替换转向架的作业必须抬升车体，而抬升车体和起落转向架、假台车的作业只能在架车线上完成。单车连接成动车组（三节或两节编组），然后由调机机车连挂成整列车后，送入静调线进行静态调试。静调结束后上试车线进行列车动态调试。动调结束，架修（或大修）才算真正完成。

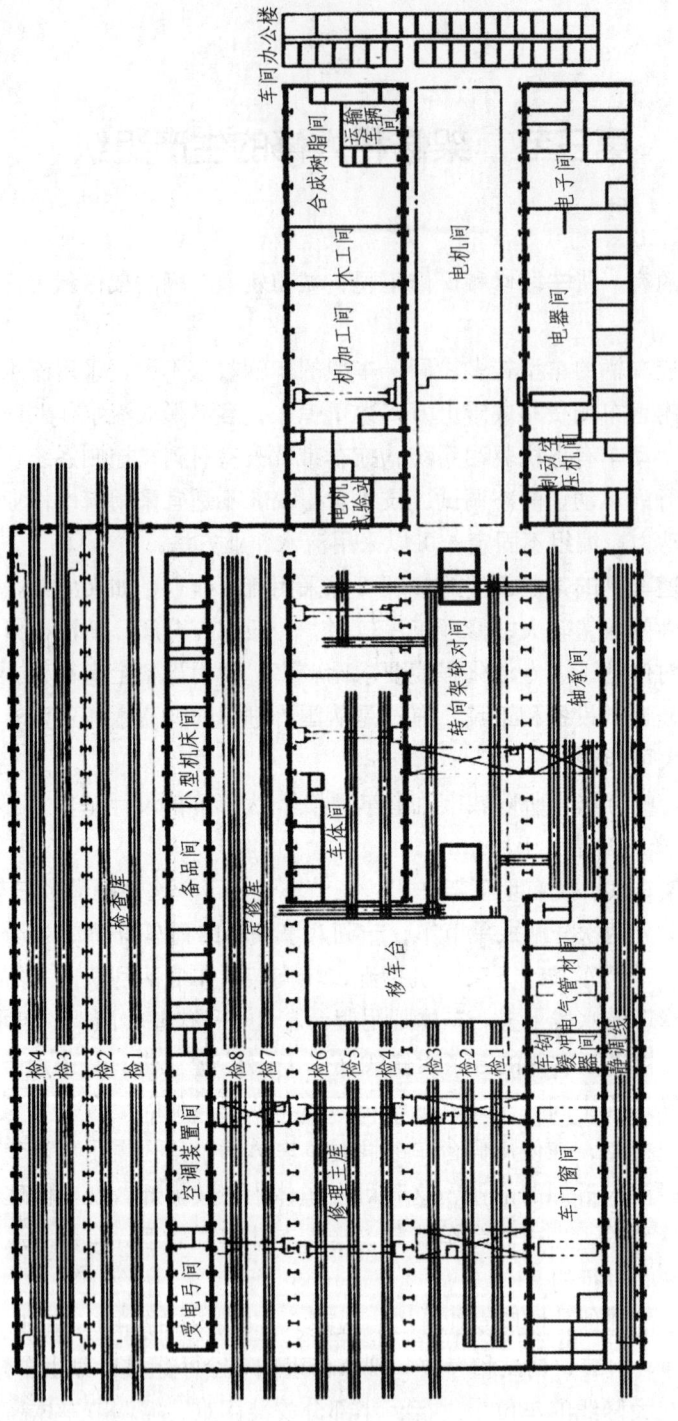

图 3-1 架修/大修库布置图

架修或大修的整个生产过程的空间组织和时间组织是相当复杂和严密的，必须符合"连续性、协调性、平行性和均衡性"原则。只有按照这些原则，才能以最小的劳动耗费，取得最好的生产成果，从而提高企业的经济效益。

复习思考题

1. 城市轨道交通车辆的架修和大修为什么不采用流水作业方式?
2. 架修库和大修库采用什么类型的架车机?
3. 城市轨道交通车辆架修和大修采用什么样的生产组织?

第四节 架修工艺

上海地铁一号线的交流电动列车从 1998 年投入运营,已于 2003 年进行架修修程。架修是电动列车运营里程数每达到 50 万 km 或运营时间达 5 年时进行的检修,一般架修的周期为 20 天。前 10 天主要进行无电状态下的检修,后 10 天进行有电状态下的检修检查和静、动调作业。架修的周期控制与备品备件的供应密切相关,建议对关键部件采用更换修。

在架修中要求对车顶、车顶部件和车下部件如受电弓、空调、避雷器、电器箱、转向架及牵引电动机等进行外表清洁。对此,应做好电器箱的防水密封工作并选用合适的清洗剂,以防止对车厢外表及橡胶件产生腐蚀。另外在架修修程的列车分解和运送项目中已提出部分需拆下和安装的部件,故在下面的架修修程介绍中,不再提出对上述部件的外表清洁要求和拆下、安装要求。

一、列车分解

列车分解是对列车进行解钩和吹扫、将转向架从车体上拆卸、车体运送和定位,以及主要零部件的拆卸等。

1. 列车解钩和吹扫

先将列车解钩分成两个三节车单元,然后分别进行车底吹扫。要求能基本将车底部分积尘吹扫干净。

2. 转向架的拆卸

(1) 将三节车组成的单元推上地下架车机并解钩成三辆单节车,要求解钩后,各单节车对准架车位置。

(2) 架车分解转向架与车体后推出各转向架,在落转向架时应注意空气簧不受损伤。

(3) 拆下车体上的高度调节阀、垂向减振器、横向减振器等零部件连同转向架送检,气管留在车体上。

3. 车体运送和定位

先在车体下安装假台车,车体在假台车上应平稳、到位。将各单节车分别用移车台运至架修台位,并在架修台位上对车体四角进行支承,要求车体支承后平稳,受力后不摇晃、不移动。

4. 主要零部件的拆卸

(1) 受电弓、避雷器、空调机组从车顶上拆卸送检。

(2) 将牵引电动机、空压机、干燥器、高速开关箱、车钩、蓄电池、制动电阻、制动电阻冷却风机、速度传感器、各控制单元及防滑阀从车体上拆卸送检。

5. 车顶其他部件检查．

检查安装在车顶部位的空气管路、接头、电缆及电缆接插件。

二、车顶电器

车顶电器包括受电弓和避雷器。

1. 受电弓

（1）分解受电弓各部件，检查绝缘瓷瓶、底部框架、下部撑杆部件、下部导向杆、上部撑杆、上部导向杆、集电头、气动装置及主压簧部件等。要求瓷瓶表面光洁、无油污、无裂纹、无破损、安装螺纹无烂牙，其余各部件无裂纹、无变形，用模板符合尺寸、符合要求。气动装置压力为 0.3~0.6 MPa，5 min 保压试验泄漏量不大于 0.02 MPa。

（2）组装受电弓，组装时更换碳滑板和轴承并润滑各相关部件。

（3）对受电弓进行升、落弓时间测试并在整个工作高度范围内进行接触压力测试。最后对绝缘瓷瓶进行绝缘电阻及交流耐压试验。

2. 避雷器

（1）检查避雷器外观，应表面光洁、无破损、无裂纹。

（2）检查安装螺纹。第三使用兆欧表测量对地绝缘电阻，应大于 500 MΩ。

（3）检查连接线及紧固螺栓。

三、司机室电器

司机室电器主要包括司机室照明及阅读灯，头灯、尾灯、运行灯，正/副驾驶台，主控制器和参考值转换器等。

1. 司机室照明及阅读灯

检查照明灯罩、灯管、底座框架和电子镇流器接线，连接线无脱落、松动，线号清晰。

2. 头灯、尾灯、运行灯

检查外罩壳的密封性。

3. 表 具

（1）拆卸网压电压表及蓄电池电压表并对两表进行计量鉴定。

（2）安装网压电压表及蓄电池电压表并检查电缆连接。

4. 正/副驾驶台

检查驾驶台桌面各指示灯罩、操作开关、按钮和显示屏等。要求各灯亮、无损伤、无损坏，显示屏工作正常。

5. 主控制器

(1) 从司机室驾驶台上拆卸主控制器并检查主控制器功能，要求主控制器功能正常，无异声。

(2) 然后检查主控制器联锁功能。第三检查电气接插件，要求接插件触头无烧灼、无锈蚀、无损坏、无松动。

(3) 最后与参考值变换器组合进行联调测试并将检测合格的主控制器安装回车辆上。

6. 参考值转换器

(1) 拆卸参考值转换器。

(2) 试验示波器进行波形检测，要求参考值变换器输出波形无畸变。

(3) 将检测合格的参考值转换器安装回车辆上。

7. 设备柜及电子柜

(1) 检查电气设备安装及电缆、电线接插件的状况。

(2) 检查设备柜接地装置。

(3) 清洁设备柜。

四、客室电器

客室电器包括客室照明、外侧墙指示灯和设备柜。

1. 客室照明

(1) 拆卸日光灯格栅，要求格栅清洁、无变形。

(2) 检查日光灯管及灯管底座框架。要求底座牢固、无松动、灯管两头无严重发黑。

(3) 检查电子镇流器接线及端子，应无脱落、无松动、线号清晰。

(4) 检查格栅锁扣。

(5) 安装日光灯格栅。

2. 外侧墙指示灯

(1) 更换灯罩。

(2) 检查灯具及连接线，密封良好、接线无松动、无脱落。

3. 设备柜

(1) 检查电气设备安装及电缆、电线接插件的状况。

(2) 检查设备柜接地装置。最后清洁设备柜。

五、电子设备牵引控制单元

电子设备牵引控制单元包括牵引控制单元、制动控制单元、中央控制单元、空调控制单元和 KLIP。

1. 牵引控制单元

(1) 对电气连接插头、插座进行清洁、检查。
(2) 拆卸各模块并除尘。
(3) 对带有电池的插件板更换电池。
(4) 检查通风风扇。
(5) 测试控制单元功能。
(6) 对系统按北京时间进行校正，要求前后误差<10 s。

2. 制动控制单元

(1) 对电气连接插头、插座进行清洁、检查。
(2) 拆卸各模块并除尘。最后测试控制单元功能。

3. 中央控制单元

(1) 对电气连接插头、插座进行清洁、检查。
(2) 拆卸各模块并除尘。
(3) 对带有电池的插件板更换电池并安装模块。
(4) 检查通风风扇。
(5) 测试控制单元功能。
(6) 对系统按北京时间进行校正，要求前后误差<10 s。

4. 空调控制单元

(1) 对电气连接插头、插座进行清洁、检查。
(2) 拆卸各模块并除尘。
(3) 测试控制单元功能。

5. KLIP

(1) 拆卸各模块。
(2) 清洁各 KLIP 分站模块和背板。
(3) 安装模块。

六、车下电器

车下电气设备主要包括牵引箱、高速开关、辅助电器箱、主蓄电池箱、制动电阻、速度传感器、静止逆变器、制动电阻冷却风机、牵引电动机和空压机电机。

1. 牵引箱

(1) 拆卸各模块和电感进行清洁和目测检查。
(2) 使用干燥压缩空气或吸尘器对牵引箱内部和进出风口格栅进行清洁和检查。
(3) 拆卸安装在牵引箱内的线路接触器和预充电接触器，检查灭弧罩和辅助触点并更换主触头，要求灭弧罩内无积瘤、结尘，辅助触点功能正常。
(4) 拆卸牵引箱冷却风机，更换轴承并检查风机。

(5) 检查牵引箱内其他部件。

(6) 检查电缆连接及电缆连接插座,要求触点及连接处无氧化、无锈蚀、无损坏。

(7) 最后安装各拆卸部件。

2．高速开关

(1) 对灭弧罩进行分解,检查灭弧片。

(2) 更换主触头、导杆装置、减振装置、减振器和叉架。

(3) 检查叉架与滚轮间的离合间隙,要求为 (0.7±0.3) mm。

(4) 上试验台测试大电流跳闸门槛值 (I_{ds}),应为 1 000 A。

3．辅助电器箱

(1) 检查辅助电器箱外部接插件。

(2) 检查所有接线、接线排、接线端子,要求接线无松动、无脱落、线号清晰。

(3) 检查部件代号标牌,要求粘贴牢固、字迹清晰。

4．主蓄电池箱

(1) 清洁主蓄电池箱及底部排液孔,要求排液孔通畅。

(2) 检查电池抽屉、木格及连接电缆,要求抽屉动作灵活,木格无破损,接线良好。

(3) 分解并清洁主蓄电池。清洗前,用黄色运输塞换下白色气塞,电池、气塞、木格及连接件应清洁、无结晶。

(4) 使用比重计检测蓄电池电解液密度,应为 1.19 kg/L。

(5) 使用充电机对主蓄电池进行充放电,要求电池电压大于 DC 110 V。

(6) 检查主蓄电池转换开关盒、保险丝闸刀开关盒及车上各连接线。

(7) 将充电后的主蓄电池安装上列车并接线。其中导电排应均匀涂抹凡士林。

5．制动电阻

(1) 检查电阻片,要求电阻片无过热痕迹、无变形。电阻片上无积灰。

(2) 检查各绝缘子,要求绝缘子无破损。

(3) 检查制动电阻箱内部和电阻片安装框架。

(4) 测量电阻单元阻值。

6．速度传感器

(1) 检查速度传感器连接电缆状况,要求无裂纹、无破损。

(2) 检查传感器探头,应完好、无损坏。

(3) 检查电缆与车体之间的连接插座,要求插座无损坏,触点无烧灼、无损坏。插座安装螺栓无丢失。

(4) 检查电缆固定夹,应完好,无丢失。

(5) 测试传感器后安装传感器,要求传感器输出信号波形无畸变。

7．静止逆变器

(1) 清洁过滤网和内部风道区域。

(2) 拆卸各模块并清洁检查。

(3) 清洁、检查、测试 L1 线电感器、F1 主熔器、绝缘子、A18 电压传感器、A17 电流传感器、A15 子系统滤波电容及其他部件。

(4) 检查清洁主回路各连接排和绝缘子各连接插头、插座，要求无短路，绝缘符合要求。

(5) 检查清洁冷却风机，更换轴承。

(6) 检查、清洁逆变器控制单元及各光缆。

(7) 检查应急电池，要求更换新的电池且接线正确、牢固。

(8) 安装模块单元后，进行静态调试，要求各模块安装正确，接线牢固。静态调试各技术参数、波形符合技术要求。

(9) 进行动态调试，要求各技术参数、波形符合技术要求，工况正常。

(10) 对控制系统进行时间校正，要求与北京时间的误差 < 10 s。

8. 制动电阻冷却风机

(1) 检查风机筒和悬挂处各焊接部位，要求无裂纹、无变形、悬挂处平整、无开焊。

(2) 检查风机网罩和风机座板，要求焊缝无开焊，焊区周围无裂纹，网罩无变形。

(3) 检查电机机座、定子线圈、端盖，要求机座无裂纹，线圈无损伤，无老化，端盖口良好，端盖轴承座无拉伤，无磨损。

(4) 进行电机通电试验，并检查电机轴承，要求通电 30 min，轴承不发热。

(5) 检查风机叶片，要求安装孔应无拉伤，叶片完好，无损伤，无积垢。

(6) 进行风机振动测试，要求低速振动值≤3.0 mm/s、高速振动值≤7.0 mm/s。

9. 牵引电动机

(1) 检查电机的进风口及罩盖。

(2) 检查电缆、电缆接头及速度传感器。

(3) 润滑两端轴承，要求 D 端加注 160 g 油脂，N 端加注 140 g 油脂。油脂更换完成后，应清除油腔内的废油脂。

(4) 检查注油孔盖，要求注油孔盖锁紧装置良好，无松动，无缺盖。

10. 空压机电机

(1) 分解空压机电机。

(2) 检查定子并测试定子绕组对地耐压，要求定子绝缘无破损、过热现象。在 4 000 V、1 min 下定子绕组对地无击穿。

(3) 检查电枢，要求绕组表面无破损、无烧伤和过热。无纬带无毛刺、无开裂。轴颈各工作表面无拉伤，符合要求。键槽完好。4 000 V、1 min 下电枢绕组对地，冷态下绝缘电阻大于 5 MΩ，热态下绝缘电阻大于 2 MΩ。

(4) 精车换向器表面，要求换向器表面粗糙度达 R_a0.8 μm，下刻深度 1.2 mm，倒角 0.5×30°，工作表面无拉伤，无毛刺。

(5) 检查其他各部件并更换碳刷。

(6) 上电机试验台对空压机电机进行试验。

七、转向架

转向架主要包括转向架的分解、构架、一系悬挂装置、二系悬挂装置、液压减振器(横向、垂向)、横向缓冲装置、垂向止挡、中央牵引装置、抗侧滚扭杆装置、轮对、轴箱、联轴节、齿轮箱悬挂装置、齿轮箱、接地装置、转向架组装、转向架试验、转向架组装后的垫片调整、转向架组装后的检查、转向架落车后的抗侧滚扭杆连杆调整和地板面高度调整及悬挂装置调整。

1. 转向架的分解

分别从构架上拆下牵引电机、联轴节、制动单元、层叠弹簧、横向止挡、垂向止挡、中央牵引装置、横向减振器、抗侧滚扭杆、齿轮箱悬挂装置、轴箱拉杆、一系弹簧、轮对其中要注意齿轮箱、联轴节拆卸之前应将润滑油放净。

2. 构　架

(1) 清洁构架,要求一系簧固定座与构架拱形结构之间的空腔必须清洁干净。构架应无积垢,无油污。

(2) 重点检查构架电机悬挂座、牵引拉杆座、一系簧座等受力部位,要求无裂纹,无腐蚀,无变形。

(3) 检查构架变形,测量构架一系簧座与测试台支座间的间隙。

3. 一系悬挂装置

(1) 清洗一系簧和调整垫片,要注意橡胶件清洗后再用清水冲洗并擦干。

(2) 检查一系簧的金属板,要求无翘曲。

(3) 检查一系簧的橡胶,要求无裂纹,或允许一条深度<16 mm 的裂纹,或多条深度<8 mm 的裂纹,或一条深度<8 mm 的整个周向裂纹。

(4) 垂向载荷性能试验,其中动车为 1 150 (1±6%) N/mm、拖车为 $1050_{-8}^{\ 0}$ N/mm。

(5) 按试验结果进行成组选配。

4. 二系悬挂装置

(1) 清洗并检查所有零部件,要求气囊内外表面无严重损伤、无裂纹和刀痕,无金属丝暴露在外的现象,叠层弹簧表面不得有深度>2 mm 的疲劳裂纹,或 >5 mm 深的橡胶与金属松弛现象。

(2) 进行层叠弹簧尺寸检查及性能试验。

(3) 测量磨耗板的厚度,应大于 11 mm。

(4) 紧固所有空气簧固定螺栓并检查空气簧的密封性,空气簧导板涂二硫化钼。

(5) 将磨耗板安装于叠层弹簧顶部,在转向架安装到车体下之前涂二硫化钼。

5. 液压减振器(横向、垂向)

(1) 清洗并检查液压减振器外表面,要求无灰尘,无油污,无泄漏,无损伤。

(2) 测试液压减振器性能,为在规定速度下分别测试拉伸阻尼力和压缩阻尼力。

6. 横向缓冲装置

(1) 分解横向止挡和横向止挡座。

(2) 清洗并检查各零件,要求耐磨板无偏磨、橡胶表面无裂纹,无破损和龟裂。

(3) 按特性曲线进行特性试验。

(4) 将横向止挡安装在横向止挡座上,测量横向止挡块相对横向止挡座的凸出量,橡胶块凸出量为（15±1）mm。

7. 垂向止挡

(1) 清洗并检查垂向止挡,要求无裂纹、无破损、无龟裂。

(2) 按特性曲线进行特性试验。

(3) 将垂向止挡安装在已检修完的轴箱上,橡胶凸出量为（6±1）mm。

8. 中央牵引装置

(1) 分解中央牵引装置。

(2) 清洗分解后的零件。

(3) 检查分解后的零件,要求橡胶件无裂纹,无龟裂,无破损。金属表面无裂纹,无剥离,无破损。螺纹良好,销轴表面无剥离,无腐蚀和擦伤,心盘上保护螺栓撞击凹坑,需焊补磨平后涂刷油漆。

(4) 进行复合弹簧测量与试验。

9. 抗侧滚扭杆装置

(1) 分解抗侧滚扭杆,需注意扭臂需水平安置后压出。抗侧滚扭杆拆卸装置不得倾斜或掉地。

(2) 清洗所有零部件,注意关节轴承用施普清清洗剂清洗。球面轴承检查发现有点蚀或剥离即更换。

(3) 检查、测量扭杆,要求扭杆左、右侧齿位必须在同一直线上,误差不超过±0.5 mm。

(4) 对扭杆进行探伤,要求无裂纹。

(5) 对关节轴承注油并装配。

10. 轮 对

(1) 测量车轮踏面直径、轮缘高度 S_h、厚度 S_d 及综合指标 Q_r 值。

(2) 在测量后,判定镟削后的车轮踏面直径,如车轮直径<785 mm 或厚度 S_d<26 mm,必须换轮。若轮径>785 mm,清洗、检查轮对,车轮上的注油孔油塞,对车轴进行在线探伤。如退轮,在退轮及退卸迷宫环后,对车轴表面进行探伤,齿轮嵌入部位进行超声波探伤,要求无裂纹、无腐蚀、无碰伤。

(3) 使用内侧距尺测量轮对内侧距,应为（1 358±1）mm。

(4) 镟削车轮。

(5) 清洁轮对,并涂防锈油进行防锈处理。

11. 轴 箱

(1) 分解轴箱。

(2) 清洗分解下的零部件。

(3) 检查所有零部件。

(4) 清洗轴承并烘干,要求轴承外圈、滚珠和保持架无裂纹,无变色。

(5) 把轴箱安装到车轴上，安装时更换所有紧固件和 O 形密封圈。轴箱注油时，必须完全加满保持架和滚子之间的空间，轴箱体的后腔只注满一半。

12. 联轴节

(1) 使用清洗剂清洁联轴节，要求外部干净，无油污、无灰尘。清洗水不得进入联轴节油孔。

(2) 目测检查联轴节，其金属表面应无裂纹、无剥离、无破损，橡胶件无龟裂、无破损。

(3) 组装联轴节并加油。

13. 齿轮箱悬挂装置

使用清洗剂清洗并检查齿轮箱悬挂装置，要求干净、无油污、无灰尘。橡胶件无裂纹、无龟裂、无破损。

14. 齿轮箱

(1) 目测检查齿轮箱体，要求箱体无裂纹、无滴油。

(2) 使用清洗剂清洁齿轮箱体，要注意清洗水不得进入齿轮箱。

(3) 进行注油。特别注意在列车上试车线调试后应再次检查齿轮箱油位。

15. 接地装置

(1) 拆下接地装置。

(2) 目测检查各零部件，要求各零部件无损伤、无变形。滑环表面平整，无毛刺，如滑痕太深，重新打磨，碳刷工作高度符合规定。

(3) 使用力矩扳手检查各连接螺栓的扭矩。

16. 转向架组装

(1) 在组装后的轮对上安装速度传感器电缆线并测量间隙，间隙要求为 (0.9 ± 0.5) mm。

(2) 安装一系弹簧。

(3) 落构架至轮对上，安装轴箱拉杆，垂向止挡，各扭力符合规定。

(4) 安装安全轴销，齿轮箱悬挂装置，应注意抬车保护螺栓至心盘上平面间的间隙。

(5) 安装单元制动机，抗侧滚扭杆，横向缓冲装置，层叠弹簧，抬车保护螺栓，心盘和牵引拉杆，固定速度传感器软管，要求抗侧滚扭杆左右两水平臂必须在同一角度位置，左右两轴承座中心高度差 1 mm，且转动灵活，无卡死现象。单元制动机与构架连接扭距应符合要求。最后安装牵引电机，联轴节及气管。

17. 转向架试验

将组装好的转向架吊至转向架试验台上测轮重和轴平行度，要求轮载偏差不得超过整个转向架轮载平均值的 2%；两轴平行度 ≤0.75 mm；在 AW_0 工况下，构架基本垫片顶部至轨面的垂向距离为 (619 ± 3) mm，并左右两侧至轨顶面的高度差绝对值 ≤1 mm。

18. 转向架组装后的垫片调整

(1) 进行层叠簧垫片调整并固定垫片，根据转向架试验后数据确定所需垫片厚度，根据技术要求调整轴箱顶部至构架下部调节板下缘距离。

(2) 进行一系簧补偿垫片调整，固定垫片段。

19. 转向架组装后的检查

(1) 使用力矩扳手对各扭矩进行复测。
(2) 对所有止退垫片翻边。
(3) 做防松标记。
(4) 检查齿轮箱油位，油位到油尺刻度线，放油孔塞上须用钢丝保险（第一次运营 20 000 km 后，需重新换油）。
(5) 检查联轴节油位。

20. 转向架落车后的抗侧滚扭杆连杆调整

(1) 在空气簧未充气时，扭杆连杆调整。
(2) 空气簧充气后，扭杆连杆调整。

21. 地板面高度调整及悬挂装置调整

(1) 在充气状态下在零线轨道上调整地板高度。
(2) 无电状态下再调整齿轮箱与电机位置尺寸。

八、车门、车体、车钩

车门、车体、车钩包括客室车门、车体外部、车体内装饰、座椅、地板、贯通道、折棚、司机室内装饰、司机室侧门、安全疏散门、刮雨器、全自动车钩、半自动车钩和半永久车钩。

1. 客室车门

(1) 使用洗涤剂清洁并检查驱动气缸，润滑驱动气缸的活塞杆和球形铰接头。要求气缸运行自如且无异声。
(2) 拆卸并使用洗涤剂清洗门锁钩装置，检查门锁钩单元的磨损情况并加油润滑，清洁并润滑解锁气缸的活塞和活塞杆。检查并调整解锁气缸节流阀。
(3) 清洁和检查紧急开门装置。
(4) 清洁和检查上下端门刷、门叶和门玻璃护指橡胶密封条，并对护指橡胶加硅油。要求玻璃清洁，门叶无变形，护指橡胶密封条无破损、无老化，润滑均匀。
(5) 清洁和目测检查导轨，调整紧固导轨螺栓。要注意导轨工作表面的清洁不可使用化学清洗剂。
(6) 安装车门解钩装置。
(7) 检查并更换车门承载轮、防跳轮和绳轮。
(8) 检查门叶与门槛间间隙及安全钩的工作情况，要求车门门槛与门叶间隙为 1~2 mm，安全钩与门销间隙为 1~1.5 mm。
(9) 清洁和检查传动钢丝绳，并使用悬挂重块的方法测量其张紧程度。
(10) 使用关门压力计和秒表分别检测开关门时间和关门压力，其中开关门时间为 (2±0.5) s，关门压力为 150~200 N。
(11) 清洁或更换各限位开关。
(12) 检查各门控接线。

2. 车体外部

(1) 检查车体外壳有无局部破坏或锈蚀情况，若有，允许用挖补、截换方法进行焊修，修后应表面平整，外观恢复原状并补涂同色油漆。

(2) 检查车底安装各箱体、缸体支架的紧固元件。

(3) 检查登车脚蹬的安装。

(4) 检查车窗安装，要求橡胶框无龟裂、老化和破损现象，玻璃无裂纹和严重划伤，玻璃夹层中无进气和进水现象。

(5) 检查目的地指示器安装和功能，要求目的地指示器显示准确、部件完好、安装牢固、作用良好，转动部位须润滑。

(6) 进行中心销孔探伤检查，要求无裂纹、无损伤。

3. 车体内装饰

(1) 检查客室各部墙、顶板、装饰条外观，要求无破损、无严重变形，油漆良好。

(2) 检查车边顶弧形盖板及其锁的安装和功能。

(3) 检查车载灭火器状态，应安放到位、安装牢固、并在有效期内。

(4) 检查立柱、扶手安装。

(5) 清洁客室内各部墙板、饰条、扶手、立柱等设施。

(6) 清洁风道。

4. 座椅

(1) 检查座椅的安装和外观。

(2) 检查座椅下盖板及其门锁的安装、开闭功能和外观。

(3) 清洁受电弓升弓脚踏泵及电磁阀。

5. 地板

地铁车辆的客室地板一般寿命为 10 年，但在大客流运营等情况下会有部分地板出现损坏的情况，因此在架修中先检查地板的安装和外观，要求安装牢固、平整、无破损，清洁无垢。地板的覆盖层与地板应粘接牢固，如有鼓泡、破损，一处则直径应 <150 mm；两处则每处直径应 <80 mm，否则需将原整块揭掉后重新粘接。

6. 贯通道、折棚

(1) 检查折棚的安装和外观。

(2) 检查过渡板的安装和外观，要求过渡板无裂纹及严重磨损、翻转灵活，磨耗条厚度须 ≥ 2 mm，否则更换。

(3) 检查活动侧墙及连接顶板的安装和外观。

(4) 清洁贯通道处各部。

7. 司机室内装饰

(1) 检查司机室座椅安装、功能和外观，主要要求各部件连接、紧固良好，调节功能正常。

(2) 清洁并润滑司机室座椅活动部位。

(3) 检查和清洁内饰板、挡风玻璃，要求各墙板、顶板和设备柜外表无破损、油漆良好，挡风玻璃及窗密封条完好无损。最后检查和清洁驾驶员操作台。

8. 司机室侧门

（1）检查和清洁门导轨并紧固所有门导轨安装螺栓，要求门导轨外侧面与车体侧墙外侧面距离应为（48±1）mm，门导轨滑动面清洁、光滑。

（2）检修门锁钩板、复原弹簧，门锁钩板，压簧一律更换，其他滑动摩擦部位须润滑。

（3）检修门叶及其门锁。

（4）检查门槛条安装和外观并清洁门槛条。

（5）进行车门安装和调整，要求门叶与门槛条间隙为 1.2 mm，在司机室门的护指条安装时，保证上部间隙比下部间隙大 1 mm，防跳轮上部边缘与导轨之间间隙为 0.2～0.3 mm，调整关门止挡，使门处于关闭位置时，门锁钩完全锁住销子。

9. 安全疏散门

（1）检查安全疏散门及门上各部件的安装、功能及外观，要求各部件完好、安装牢固、功能正常。

（2）清洁安全疏散门及门上各部件并润滑扶手各转动支点、钢丝绳和弹簧锁。

10. 刮雨器

对刮雨器进行检修，更换刮雨器前刮板且刮雨器安装良好、功能正常。

11. 全自动车钩

（1）清洗机械车钩的表面和钩头，应采用冷洗方式。

（2）测量车钩钩舌间隙。

（3）分解全自动车钩。

（4）检查钩头各零部件磨损状况，对钩锁连接杆、抱箍、钩锁、舌销进行探伤。

（5）对钩头零部件油漆和润滑以及对中心轴进行润滑并组装。

（6）清洁、检查、润滑和油漆连接环，进行无损探伤并更换所有垫圈，须注意连接环不得有损伤且连接环的内表面不用油漆。

（7）对缓冲器进行静态检查，应检查标志环有无变化并用塞尺检查轴环处间隙。

（8）检查垂向支承、接地电缆和软管。

（9）检查手动解钩钢绳。

（10）清洗和检查解钩风缸及对中风缸部件总成。对风缸内壁清洗、涂油脂以及更换密封圈。

（11）组装全自动车钩。

（12）进行功能试验和气密性试验，要求无泄漏且车钩连挂后间隙＜1.3 mm。

（13）进行电气车钩的清洗和检查，要求检查触点的弹性和表面光洁度，并按线号检查其导线是否导通。

12. 半自动车钩

（1）将支撑板从钩头上拆下，拆下行程开关并进行检测。

（2）清洗机械车钩的表面和钩头，应采用冷洗方式。

（3）测量车钩钩舌间隙。

（4）分解半自动车钩，清洗支撑板及各零件，检查磨损情况。传动齿轮和齿条清洗后再涂油，其余零件补漆。

(5) 检查电气车钩解钩孔盖板装置，弹簧损坏则更换。

(6) 检查钩头各零件磨损状况，对钩锁连接杆和钩锁、锁舌以及抱箍进行探伤检查。

(7) 对钩头零部件油漆或润滑以及对中心轴进行润滑并组装。

(8) 对缓冲器进行静态检查，应检查标志环有无变化并用塞尺检查轴环处间隙。

(9) 清洗连接环，并进行探伤，润滑内表面，油漆外表面。

(10) 清洗并检查垂向支承、接地电缆和通气软管，要求无裂纹，无磨损，橡胶件无老化。

(11) 检查支撑座，要求无裂纹，轴套无严重无磨损，橡胶件无老化。

(12) 清洗和检查解钩风缸及对中风缸部件总成。对风缸内壁清洗、涂油脂以及更换密封圈。

(13) 组装全自动车钩。

(14) 进行功能试验和气密性试验，应无泄漏且车钩连挂后间隙 < 1.3 mm。

(15) 测量检查车钩结合面和电气头结合面的位置，要求电气头结合面凸出机械结合面 2~3 mm。最后进行电气车钩的清洗和检查，要求检查触点的弹性和表面光洁度，并按线号检查其导线是否导通。

13. 半永久车钩

半永久车钩的架修需将车钩从车体上拆下并分解，检修后再组装、试验和装车。对分解的各零部件需进行清洗和检查，要求各零部件无裂纹和严重磨损，然后油漆外表面。其中对抱箍应进行探伤处理和内表面磨损检查，应无严重磨损和裂纹。对缓冲器应进行静态检查，主要检查标志环有无变化并用塞尺检查轴环处间隙。对支撑座进行检查并要求无裂纹，轴套无严重磨损，橡胶件无老化。

当所有零部件检查合格后，则进行半永久车钩组装，主要要求支承座与钩尾冲击座紧固扭矩及橡胶支撑座处紧固扭矩应符合技术要求。

组装完成后，对气路接头进行气密性试验。如气路接头有泄漏，用密封胶重新密封并紧固。对电气车钩触点的弹性和表面光洁度进行检查并按线号检查其导线是否导通。最后进行装车。

九、空气制动系统

空气制动系统包括空气压缩机、空气干燥器、单元制动机、称重阀、压力开关、各种测试接头、双针压力表、过滤器、防滑阀、安全阀和高度阀。

1. 空气压缩机

对于空气压缩机的架修要求是：

(1) 先把空气压缩机单元从车体上拆下。

(2) 然后将空气压缩机与电机分解开。

(3) 空压机电机按上面有关电机的检修要求进行。空气压缩机的检修首先进行分解，清洗各零部件，检查内部零件是否有损坏。

(4) 然后清洗空压机外表及冷却器叶片并对需要润滑的零部件进行润滑。

(5) 组装空压机后将空压机与电机重新组装。

(6) 进行整机试验并补漆。

2. 空气干燥器

(1) 拆开空气干燥器，进行清洗并检查零部件。
(2) 重新组装空气干燥器，更换干燥剂。
(3) 进行功能测试。
(4) 对外表重新油漆。

3. 单元制动机

(1) 对制动机作外观清扫。
(2) 松开闸瓦连接螺栓、螺母，取下挡圈环，抽出扭簧心轴，取下吊臂。
(3) 拧下定位弹簧螺套，对弹簧片进行清洗，清洁后，在弹簧片涂上薄层黄油。
(4) 将制动单元吊至试验台上进行功能及泄漏测试。
(5) 安装吊臂扭簧心轴扭簧并将挡圈环扣好，其中扭簧和心轴涂上薄层黄油，螺杆表面涂黄油。
(6) 将闸瓦托连接螺栓插上，并将螺母拧紧。
(7) 检查、清洁皮腔，并对其润滑。
(8) 更换闸瓦。

4. 称重阀、压力开关

(1) 从车体上拆卸称重阀、压力开关并清洁阀的表面。
(2) 对阀进行检查、清洁、润滑后上测试台测试阀的功能，要求功能良好、无泄漏。
(3) 安装称重阀、压力开关。

5. 各种测试接头

(1) 清洁各种测试接头。
(2) 对各种测试接头进行外观检查，要求无损伤、无裂纹、无变形。
(3) 测试各种测试接头的功能。

6. 双针压力表

(1) 拆卸并清洁压力表外表面。
(2) 对表进行外观检查。
(3) 将校验合格的压力表安装上车。

7. 过滤器

(1) 从车体上拆卸过滤器并分解，清除过滤器内杂物。
(2) 将过滤器安装回车上。

8. 防滑阀

(1) 拆卸并清洁阀的表面。
(2) 对阀进行检查、清洁、润滑。
(3) 测试阀的功能后安装回车上，测试中特别要注意绝缘性能应良好。

9. 安全阀

架修中必须更换所有的安全阀。

10. 高度阀

（1）从车体上拆卸高度阀并分解。
（2）清洗、检查、润滑所有零部件。
（3）重新组装后进行功能测试。

十、空　调

在架修开始后，应首先将空调单元从车顶拆下，对蒸发器箱、冷凝器箱、风道等进行检查和试验。

1. 蒸发器箱

（1）检查箱体钥匙锁扣、铰链。
（2）拆除蒸发器箱内部隔热层。
（3）拆下新风滤尘网并清洗。
（4）清洁混合风滤尘网框架。
（5）更换混合风滤尘网。
（6）拆下通风电机和风叶。
（7）分解电机，更换轴承，烘干定子，加油脂，重新组装电机，检测电机，要求电机运转平稳，无异声。
（8）清洗箱体内部及进风格栅内部。
（9）清洗蒸发器翅片。
（10）清洗排水孔，使排水顺畅，蒸发器箱内无积水。
（11）检查蒸发器翅片，应无损伤变形。
（12）清洁循环空气挡板，气动缸及气路外观。
（13）检查循环空气挡板及气动缸，要求功能正常，无泄漏、结构无松动。
（14）清洗并检查风叶。
（15）检查各温度传感器。
（16）检查管路、阀门，应无损伤变形和泄漏。
（17）组装通风电机总成。
（18）粘贴隔热层材料。

2. 冷凝器箱

（1）检查箱体钥匙锁扣、铰链。
（2）拆下冷凝器电机和风叶。
（3）分解电机，更换轴承，烘干定子，加油脂，重新组装电机，测试电机，要求电机运转平稳，无异声。
（4）清洗并检查风叶。

(5) 清洗箱体、冷凝器翅片，对于污垢严重的使用中性洗涤剂。
(6) 检查管路、阀门，应无损伤变形和泄漏。
(7) 检查电磁阀、冷凝器翅片和压力传感器。
(8) 检查压缩机外观及其安装座橡胶件和紧固螺栓、接线端。
(9) 通过视油窗检查压缩机油位，应在视镜的 1/2 位置以上，2/3 位置以下。
(10) 检查制冷液视镜中心色柱，色柱呈紫色，腔内洁净。粉红色为制冷剂含水量过高；藏青色为制冷剂内含污垢过多，更换干燥过滤器。
(11) 组装冷凝器电机总成。

3. 风道

清洁、检查客室风道，应无积灰、无损坏。

4. 运转试验

对组装完毕的空调单元上试验台进行运转试验。

5. 系统功能试验

在空调单元装车后使用便携式计算机控制空调系统试运转并检查客室紧急通风功能。

6. 司机室

(1) 清洁司机室加热设备。
(2) 检查司机室通风机外观。
(3) 检查通风机的可调风口。
(4) 检查司机室操作台下靠侧墙侧的送风风口。
(5) 进行通风机性能测试。

十一、静态调试

静态调试是在列车组装后进行的通电试验，分低压和高压两部分，主要为车辆初始状态检查、列车得电检查、司机室得电检查、脚踏升弓检查、司机室指示灯测试、升弓落弓检查、停车制动检查、逆变器应急启动、风扇检查、客室照明、司机室各种照明灯及标志灯检查、辅助电源分配检查、门控检查、故障模拟、客室内指示灯检查、牵引控制单元（TCU）静态调试、高速开关功能检查、制动施加释放操作和轮径设置，下面分别进行简要的介绍。

1. 车辆初始状态检查

(1) 检查所有设备的手动开关，要求开关位置正确。
(2) 检查所有设备的空气开关，所有开关应处于闭合位置。
(3) 检查蓄电池闸刀及熔丝，闸刀应合上，熔丝完好。

2. 列车得电检查

合上列车控制接通开关，检查蓄电池电压表，显示值应 >105 V。

3. 司机室得电检查

使用司机钥匙打开主控制器。要求钥匙打开、关闭、插入、抽出自如，110 V 供电正常。

4. 脚踏升弓检查

（1）在使用手动开关和空气开关切除所有空压机组和空调及所有逆变器后，合上列车控制接通开关，再打开主控制器。

（2）使用脚踏泵进行升弓，此时司机室网压表显示正常，脚踏次数不超过 20 次。

（3）依次打开所有逆变器，逆变器启动正常，无故障，绿灯显示正常，声音正常。

（4）接通空压机组并检查空压机组运转情况，打开空调机组，应工作正常，无故障显示。

5. 司机室指示灯测试

分别在两司机室按下指示灯测试按钮测试司机室指示灯，此时控制面板上的所有指示灯闪光发出警报声。

6. 升弓、落弓检查

分别在两司机室用升弓按钮和落弓按钮进行升弓、落弓，检查受电弓的升弓、落弓情况，检查指示灯的显示情况。

7. 停车制动检查

分别在两头司机室用停车制动施加和释放按钮进行停车制动施加和释放检查，同时检查侧墙停车制动施加灯和司机室停车制动施加释放灯的显示功能，要求停车制动施加、释放功能正常，侧墙蓝色指示灯停车制动施加时亮，司机室指示灯显示功能正常。

8. 逆变器应急启动

分别在两节 A 车用逆变器应急启动按钮进行逆变器应急启动操作，检查其功能，要求升弓正常，网压表显示正常，逆变器启动正常，直到对应灯变暗，受电弓自动升起。

9. 风扇检查

分别进行牵引箱风扇工作状态和制动电阻风扇低速运转检查。要求风扇运转正常，无异声。风速、风量正常、风向正确。

10. 客室照明

检查客室内所有照明设备。对于在 2 min 内不能启动的日光灯管或电子镇流器应予更换。

11. 司机室各种照明灯及标志灯检查

检查司机室照明、速度表、气压表、目的地灯、车号灯和头灯、尾灯、运行灯。要求目的地灯及车号灯显示准确，头灯亮/暗调节功能正常。

12. 辅助电源分配检查

首先将 1 单元 A 车逆变器切除，此时一路照明不亮，设备通风正常。然后将 2 单元 A 车逆变器切除，此时应另一路照明不亮，设备通风正常。最后分别切除每节动车逆变器，则相应的空调不启动。

13. 门控检查

（1）进行车厢门灯检查，当门切除时，车门内外门切除灯亮，车门打开时车门灯亮。

（2）进行司机室开、关门功能及指示灯功能检查，要求开关门功能正常，开关门时间 (2 ± 0.2) s 和压力正常（130～150 N），司机室指示灯、侧墙开门灯（黄灯）显示正常。

(3) 检查再开门功能，则仅没关好的门再次开门，再次关门。

14. 故障模拟

依次切除每扇门，显示器显示相应门控故障及门位置。依次拉下每一紧急开门手柄，显示器显示相应门控故障及门位置。

15. 客室内指示灯检查

对所有 TCU、BECU、ACU、CCU、KLIP 指示灯及数码管信号显示进行检查，要求所有指示灯数码显示管显示功能正常并应显示本单元无故障。

16. 牵引控制单元（TCU）静态调试

分别对牵引箱内主接触器、预充电接触器、牵引箱风扇、紧急牵引、气制动释放、制动风扇响应、TCU 信号、牵引命令、制动指令、紧急制动、前进方向、后退方向、制动模块温度、制动电阻温度、空气进风口温度、牵引箱内电阻温度、TCU 箱温度、线网电压传感器、U 相电机电流传感器、V 相电机电流传感器、W 相电机电流传感器、连接电压传感器、相间连接电压变压器、ED-Brake 输出、牵引箱风扇接触器、停车制动输出和车辆无动作等信号进行检测。

17. 高速开关功能检查

分别在两个司机室进行高速开关的合、分操作，检查高速开关的动作情况及司机室指示灯显示情况。

18. 制动施加释放操作

分别施加各制动，检查压力表显示压力情况和指示灯状态，检查气路动作情况。

19. 轮径设置

通过司机显示屏设置 TCU 轮径，并校验北京时间，要求系统显示时间与北京时间的误差小于 10 s。

十二、动态调试

动态调试主要包括库内试车、慢行试验、紧急牵引试验、常用制动试验、快速制动试验、紧急制动试验、电制动失效制动试验、牵引特性试验和后退试验。

1. 库内试车

在库内进行牵引手柄低位、低速运行及制动，以观察列车的运行情况，要求所有司机室面板信号显示正常，侧墙信号灯显示正常。

2. 慢行试验

在两个方向上分别按下司机室的慢行开关，进行 10 min 的慢行试验。列车限速为 $v = 3^{+1}_{-0}$ km/h。

3. 紧急牵引试验

在两个方向上分别将牵引开关转至紧急牵引位,进行紧急牵引试验。在全牵引工况下,列车限速为 $v = 60$ km/h。

4. 常用制动试验

在两个方向上分别进行 40 km/h、60 km/h 及 80 km/h 的常用制动试验。制动距离和减速度满足技术要求。

5. 快速制动试验

在两个方向上分别进行 20 km/h、40 km/h、60 km/h 及 80 km/h 下的快速制动。各速度下快速制动距离分别符合技术要求。

6. 紧急制动试验

(1) 在两个方向上分别按下左侧蘑菇进行 20 km/h 的紧急制动,要求功能正常,制动距离符合技术要求。

(2) 在两个方向上分别按下右侧蘑菇进行 40 km/h 的紧急制动,要求功能正常,制动距离符合技术要求。

(3) 在两个方向上将手柄置零位,释放警惕按钮进行 60 km/h 的紧急制动,要求功能正常,制动距离符合技术要求。

(4) 在两个方向上将方式/方向手柄推至零位进行 80 km/h 的紧急制动,要求功能正常,制动距离符合技术要求。

7. 电制动失效制动试验

(1) 在两个方向上分别切除一节动车进行 80 km/h 的电制动操作,要求减速度符合技术要求。

(2) 在两个方向上分别切除二节动车进行 80 km/h 的全常用制动操作,要求减速度符合技术要求。

8. 牵引特性试验

(1) 在两个方向上分别进行列车全牵引至 36 km/h,在进行制动操作,要求从 0~36 km/h 的减速度符合技术要求。

(2) 在两个方向上分别进行列车全牵引至 60 km/h,在进行制动操作,要求从 0~60 km/h 的减速度符合技术要求。

(3) 在两个方向上分别进行列车全牵引至 80 km/h,在进行制动操作,要求从 0~80 km/h 的减速度符合技术要求。

9. 后退试验

在两个方向上分别将方式方向手柄置后退位置、主控制手柄推至全牵引位进行后退试验,速度应限制在设计速度内。

复习思考题

1. 一般架修时间为多少天?
2. 架修时列车分解的程序是怎样的?
3. 架修时车顶电气的检修内容。
4. 架修时司机室电气的检修内容。
5. 架修时客室电气的检修内容。
6. 架修时电子设备牵引控制单元的检修内容。
7. 架修时车下电气的检修内容。
8. 架修时转向架的检修内容。
9. 架修时车门、车体、车钩的检修内容。
10. 架修时空气制动系统的检修内容。
11. 架修时车辆静态调试的内容。
12. 架修时车辆动态调试的内容。

第五节 大修工艺

上海地铁一号线的交流电动列车从 1998 年投入运营至今已 17 年,已完成架修修程。上海地铁一号线直流电动列车从 1992 年正式投入运营,于 2002 年底开始进行第一列大修并于 2005 年全部完成。因此,以上海地铁一号线直流电动列车的大修规程为例进行介绍。

大修是电动列车运营里程数每达到 10 万 km 或运营时间达 10 年时进行的检修,一般大修的周期为 25 天。前 20 天主要进行无电状态下的部件拆卸、检修和安装,后 5 天进行有电状态下的检查、静态测试和列车动态测试。大修的周期控制与备品备件的供应密切相关,应以部件更换修为主。

电动列车的大修是最高级修程,因此,在大修中,许多的电气部件和机械部件都将从车辆上拆下送检修车间进行分解维修或直接报废。由于各主要电气部件和机械部件的分解维修在后面的车辆部件维修中都做了详细的介绍,在此,将不再重复。

上海地铁一号线直流电动列车大修规程分列车预检、列车的分解及清洗、部件拆卸、部件检修、部件安装、静态调试和动态调试。下面对上海地铁一号线直流电动列车大修规程的主要内容进行简单介绍。

(一)列车预检

对待修列车进行关键部件的检查和主要功能的测试。

(二)列车的分解及清洗

将列车逐节分解,安装假台车并进行清洗和油漆。

(三)部件拆卸

将受电弓、空调等部件从车辆上拆卸下来。

(四)部件检修

1. 受电弓

(1) 分解受电弓并清洁各部件。
(2) 检修传动机构、升弓弹簧和集电头等部件。再组装受电弓并油漆。
(3) 上试验台进行测试,主要是进行气缸保压试验、支持绝缘子耐压试验、升弓压力调整和升、落弓时间调整。

2. 车间电源

检修并测试接触器、电阻、电容单元。装车后应将电源插座盖板锁紧并使用绑扎带加固。

3. 高速开关

(1) 分解高速开关并清洁各部件。

(2) 更换主触头及辅助触头。再组装高速开关。

(3) 上试验台测试,主要是进行整定值调整、耐压试验及动作时间测试。

4. 牵引斩波器单元

牵引斩波器单元的大修分为牵引斩波器的检修和牵引斩波器冷却装置两部分。

对于牵引斩波器,进行清洁、检查和测试作业。

对于牵引斩波器冷却装置:

(1) 对其通风区域进行清洁并检查。

(2) 检修冷却电机风扇并更换风机轴承。

(3) 进行组装和测试。

5. 牵引电机

(1) 分解电机。

(2) 进行清洁、检修并更换轴承及碳刷。再组装电机。

(3) 上牵引电机试验台进行试验,主要是进行冷态电阻测量、额定试验、小时温升试验、热态电阻测量和换向试验。

6. 制动电阻单元

制动电阻单元的大修分为制动电阻和制动电阻风扇两部分。

对于制动电阻:

(1) 进行清扫。

(2) 检查电阻元件、绝缘子及其他部件。

对于制动电阻风扇:

(1) 清洁、检查并测试风速传感器及过载保护装置。

(2) 检修制动电阻风扇并更换所有轴承及密封圈。

(3) 进行油漆、组装和测试,测试的主要项目是耐压试验、风扇高低速试验和制动电阻单元振动试验。

7. 主控制器

(1) 进行分解。

(2) 清洁、检修并更换电位器、微动开关。

(3) 进行组装和测试,测试主要是进行输入、输出逻辑功能测试和手柄联锁功能测试。

8. 各控制单元

对各控制单元进行清洁,检查和测试。带有锂电池的更换锂电池。

9. 接地碳刷装置

清洁并检修箱体。更换碳刷和滑环。

10. 速度传感器

对速度传感器进行清洁、检查和测试,测试要求速度传感器的输出波形的上升沿、下降沿及电位在允许范围内。

11. 接触器

(1) 分解、清洁接触器。

(2) 检查各部件并更换主触头、弹簧和辅助触点。

(3) 进行组装和测试，测试主要是进行耐压试验、分断闭合时间测试和主触头接触状况调整。

12. 静止逆变器

静止逆变器由逆变器基本箱和逆变器输入/输出箱组成。

对于逆变器基本箱：清洁并检查冷却装置组件。

对于逆变器输入输出箱：

(1) 清洁。

(2) 检查绝缘子、冷却装置组件。

(3) 更换冷却风机轴承。

(4) 对应急蓄电池进行清洁、检修并更换电池单元。

(5) 进行测试。

13. 蓄电池

(1) 清洁并检查主熔断丝及辅助开关。

(2) 清洁、检查各蓄电池并进行激活处理。

14. 照 明

照明分内部照明和外部照明。

(1) 内部照明包括客室照明、内部显示灯和司机室照明，应进行清洁、检查、测试并更换灯泡。

(2) 外部照明包括对头灯和尾灯、运营灯和外部显示灯，应进行清洁、检查、测试并更换灯泡。

15. 空 调

空调系统由空调机组、空调控制单元、司机室加热通风装置和风道组成。

(1) 对于空调机组：

① 应清洁、检查机组并更换橡胶密封条。

② 检修冷凝器和蒸发器。

③ 检修冷凝风机与通风风机电机并更换轴承，更换干燥过滤器芯。

④ 进行组装、油漆和试验台测试。

(2) 对于空调控制单元：应进行清洁、检查，更换存储器后备电容并进行测试。

(3) 对于司机室加热通风装置：进行清洁、检查和功能测试。

(4) 对于风道：进行清洁、检查。

16. 转向架

转向架的大修包括：

(1) 进行部件分解。

(2) 对各部件进行清洁和检修,其中构架、中央牵引装置、抗侧滚扭杆、车轴、中心销和齿轮箱齿轮需进行探伤,更换垂向与横向液压减振器、轴箱拉杆的紧固件、轴箱止挡的橡胶件、轴箱轴承、空气簧和应急簧、一系弹簧并选配、车轮和齿轮箱轴承。

(3) 进行组装。

(4) 进行试验台试验,主要的试验项目有车轮轮载、车轴平行度、构架至轨面的距离和齿轮箱吊杆高度调整。

17. 车　钩

车钩分为全自动车钩、半自动车钩和半永久车钩。

(1) 全自动车钩:

① 对机械部件进行分解与清洗。

② 对电器箱进行检查和清洁并更换触点和密封圈。

③ 对机械部件进行检修,更换电磁阀、密封件及限位开关并对钩舌等进行磁粉探伤。

④ 进行油漆、组装和试验台试验,试验台试验进行车钩连挂和解钩试验和气密性试验。

(2) 半自动车钩:

① 对机械部件进行分解与清洗。

② 对电器箱进行检查和清洁并更换触点和密封圈。

③ 对机械部件进行检修,更换电磁阀、密封件及限位开关并对钩舌等进行磁粉探伤。

④ 进行油漆、组装和试验台试验,试验台试验进行车钩连挂和解钩试验和气密性试验。

(3) 半永久车钩:

① 对机械部件进行分解与清洗。

② 对电器箱进行检查和清洁并更换触点和密封圈。

③ 对机械部件进行检修,更换密封件并对抱箍进行磁粉探伤。

④ 进行油漆、组装和气密性试验。

18. 车　门

车门有客室车门、司机室侧门和司机室背门 3 种。

(1) 客室车门:

① 将门页从车体上拆下进行检修。

② 更换所有门部件,如气缸、滑轮、电缆、橡胶件等。

③ 重新安装并进行调整和测试。

(2) 司机室侧门:

① 拆下并进行清洁、检修和油漆。

② 安装回车体进行调整和测试。

(3) 司机室背门:

① 拆下并进行清洁、检修和油漆。

② 安装回车体进行调整和测试。

19. 车　窗

车窗有客室侧窗和司机室前挡风窗两种。

(1) 对于客室侧窗:进行清洁、检查,要求不起雾、无损伤。

(2) 对于司机室前挡风窗：进行清洁、检查，要求不起雾、无损伤，驾驶侧挡风玻璃加热除霜功能正常。

20. 安全疏散门

在地下隧道内运行的城市轨道交通车辆，在列车的端部都会设置安全疏散门，以备在紧急情况时能紧急疏散乘客。因此，对安全疏散门的维修十分重要。

对于安全疏散门的大修维修：

(1) 要检查门的外观及门上各部件的安装状况、功能及外表。

(2) 清洁安全疏散门及门上各部件。

(3) 润滑扶手各转动支点、钢丝绳和弹簧锁。

（五）部件安装

将检测合格的受电弓、空调等部件安装到相应车辆上。

（六）静态调试

静态调试是对静止的列车及车辆进行系统性能测试。主要包括列车得电检查、脚踏升弓检查、正常升落弓检查、司机室指示灯测试、逆变器应急启动、停车制动检查、客室照明检查、司机室各种照明灯及标志灯检查、辅助电源分配检查、客室内指示灯检查、门控检查、故障模拟检查、高速开关功能检查、制动施加释放操作和轮径设置。

（七）动态调试

动态调试是对列车的牵引、制动工况及相关的控制功能所进行的测试。对于牵引工况，主要是进行 0～36 km/h 和 0～80 km/h 的加速度测试。对于制动工况，主要是进行 20 km/h、40 km/h、60 km/h、80 km/h 下的全常用制动和紧急制动测试。同时，还需对列车的洗车工况、故障牵引工况及警惕按钮、紧急停车按钮等的功能进行试验。

复习思考题

1. 一般大修时间为多少天？
2. 以上海地铁为例说明车辆大修的工艺流程是怎样的。
3. 了解车辆大修的部件检修规程。

第六节　车辆大修项目管理

车辆大修是车辆运营年限 10 年或运营里程达到 100 万 km 后对车辆进行全面的检修,其作业内容包括车辆预检、部件拆卸、清洁、更换、组装、测试、总装、调试等过程,是车辆最高等级的修程。本节主要从项目管理的角度即项目的前期准备、大修项目实施、大修项目评估 3 个方面来介绍车辆大修的项目管理过程。

一、项目的前期准备

车辆大修是个系统的工程,牵涉面广、影响大,为了使项目能顺利完成,使车辆尽早投入使用,必须做好项目的前期规划。这里就项目目标、技术质量、人员组织、物流、进度、成本、变更控制等计划工作做一介绍:

(一) 项目目标

车辆大修作为一个项目,必须从时间、成本及技术性能 3 个方面确定一个总目标。上海地铁直流电动列车大修的实践确定的总目标是:

1. 性能指标

恢复原出厂性能指标。

2. 库修时间

首列 55 个工作日,第二列 47 个工作日,第三列 32 个工作日,第四列 25 个工作日。

3. 总费用

——万元/列·次。

(二) 技术质量准备

1. 技术文件

(1) 车辆大修规程,是车辆大修纲领性文件,主要描述大修作业内容。

(2) 工艺文件,是作业人员的作业指导书,详细描述作业的步骤、测试的数据、使用的工具、设备等,工艺文件按照作业过程分为拆装类、调试试验类,按照部件性质分为电气类、机械类。

2. 工艺装备

根据制订的大修规程及工艺文件、配备工艺装备,它有两个来源:一是标准产品,可采用外购，如电源、斩波器、油压泵等检修工艺装备；二是非标准产品，可采用自行设计研制，如委托设计研制。在配备工艺装备时，必须注意要提出详尽的使用要求，否则会影响到整个大修计划。

3．质量控制

（1）质量记录，根据编写的工艺文件，按照作业步骤及使用设备的情况，编制作业记录。质量记录必须包括以下几个方面的内容：

完整的作业步骤、使用物料情况、部件好坏的结论、作业者、作业时间、作业所使用的工具或设备的名称、编号、质量检查人员的签名等。

（2）质量控制，设计质量控制环节，确定关键点、关键部件的检查方法，制订质量事故处理措施等。

4．工艺流程

根据大修规程及工艺文件，设计整车及重要部件的工艺流程，按照就近、高效、安全的原则，使产品从预检、拆卸、清洁、更换、组装、测试的整个作业过程，不出现重复的搬运工作，重点要设计好车辆的台位，转向架、轮对、电机等重要大部件的工艺流程，根据工艺流程，叠放各类设备，接通各类电源、气源、水源等辅助设备。

（三）人员组织

参照车辆大修的总目标及编写的规程、工艺文件，配备各种层次及工种的生产人员、管理人员、设计专业化的生产组织。

1．人　员

（1）生产人员。

根据作业层次配备生产人员，预检、调试类配备高等级（高级以上）技术工人，装配、测试类配备中级技术工人，拆卸、清洁类配备初级技术工人，配属的工种应包括车辆维修电工、车辆维修钳工、电机工、制冷工、电焊工、探伤工、起重运输工、油漆工等。

（2）管理人员。

依据车辆大修作业的范围，工作的责任，配备物流管理人员、质量安全管理人员、技术管理人员及生产调度管理人员。

2．生产组织

按照车辆系统结构，或者说按照车辆部件作业范围，设置生产组织。目前，在直流大修作业中，设置了制动、空调、电机、电子电气、车钩、车体、转向架、轮对、总装调试等 9 个作业组织。

（四）物　流

1．材料供应

在编写工艺文件后，由物流部门编写大修材料清单，按照分类、分渠道的原则，确定采购方式。从目前车辆部件市场情况来看，采用有限竞争性的邀请招标比较合适，面对一些具有专卖性质的部件如车钩等，可以采取直接采购的方式。在采购过程中，必须明确采购条件，尤其是供货周期，从直流电动列车大修所用材料采购过程来看，由于外方的供货周期长，不可预计的因素多，如不预留时间，可能会影响大修进度。

在完成材料采购后，材料管理人员要按照材料定量、分类的方式进行配送到现场作业点。

2. 委外合作

由于设备配属以及人员配备、技术能力的关系，在车辆大修中有些部件在提出维修技术要求后，委托其他厂商进行维修，在选择厂商时，也可以采用邀请招标的方式，选择国内行业中技术领先、信誉比较好的企业，承揽维修合同。

3. 周转件

由于大型部件，如构架、轮对、牵引电机、单元制动机、空调等，检修周期长，为了加快修理速度，减少库停时间，必须要有足够的周转件，根据车辆的部件数量，核定一定比例的周转件，按照上海地铁车辆大修的经验，当两列车辆同时在台位上修理时，配备一列车数量的周转件为宜。

（五）进　度

根据项目的时间目标，对车辆大修的作业内容按照树形结构进行分解，明确到各个最小的工作单元，对工作内容的责任进行分配，对所有的工作进行排序，罗列各个工作之间的逻辑关系，确定关键点，运用 project 2000 软件，制订关键线路图（里程碑计划）和甘特图，根据以往的维修经验，对工作量进行预估，测算对人力资源的需求，根据甘特图编制材料需求计划，从而完成进度计划的编制，以此作为车辆大修进度控制的依据。

（六）成　本

依据车辆大修的材料清单，以及人力资源、设备能源的需求，测算列车的大修费用，即单列车辆大修的预算。主要由下列费用构成：

1. 物流费用

物流费用包括车辆零部件采购费用、辅助材料采购费用、委托修理费用、周转件采购费用、进口部件配套费用、运输费用等。

2. 设备费用

固定资产添置费用、设备改造费用，这部分费用可以均摊。

3. 人工费用

技术工人、管理人员、技术人员及项目相关的辅助人员等费用。

4. 管理费用

办公设施、资料费、差旅费、会务费等。

（七）风险预估

风险评估即给大修进度、成本及质量总目标带来的各种影响因素进行预测，然后进行分类、分级，制订相应的技术措施、组织措施及合同措施等方案。各类影响因素可以从以下方面考虑：

1. 人力资源

人力资源不够，无法完成工作量，技术工人技能水平低，无法满足作业要求，技术人员分析、处理问题能力差，不能解决现场生产发生的问题，管理人员经验不足，盲目指挥、调度、不统筹安排、重复劳动，影响生产进度及质量。

2. 机器设备

现有的专业设备没有保养好，使用过程中故障频率高或设定的值经常发生偏差，动力源(风、水、电)的容量不能满足现场需要，添置的设备或设计的非标准工艺设备无法使用。

3. 材料

物流部门采购的材料有差错，供货不及时，甚至有些进口零部件无法采购，需用国产化替代，委托修理的部件无法满足测试标准，以及在修理过程中用错材料，原材料价格上涨等。

4. 工艺方法

制定的测试标准有错，无法调试，工艺步骤不完善，无法安装或拆卸，没有明确使用的工具及量具等。

5. 外界的影响

如国家的有关政策，导致无法进口电气部件。

对各种影响的因素可采用问卷调查及"头脑风暴法"的方式进行统计、归类后，由大修项目管理人员进行分级，从而制订相应的措施，使车辆大修工作按照既定的总目标实施。

二、大修项目的实施

（一）进度管理

编制大修进度计划，就是要指导车辆大修项目的具体实施，以保证实现时间目标。但在进度计划实施过程中，因上述涉及的各类影响因素，使计划不断改变，所以，必须要持续监控车辆大修的进程，尽可能按进度计划执行，要实时掌握车辆大修的实施情况，并与计划进行对比分析，及时采取措施，使车辆的时间目标能如期实现。

1. 计划的贯彻

（1）检查计划的完整性、逻辑性，检查各类计划，包括整车计划、部件修理计划、设备维护计划、材料计划等是否协调一致，能否互相衔接，然后由负责生产调度的管理人员以生产任务书的形式下达各班组及物流部门。

（2）明确责任。项目经理、管理人员、技术人员、作业人员按照拟定的计划目标，即时间、进度、质量目标明确各自职责，以及必须承担的经济责任、权限及利益。

（3）计划交底。采用两个层次的计划交底，第一层次是管理层，项目每个管理人员必须明确整车进度计划、部件修理进度计划及材料进度计划。第二层次即作业层次，就是班组作业人员明确零部件修理计划及装配计划，形式可采用进度公告牌的方法在整个项目现场予以明示。

2. 生产调度指挥

由于整个大修时间目标只有 25 个工作日,实际进度与计划进度的比较分析必须每天进行,要协调好各个班组作业关系及外部合作单位的协作关系。常用手段是由生产调度人员现场跟踪及监督各班组作业完成情况。同时进行现场协调,每天召开调度会议,根据职责范围可以决定对策或向项目经理汇报,每周撰写大修进展报告,报告中内容要包括进度概要、实际进度及说明、材料供应情况、下周的趋势及存在的影响因素、存在的困难等。

3. 控制与调整

当整个大修进度因材料、人员、工艺或设备的原因而延误,必须按照原先预定的对策进行纠偏,纠偏可以以天为单位,也可以以周为单位,然后更新进度计划,整个时间目标不变,该项工作应由生产调度来完成,并由项目经理来确认、批准,后续的工作按照新的进度计划实施。

(二)质量管理

车辆大修质量是指车辆大修质量方面进行指挥和控制组织的协调活动,它包括制定质量方针、质量目标以及质量策划、质量控制、质量保证和质量改进。在车辆大修项目前期准备中,已明确了质量方针、质量目标以及根据车辆大修作业的特点进行了质量策划。在大修项目具体实施中,主要考虑就是质量控制及质量保证及质量改进的内容。

1. 质量控制

质量控制目标就是确保大修车辆的各项指标能恢复原出厂时的标准。质量控制的范围从大修开始到投入影响包括质量保证期间所做的各项作业、各个过程。质量控制的工作内容包括作业技术及活动,也就是包括专业技术、管理技术两个方面。

(1) 专业技术,主要指各类工艺文件或者是作业指导书,解决为何干、如何干的问题。

(2) 管理技术,指班组职责范围,各工种的岗位职责、生产作业管理流程等管理标准,解决由谁干、何时干、何地干等问题。

质量控制就是要全面控制大修作业过程,重点控制作业工序及工作质量,尤其是一些关键工序的交接检验,如齿轮箱装配、车钩、单元制动机的试验、轮对的压装、高低压试验等,要有质量预控对策方案。质量处理必须复查,即出现质量事故按"三不放过"原则处理后,必须对整改结果进行复查并做好记录。必要时行使质控否决权,当质量与时间进度及成本发生冲突时,坚持以质量为主。所有的质量文件,主要是测试报告,作业记录必须归档。

2. 质量保证

质量保证的主要工作是完善质量控制,以及准备好客观依据,并根据用户的要求有计划、有步骤地开展提供证据的活动,其作用是从外部向质量控制施加压力,促使其有效运行,并向用户提供信息,以便及时改进,以防止故障或事故的发生。

(1) 手段。

根据大修作业特点,对所有产品及工序进行合格控制,合理设置合格控制点,如部件总成,静、动态调试等,同时设立专门的质量检验部门和检验网络,即由项目经理直接指挥的检验小组，班组兼职检验员、个人自检网络，建立三检制和三自检验制度。

三检：

自检——对照工艺，自我把关；

互检——同工序及上下交接检；

专检——全过程抽检。

三自检验：

自检——判断合格与否；

自分——合格品，不合格品分放；

自作标记——完工签名。

(2) 期限。

大修后，质量保证期限一般为 12 个月。在 12 个月发生类似的质量问题，对这些部件的质保期可延长至 24 个月。

3. 持续改进

为了提高车辆大修的质量，在作业过程中，技术人员及管理人员必须对工艺文件、工艺流程及管理流程不断地进行分析，尤其是工艺步骤、工具、量具等。持续改进与不断创新，使大修车辆投入运营后取得很好效果。

（三）费用管理

做完费用预算后，在实施过程中，对大修的各项费用进行控制。

1. 费用分析

根据大修费用的构成比例，分别采取不同的控制对策。材料费用约占大修费用 90%，人工费用、设备费用、管理费用约占 10%。

根据大修的进度计划及材料计划，在关键节点进行比较，是否超支，超支的原因是什么，如材料型号不对，因培训不够而造成质量事故，材料消耗增加，然后针对这些问题，制订解决对策。

对人工费用、设备费用、管理费用等，根据定任务、定目标的方式进行控制，力争使各项费用在计划范围内。

2. 协调

费用控制与进度、质量是密不可分的，当与进度、质量发生冲突时，即要加快进度。提高质量必然导致费用提高，根据特定的运营状况，如在运营车辆紧缺的情况下，可追加人手，加快修车速度，当车辆大修前某些部件频繁出现问题时，在大修过程中就需追加费用，对其进行改造，所以费用、进度、质量 3 个总目标必须是协同一致。

（四）综合管理

1. 信息管理

(1) 车辆部件编号。

由于车辆供应商移交车辆时，在车辆履历簿及调试报告中没有统一的车辆部件号，所以在跟踪车辆部件寿命周期内的动态变化极其困难,而且车辆运用及维修要有多个部门来完成。为此,根据车辆资产管理系统,要求对重要的部件进行编号。

车辆部件编号的基本原则是以大修最小维修单元为基本编号,根据总成、部件、零件的层次,制定编号规则,然后登录到以车号为根目录的计算机管理系统内,以确保车辆上的每个零件都有系统的编号。它有两个好处,一是便于跟踪、检查和分析其运用情况;二是可以作为材料的库存号和采购编号,便于作业人员保管、检验及采购等。

(2) 作业记录。

在设置完各类作业记录表式后,给作业记录表进行编号,作业人员做完作业记录后,表式汇总到质检小组,由其汇总、分类、登录。此类信息供项目经理及其他部门检索。

(3) 故障信息。

故障信息分两类。一类信息由内部检查产生,发现的故障信息由质检部门按规定处理后,在项目内部流传,以达到通报、重视的功能。另一类信息是由外部检查产生,即大修后的车辆投入使用后,发生故障,外部必须提供详尽的故障信息包括发生地点、发生状况、司机处理方式、现场修理人员处理方式等,然后流传至项目内部,按内部发生的故障信息进行处理、流传。

(4) 项目信息。

项目信息包括项目进展报告、质量周报、特别报告等。项目信息主要在项目的直接领导及外部相关单位之间进行流转,使他们及时掌握项目动态,以便及时调整与项目相关的计划及资源。

2. 现场管理

现场管理的目标要做到规范场容、文明作业、安全有序、整洁卫生、不损害公众利益。

(1) 大修作业现场管理内容。

设计各作业现场的平面图,以不同颜色标示设备、区域、道路、周转件使用场地、待修及合格件置放场地,定期检查、监督,做到工完、料净、场清。

(2) 大修作业现场管理方法。

主要采用标准化管理方法,根据大修的特点,场地大、设备多、人员广、流程多,制定管理标准,以此对执行的结果进行考评,并与个人的绩效挂钩。

(3) 大修现场管理措施。

首先,是开展"5S"活动,即整理、整顿、清扫、清洁、素养,就是对大修现场的人、事、物及时合理调整,人、机、物、料按照平面布置图定点置放,始终保持场地、设备、物品的清洁,确保良好的作业环境及职工生活环境,其中最关键的就是提高大修作业人员及生产人员的素质,始终做到自我管理、自我实施和自我控制。

其次,是目视管理,即利用各种图片、标志等信息组织实施大修作业,达到提高生产效率和车辆质量的目的。主要内容是把大修各类计划制成图表公布于众;把各项工艺规程制成挂板挂在各个作业区域;把各项安全操作规程置放于设备旁边,各项规章制度张贴在墙上;安全、防火及交通标志张贴在相应位置;用标牌显示管理人员及班组长的岗位责任等。

三、大修项目后评价

大修项目后评价就是对大修的总目标，实施过程，产生的效益、作用进行系统的客观分析。通过大修作业的检查总结，确定项目的总目标是否达到，为大修所作的各项规划工作是否合理有效，通过客观分析找出失败的原因，总结经验教训，并通过信息反馈，为提高类似于大修项目的决策水平及管理水平提供基础。同时，对大修过程中出现的问题提出建议，从而使以后的大修作业取得更好的效果。

（一）后评价的内容

大修项目后评价的主要内容就是对大修整个管理进行后评价，包括进度、质量、安全、费用、综合管理等内容，以及外部因素。

（二）后评价的程序

大修项目后评价的程序。首先是确定评价的范围，如大修规程、工艺规程、进度计划、质量计划等，其次是选择后评价的咨询组织及专家，可选择外部的专业管理咨询公司，也可选择同行业的专家，最后撰写后评价报告。

（三）后评价报告

大修项目后评价报告是评价结果的汇总，它包括简单的大修情况介绍、大修项目实施概况、评价的内容、大修过程中的主要变化和存在的问题、原因分析、大修过程中的经验及教训、结论和建议等。

复习思考题

1. 车辆大修应准备哪些技术文件？
2. 什么是三检制、三自检验制度？
3. 大修时间只有25天，如何进行进度控制和质量控制？
4. 如何控制大修的成本？

第四章 城市轨道交通车辆机械部件的检修

第一节 转向架的检修

本节以上海地铁车型为依据,因为上海地铁车辆转向架形式多样,具有代表性,且均为无摇枕结构,H 形低合金钢焊接箱型构架,转向架设有两系悬挂,配有垂向、横向减振器,抗侧滚扭杆等装置以提高列车稳定性和舒适性。转向架除了动车、拖车不同外,每种车型也对应不同的转向架。将上海地铁现有的 A 型车的转向架分为 3 类。3 类转向架中第一类的转向架使用范围较广,更具代表性。

(一)第一类转向架(见图 4-1)

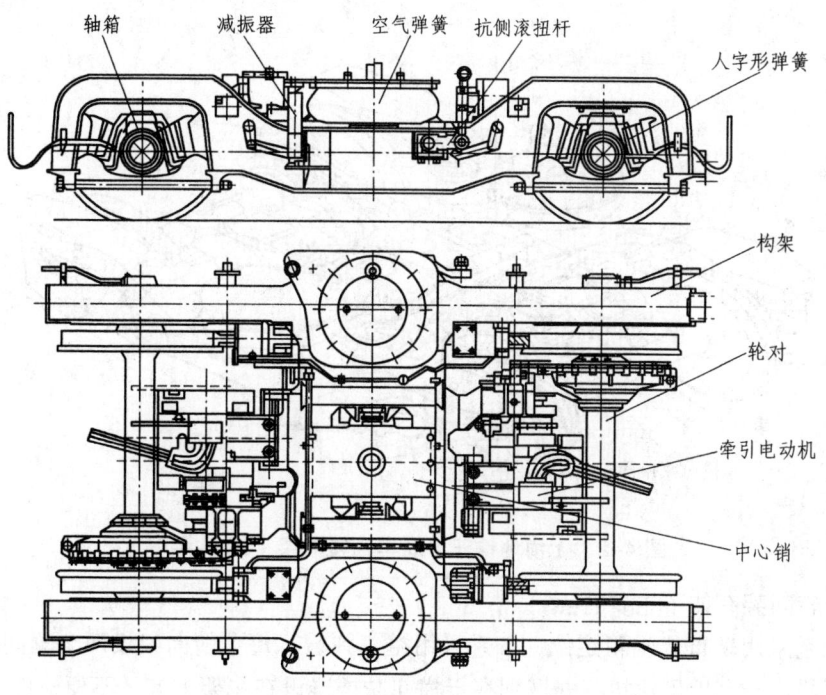

图 4-1 上海地铁一号线、二号线、四号线车辆转向架(第一类)

第一类转向架有如下主要特点:
(1)既可采用直流电动机牵引,也可采用交流电动机牵引。
(2)一系采用人字簧定位;二系采用空气弹簧。每个转向架设两个垂向减振器、一个横向减振器、一套抗侧滚扭杆，横向减振器在构架下侧，便于检修。

（3）抗侧滚扭杆的扭臂、连杆置于构架外侧，扭杆工作长度大，对车体侧滚运动反应灵敏且有效。

（4）轴箱部位呈拱形以适应人字簧定位要求。

（5）横梁两侧设悬臂式电动机座和齿轮箱吊座。

（6）中央牵引装置采用中心销、复合弹簧、心盘座、Z形牵引拉杆结构，均匀分配牵引力和制动力，中心销两侧设横向止挡。

（7）齿轮箱为一级减速，直流车齿轮箱箱体为卧式水平分型面，易于检修；交流车为横向垂直分型面，不便于检修；两种齿轮箱的大、小齿轮齿数及减速比也不同。

（8）直流车采用橡胶联轴节，电动机中心与小齿轮轴中心的同轴度要求高，齿轮箱吊杆长度可调；交流车采用机械联轴节，齿轮箱吊杆长度不可调，只需转向架进行台架试验时加垫片调整。

（9）直流车每辆车的两个转向架分别设一个和两个高度阀，即车体3点定位，易调整地板面高度，也易满足转向架均衡性要求；交流车每辆车的两个转向架均只有一个高度阀，即车体两点定位，易满足转向架均衡性要求，但调整地板面高度难度大。

（二）第二类转向架（见图4-2）

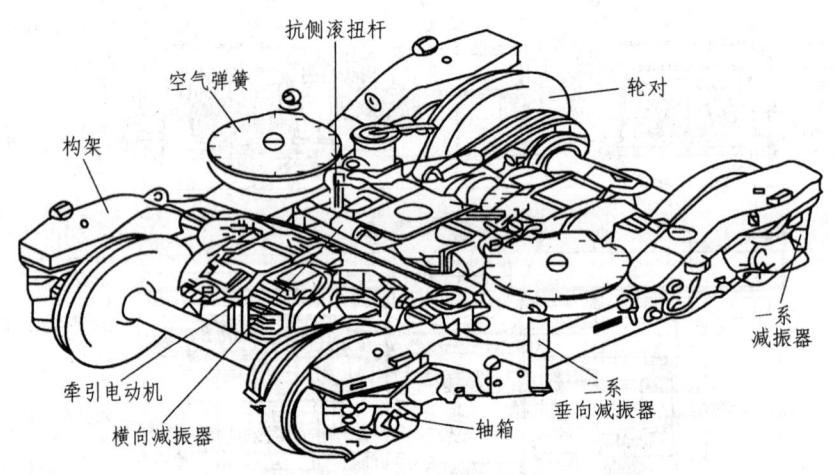

图4-2 上海地铁三号线车辆转向架（第二类）

第二类转向架有如下主要特点：

（1）一系采用转臂式轴箱定位，二系采用空气弹簧，每个转向架设两个垂向减振器、一个横向减振器、一套抗侧滚扭杆，区别在于横向减振器设在构架上方，不便检修。

（2）抗侧滚扭杆的扭臂、连杆置于构架内侧，扭杆工作长度小，对车体侧滚运动反应不够灵敏，效果较差。

（3）动车、拖车转向架构架不能互换。

（4）中央牵引装置采用中心销和橡胶堆结构，结构简单，易于检修，中心销两侧设横向止挡。

（5）牵引电动机为交流驱动电动机，齿轮箱为两级减速，结构较复杂。

（6）采用机械联轴节，齿轮箱吊杆长度不可调，台架试验时加垫片调整。

（7）每辆车的两个转向架分别设两个高度阀，即车体 4 点定位，易调整地板面高度，不易满足转向架均衡性要求。

（三）第三类转向架（见图 4-3）

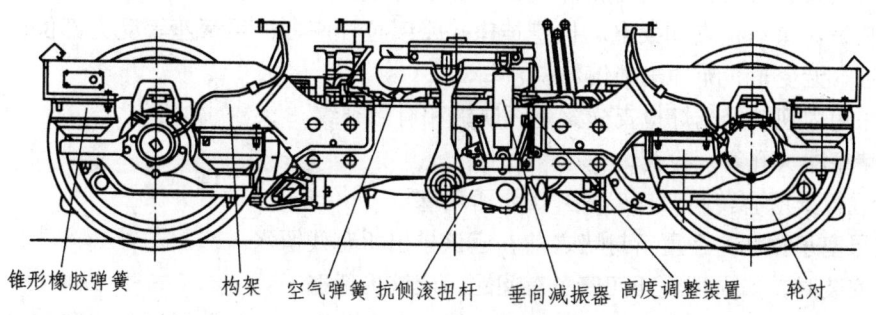

图 4-3　上海地铁一号线北延线车辆转向架（第三类）

第三类转向架有如下主要特点：

（1）采用锥形橡胶套定位，一系为锥形橡胶套。

（2）二系采用空气弹簧，每个转向架设两个垂向减振器、一个横向减振器、一套抗侧滚扭杆。横向减振器设在构架上方；抗侧滚扭杆的扭臂、连杆置于构架外侧，扭杆工作长度大，对车体侧滚运动反应灵敏且有效。

（3）中央牵引装置采用中心销和单牵引杆结构，结构简单，易于检修，中心销两侧设横向止挡。

（4）牵引电动机为交流驱动电动机，齿轮箱为一级减速，齿轮箱箱体为卧式水平分型面。

（5）采用机械联轴节，齿轮箱吊杆长度不可调，台架试验时加垫片调整。

（6）每辆车的两个转向架分别设两个高度阀，即车体 4 点定位，易调整地板面高度，不易满足转向架均衡性要求。

本节主要以上海地铁为例介绍转向架的检修。目的在于使读者了解相关的检测设备及检修过程中需要使用的工具、工装设备等；熟知构架、弹性悬挂装置、轮对及轴箱装置、中央牵引装置、驱动系统等部件的结构、损坏形式；掌握转向架各部件的检测、检修方法；掌握转向架的组装及台架试验。同时，在检修中应该熟悉，所需工具：数字压力计、金属直尺、尖嘴压杆式油枪、第四种测量仪、轮对内侧距尺、轮径尺、轮缘形状专用测量尺（测量"倾斜度"值）、轮缘高度/厚度测量尺、车轮轮辋侧面鼓起专用测量仪等；所需设备：移动式架车机、不落轮镟床、移动式磁粉探伤机、超声波探伤仪；所需物品：清洁剂（水基）、压缩空气、干净抹布、钙基脂和冷冻机油、清漆、压差阀调整垫、O 形圈、电机进风口滤网、齿轮箱油、联轴节润滑脂、开口销。

一、构架及其附件的检修

（一）构架的检修

1. 构架清洗

用抹布和清洁剂彻底清洗构架表面污垢，并晾干或烘干，便于构架的进一步检修。

2. 构架检查

（1）转向架分解后首先进行目测检查，检查各悬挂点、焊接点和焊缝有无裂纹、变形，焊接是否良好。重点检查构架电动机悬挂座、牵引拉杆座、一系簧座等受力部位，要求无裂纹、无腐蚀、无变形、无冲击损伤。

（2）采用内视镜聚光灯检查横梁是否腐蚀和有无裂纹。

（3）堵塞器（孔塞）检查：

① 目视检查所有转向架构架的开口是否堵塞。

② 如果塞子损坏，在重新封堵之前，应该排出所有残留水。

③ 在安装时，如果怀疑任何塞子有问题，应该更新塞子。

注：由于设计和制造的原因，转向架构架存在一些孔洞。为尽量减少水和灰尘的进入和腐蚀，应在孔洞处安装各种尺寸的堵塞器。

3. 构架探伤

对构架进行无损探伤，检查构架重点受力部位和关键焊缝。这对地铁构架的检修至关重要。

4. 尺寸检查

检查构架变形，测量构架一系弹簧座与测试台支座间的间隙。检查测量转向架构架对角线尺寸应满足有关标准。

5. 油漆与涂油

对构架进行重新油漆或对脱漆部位进行补漆，不能油漆的部位应涂抹符合要求的防锈油。

6. 记 录

对检修好的构架记录有关信息，包括检修内容、检查数据，一般有登记入档和做数据库两种方式。

（二）构架附件的检修

构架的附件视转向架的不同而有所区别，如轴箱拉杆、轴箱转臂、起吊装置、调整垫片、紧固件等。检修原则：主要受力部件检修内容与构架相同；垫片进行清洗、矫正、油漆后继续使用（下面述及的部件检修原则相同）；紧固件全部更新（下面述及的部件检修原则相同）。

二、弹性悬挂装置检修

弹性悬挂装置通常包括一系悬挂和二系悬挂，其作用是减少线路的不平顺和轮对运动对车体的动态影响（如垂向振动、横向振动和通过曲线等）。

（一）一系悬挂的检修

一系悬挂与转向架的轴箱定位方式有关，如上所述，第一类转向架采用人字形橡胶弹簧定位，其一系悬挂为人字形橡胶弹簧；第二类转向架采用转臂式轴箱定位，其一系悬挂为内、外圈螺旋钢弹簧，附加垂向减振器；第三类转向架采用锥形橡胶套定位方式，一系为锥形橡胶套。下面以人字簧为例，介绍一系悬挂的检修。

1. 人字簧寿命

人字簧寿命一般为 8~10 年，根据国内外的使用经验，人字簧如果使用前存放时间不超过 1 年，其寿命一般能满足一个大修期（10 年）的要求。所以在 5 年架修时，需对人字簧重新进行选配，使用 10 年后全部作报废处理。

人字簧由 4 层钢板、4 层橡胶和 1 层铝合金（最内一层）组成。

2. 人字簧编号及检查

要求橡胶与金属件之间无严重剥离。

在 5 年架修时，首先将分解下来的人字簧进行编号并检查，若无脱胶、变形、裂纹，或有裂纹但符合如下条件，人字簧可继续使用。

（1）一条深度＜16 mm 的裂纹。

（2）多条深度＜8 mm 的裂纹。

（3）一条深度＜8 mm 的整个周向裂纹。

3. 人字形弹簧刚度试验

由于动车与拖车转向架人字簧的刚度不同，应根据人字簧的性能进行抽检试验，试验前需将人字形弹簧放置在恒定温度下一定的时间，测量人字形弹簧垂向刚度时一般成对进行。超出刚度范围的人字簧作报废处理。

4. 人字形弹簧选配

根据人字形弹簧的性能逐件进行试验，试验前也需将人字簧放置在恒定温度下一定的时间，测量人字形弹簧的变形量。变形量的测量需逐件进行，并根据变形量进行分组、配对、标识。超出变形量范围的人字形弹簧作报废处理。

5. 记 录

对选配好的人字形弹簧记录有关信息。

6. 其余一系悬挂系统部件的检修

其余一系悬挂系统部件，如锥形橡胶套、钢弹簧、减振器等。锥形橡胶套的检修内容与人字形弹簧基本一致；钢弹簧需进行检查、探伤、高度测量和刚度测量等内容，也可参照铁路标准进行检修；一系减振器的检修参考后面的二系减振器的检修。

（二）二系悬挂系统的检修

二系悬挂系统基本都是空气弹簧，结构上主要区别是应急弹簧的形式不同。空气弹簧有较低的纵向、横向、垂向刚度，能提高列车的舒适性。

空气弹簧一般与高度阀、差压阀等同时使用，在不同载荷作用下，保持列车地板面在一定的高度和保证两侧空气弹簧压差在安全范围内。

1. 空气弹簧寿命

进口空气弹簧寿命能达到 10 年大修的要求，在 5 年架修时，需对空气弹簧进行检修；使用 10 年后橡胶件全部作报废处理，部分结构件可继续使用。

2. 空气弹簧结构件检修

检修时需对空气弹簧结构件进行清洗、检查、探伤、补漆。

3. 应急弹簧与磨耗板检修

检修时对应急弹簧进行外观检查、尺寸检查及性能试验。要求外观无脱胶、裂纹深度不超标、无老化破损；尺寸不超出范围；垂向、水平刚度不超出技术要求，则应急弹簧可继续使用。如果在两层之间出现任何黏着松动，橡胶和金属之间出现分离、疲劳或变形，应更换应急用弹簧。磨耗板要求无偏磨，尺寸符合要求，否则需更换。

4. 空气弹簧系统附件检修

(1) 检查高度调节阀，要求完好，无松动、无损伤。

(2) 检查高度调节阀联动装置，要求完好，无损伤。高度阀调节杆应垂直，不准倾斜。

(3) 检查垂向及横向止挡、止挡间隙、螺栓、衬垫，应完好，无损伤。

5. 空气弹簧检修

(1) 空气弹簧外观检查：检查紧固件，要求连接紧固无松动。

清洗并检查空气弹簧胶囊内、外表面，要求无严重损伤、裂纹和刀痕，无金属丝暴露在外的现象，叠层弹簧表面不得有深度 >2 mm 的疲劳裂纹，或 >5 mm 深的橡胶与金属松弛现象。

注：不能使用锐角的工具检查气囊，不能采用溶剂进行清洗。

(2) 空气弹簧更换条件：

① 胶囊的裂纹：深度超过 1 mm 不得使用。

② 胶囊的磨损：深度超过 1 mm（帘布外露）不得使用。

③ 橡胶堆的裂纹：深度超过 1 mm 不得使用。

④ 底座的锈蚀：锈蚀超过 2 mm 不得使用。

⑤ 鼓包：局部表面的鼓包，用针扎破鼓包部位，作 500 kPa 持续 20 min 的保压试验，如果没有空气泄漏，则可以继续使用。

⑥ 橡胶堆的更换条件：橡胶堆的橡胶和金属件的粘接部裂纹超过 6 mm；橡胶的裂纹圆周超过 30%、深度超过 6 mm。

6. 密封性与刚度

(1) 检查空气弹簧胶囊与应急弹簧之间的密封，空气弹簧密封无泄漏。

(2) 测试组装后空气簧的水平、垂向刚度须符合要求。

7. 记　录

对检修好的空气弹簧记录有关信息。

（三）抗侧滚扭杆的检修

抗侧滚扭杆虽然形式多样，但其结构基本相同，一般由扭杆、支撑座、扭臂、连杆组成。抗侧滚扭杆的作用是抑制车体相对于转向架的侧滚，提高车辆的稳定性和舒适性。

1. 扭杆检修

抗侧滚扭杆分解后，对扭杆进行清洗，然后进行扭转变形（弹性变形）测量，扭转变形超标则报废。扭杆是重要的受力部件，最后需进行探伤检查。

2. 支撑座检修

支撑座包括座体、关节轴承、轴承盖、密封圈、垫片、紧固件等。对座体进行外观检查、内孔测量、补漆等检修。关节轴承10年大修更换。对轴承盖进行外观检查、补漆处理。密封圈在5年架修时即更新。

3. 扭臂检修

扭臂也是重要的受力部件，除清洗、油漆外还需进行探伤检查。

4. 连杆检修

连杆主要由球铰和调节套筒组成。对球铰每5年彻底进行密封和性能检查，对与调节套筒连接的螺纹部分进行检查。对调节套筒进行螺纹检查。

5. 组装与记录

对部件进行预组装，并记录。

（四）减振器的检修

（1）减振器为免检修部件，而有些部件又有寿命限制，因此5年架修和10年大修的检修要求不同。减振器一般分垂向和横向减振器两种，但检修内容相同。

（2）架修时需外观检查、示功图测试，橡胶件应完好、无漏油，示功图正常可继续使用。

（3）大修时全部需进行分解、检查、检修，密封件和受力橡胶件全部更换，并根据技术要求进行性能测试，使减振器恢复到新出厂水平。

（4）对检修好的减振器记录有关信息。

三、轮对、轴箱装置的检修

轮对、轴箱装置是转向架的重要部件，因此检修要求更高。

（一）轴箱的检修

轴箱由轴箱体、轴箱轴承、轴箱盖、迷宫环、密封圈、层叠环、各类传感器、紧固件等组成。轴箱的作用是支撑构架、轮对与一系悬挂的有效连接，人字簧（一系悬挂）的下部支座传递牵引力、制动力及车体重量。

1. 轴箱体的检修

第一类转向架轴箱体的材料是铝合金，常见的轴箱体的材料一般采用碳钢、合金钢。对轴箱体的检修包括清洗、外观检查、尺寸检查（内孔、端部）、探伤、油漆等内容。

2. 轴箱轴承的检修

第一类转向架轴箱轴承采用两排圆柱滚子轴承。无论是架修还是大修，对轴承的检修内容是相同的，主要包括分解、清洗、检查、探伤，并原套检修。分解内圈采用电磁感应加热的方式，加热时间有严格要求，过长或过短都不能拆卸；组装也有类似要求，组装时需将轴箱内加入规定量的油脂。轴承寿命基本能满足大修要求，根据寿命要求并考虑规程更换轴承。

3. 轴箱盖的检修

对轴箱盖等结构件的检修，按清洗、检查、探伤（大修时）、补漆的要求进行。

4. 迷宫环、密封圈及层叠环检修

对密封件的检修除结构件外，大修时均要求更新。

5. 各类传感器检修

轴箱内装有测速传感器、防滑传感器等各类传感器。对传感器的拆卸与组装需根据技术要求进行。

6. 组装与记录

在大齿轮热套（动车轮对）轮对压装完成后，按与拆卸相反的顺序组装轴箱，并对检修好的轴箱记录有关信息。

（二）轮对的检修

轮对根据使用情况可分为非动力轮对和动力轮对，其区别主要在于动力轮对具有齿轮箱。

轮对的作用是沿着钢轨滚动，将轮对的滚动转化为车体的平移；除了传递车辆重量外，还传递轮轨之间的各种作用力，包括牵引力和制动力。无论是架修还是大修，对轮对的检修内容是相同的。轮对检修主要包括车轮检修和车轴检修。

在外观检查期间对车轮要进行精确测量，车辆检修人员有责任监控车轮磨耗以及对允许极限值做出判断。

1. 车轮的检修

（1）车轮轮毂部分的检查修理。

① 检查车轮轮毂上有无放射状裂纹存在，放射状裂纹可能削弱车轮在车轴上的夹紧力（例如，腐蚀、脏物、车轮扭曲迹象）。如果对裂纹的存在有怀疑，可以进行磁粉探伤检查。一旦发现任何反常迹象就应该拆卸轮对。

② 确保注油孔内的堵塞密封完好，如果丢失，应清洁注油孔安装一个新的堵塞并密封。

（2）车轮圆周踏面破损的检查修理。仔细检查车轮轮缘、踏面的破损，比如磨平、裂纹、剥离、踏面翻卷和其他破损，如图4-4所示。

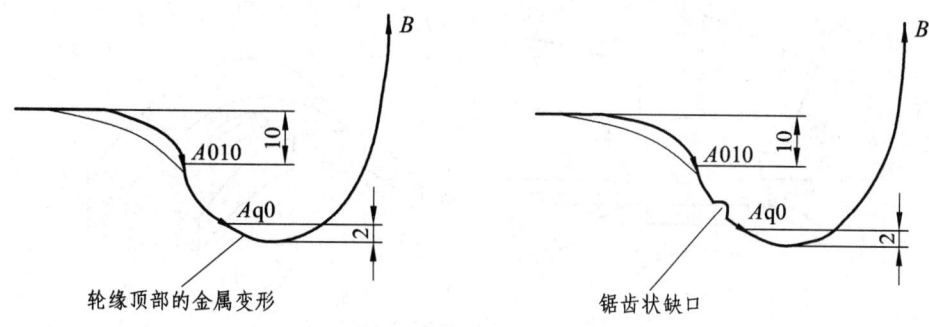

图 4-4 车轮圆周踏面破损形状图

① 轮缘的刃面（从 $A010$ 到 $Aq0$ 区域）。如果发现金属凹口和撕开，则评估破损的深度。作如下处理：

如果深度<1 mm，车轮可继续使用。

如果深度>1 mm，则须对车轮进行镟修处理。

② 轮缘的非刃面（从 $Aq0$ 到 B 区域）。如果发现金属凹口和撕开，则评估破损的深度。作如下处理：

如果深度<2.5 mm，把尖锐部分展平到其周围车轮可继续使用。

如果深度>2.5 mm，则须对车轮进行镟修处理。

（3）检查车轮与轮座的结合部有无松动，如有松动，应进行分解，并重新选配、压装。

（4）踏面金属鼓起的检查修理。检查车轮踏面金属鼓起，如图 4-5 所示。如果金属鼓起厚度超过 1 mm 或长度超过 60 mm，则须对车轮进行镟修处理，或更换轮对。

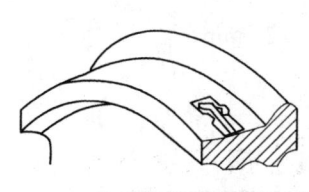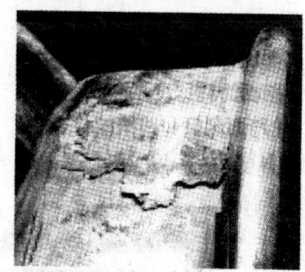

图 4-5 车轮踏面金属鼓起图

（5）车轮踏面擦伤的检查修理，如图 4-6 所示。擦伤达到以下限度则需要镟修加工。

① 1 处以上>75 mm。

② 2 处以上在 50~75 mm 范围。

③ 4 处以上在 25~50 mm 范围。

④ 深度>0.8 mm。

（6）车轮踏面剥离的检查修理，如图 4-7 所示。检查车轮踏面的剥离，如果达到以下限度车轮就必须退卸或镟修轮对。

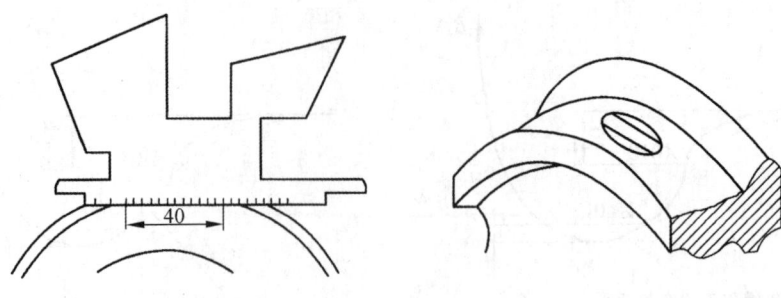

图 4-6　车轮踏面擦伤图

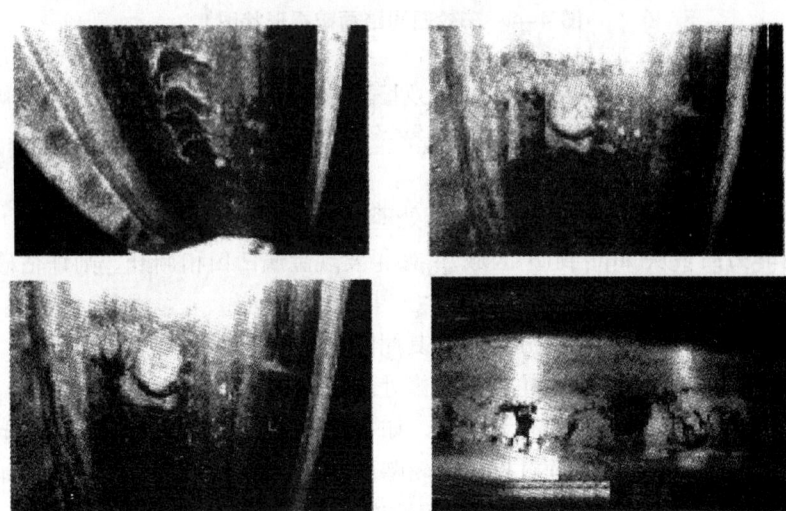

图 4-7　车轮踏面剥离照片

① 剥离长度：1 处≤30 mm；2 处（每一处长）≤20 mm。
② 剥离深度：≤1 mm。
③ 车轮踏面磨耗深度（包括沟槽）：≤4 mm。
（7）车轮踏面刻痕和凹槽的检查修理，如图 4-8 所示。

图 4-8　车轮踏面的刻痕和凹槽照片

① 检查轮缘踏面圆周边缘的尖锐卷边和凹槽，如果深度超过 2 mm，车轮必须退卸。仔细检查制动闸瓦的状况，检查闸瓦和车轮之间的金属包含物或踏面金属残骸。
② 检查车轮踏面圆周的凹槽或波动（外形像波状凹进），如果深度超过 5 mm，车轮必须退卸。仔细检查制动闸瓦状况。

(8) 车轮几何型面检查，如图 4-9 所示。

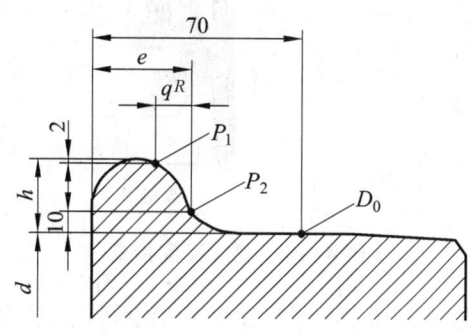

图 4-9　车轮几何尺寸检查参考点

在进行几何型面检查时应采用专用检查工具进行测量，如轮径尺、轮对内侧距测量尺、轮缘形状专用测量尺（测量倾斜度"q^R"值）、轮缘高度/厚度测量尺、轮缘尺寸专用测量仪、车轮轮辋侧面鼓起专用测量仪等。

① D_0：滚动圆位置，距车轮内侧面 70 mm 处。

② d：车轮直径检查，用轮径尺测量。

城市轨道交通车辆的车轮公称直径为 840 mm，采用磨耗型踏面，允许车轮磨耗最小直径为 770 mm，并在轮辋上刻有一沟槽记痕。

轮径差必须满足：同一轴≤1 mm，同一转向架≤3 mm，同一辆车≤6 mm，否则必须镟轮。

③ q^R：轮缘尺寸检查（在 P_1 和 P_2 之间测量），用轮缘形状专用测量尺测量，如图 4-10 所示。

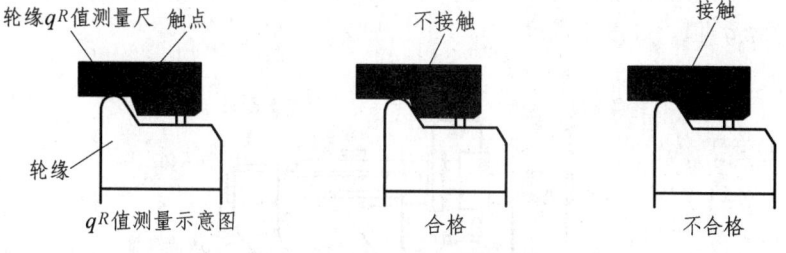

图 4-10　车轮 q^R 值检查

轮缘根部的最小厚度为 26 mm，轮缘角为 70°，由于轮缘角的测量很困难，因此制造商提供了一个以轮缘角和轮缘根部的宽度等因素为依据而制造的专供测量轮缘形状的专用量具，并用该尺的特定的 q^R 值来指示轮缘的综合值。轮缘的 q^R 值应在 6.5～12.5 mm 范围内。

测量尺轮缘的 q^R 值，应在轮缘两个接近 180°的点测量，检查量规的触点是否接触轮缘，如果触点在轮缘公差之外（即接触到轮缘）则需要镟修后使用，否则更换轮对。

q^R 值不得超出 6.5～12.5 mm 这个范围，否则应将车轮进行镟修。

④ h：轮缘高度检查，如图 4-11 所示。使用轮缘高度检查尺检查轮缘高度。检查量规的触点是否接触到车轮踏面，如果触点在轮缘公差之外（即没有接触到踏面）则需要镟修后使用，否则更换轮对。轮缘最大高度为 31 mm。

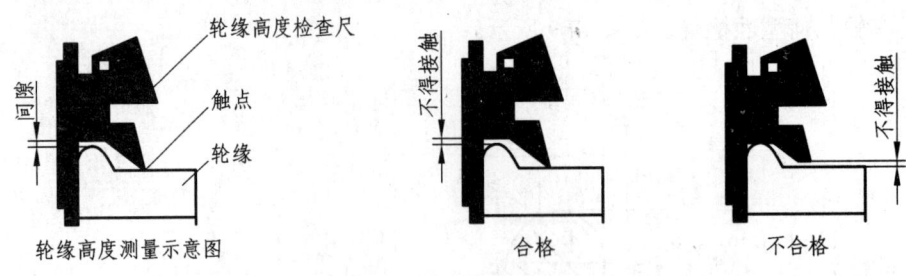

图 4-11　轮缘高度检查

⑤ e：轮缘厚度检查，如图 4-12 所示。使用专用测量尺检查轮缘厚度。检查量规的触点是否接触到车轮踏面，如果触点在轮缘公差之外（即接触到踏面）则需要镟修后使用，否则更换轮对。轮缘最小厚度为 22 mm。

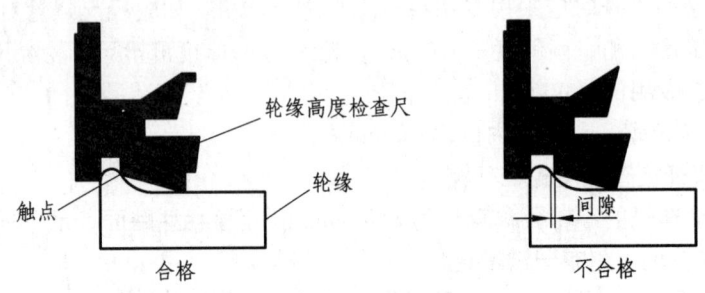

图 4-12　轮缘厚度检查

⑥ 轮缘尺寸的精确测量检查，如图 4-13 所示。采用一种可调专用测量仪在车轮的合适位置精确测量轮缘 q^R 值、高度和宽度。

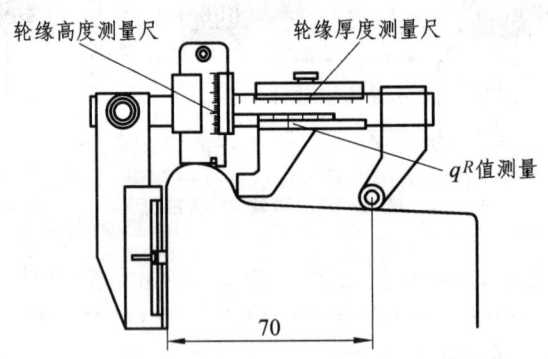

图 4-13　车轮轮缘 q^R 值、高度、宽度的测量

⑦ 车轮轮辋侧面鼓起检查，如图 4-14 所示。使用车轮轮辋侧面鼓起专用量规检查车轮轮辋侧面鼓起，如果量规的边缘接触到了车轮轮辋，则车轮需要镟修后使用，否则更换轮对。一旦发现鼓起金属开裂，车轮必须退卸。车轮轮辋最大鼓起厚度为 6 mm。

⑧ 车轮轮辋宽度检查，如图 4-15 所示。使用合适量规检查车轮轮辋宽度。如果量规的边缘与轮辋接触，则车轮需要镟修后使用，否则更换轮对。车轮轮辋最大宽度为 140 mm。

图 4-14 车轮轮辋侧面鼓起检查

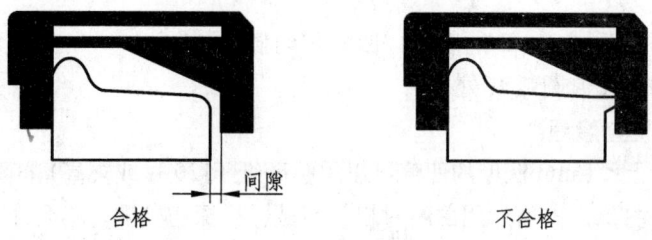

图 4-15 车轮轮辋宽度检查

⑨ 车轮内侧距检查，如图 4-16 所示。检查车轮轮辋的过热迹象，如果车轮有过热或制动后出现异常过热迹象时就必须测量车轮内侧距。在轮对空载条件下，测量值在 1 353～1 355 mm 之间时，就要与轮对内侧距初始值比较，在空载条件下车轮位移量不得超过 0.5 mm。

在车轮退卸操作时，建议检查轮对内侧距。

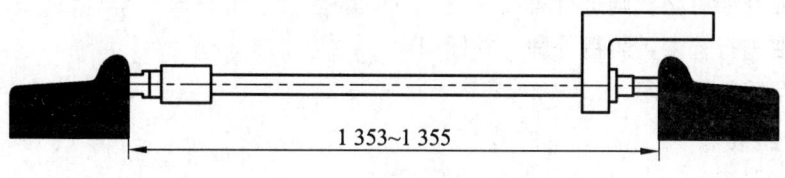

图 4-16 车轮内侧距检查

2. 车轴检修

车轴应遵循 UIC811—1 标准，采用 A1N 碳钢的全机加工车轴；几何尺寸符合 UIC51—3 标准。车轴轮座应比设计直径尺寸大 5 mm 的余量（标准直径为 198～193 mm），以保证车轮从车轴退卸后再组装。所有车轴的轴颈直径均为 120 mm。车轴轴身表面应涂刷双组分的环氧防腐面漆进行防腐，不油漆的部分包括轮座、轴颈，车轴端部需要做临时性保护，加装防护套。

（1）车轴外观检查（见图 4-17）。

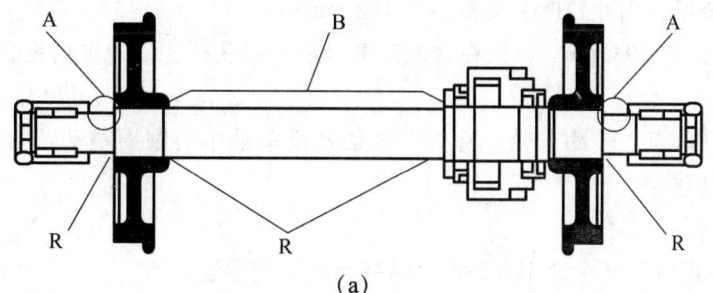

(a)

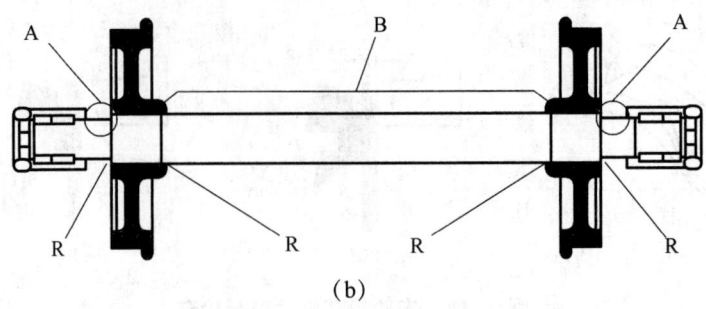

(b)

图 4-17 车轴外观检查

① 检查车轴可见区域 A、B 的腐蚀、凹痕和刻痕。

② 检查车轴的各过渡圆弧 R 处。

(2) 车轴故障检查修理。

① 在车轴轴身上<1 mm 深度的凹痕可以用粗砂纸（120 目或更高）打磨去除，按纵向方向（沿着车轴中心线）打磨。打磨后用磁粉对相关区域进行探伤检测，不允许有裂纹产生。

② 如果发现在车轴轴身上的磕碰印痕超过 1 mm 深则更换轮对。

③ 在过渡圆弧 R 处不允许出现磕碰或裂纹。如果在这个区域发现磕碰或裂纹则更换轮对。

④ 车轴内部的缺陷（如内部的裂纹、气孔、夹渣等），可用超声波探伤仪进行探伤检查，如有缺陷则需更换轮对。

⑤ 车轴轮座若有拉毛或损坏，应进行打磨。

⑥ 其他轴身如有必要则进行表面修复。

⑦ 对车轴进行补漆、防锈处理，并标识。

⑧ 记录有关数据信息。

3. 轮对组装

(1) 车轴检查。

① 目测车轴轮座表面，不得有任何影响车轮安装或通过手工操作留下的损伤，如金属磕碰、裂缝、冲击痕迹或脏物等。

② 检查轮座表面粗糙度应符合要求。

③ 表面较浅的缺损可以用磨石消除。

④ 当车轴表面有更大的破损发生时，为确保车轴仍可使用，可以通过对轮座进行机加工来去除表面任何损坏。机加工后，轮座就可以达到以上规定的尺寸要求（因车轴轮座表面有 5 mm 的机加工余量，因此轮座名义直径为 198 mm）。

轮座最小直径为 193 mm。如果在误差范围内还不能获得正确的车轴表面条件，车轴就只有报废。

⑤ 在精密的车床上转动车轴，检查车轴轴颈及车轴中心圆周跳动，如果圆周跳动大于 0.5 mm，车轴就应报废。

(2) 车轮组装。

① 轮座直径提供了一个介于 0.298～0.345 mm 的过盈量。

② 检查两个车轮的直径，同一条车轴上的车轮轮径之差不得超过 0.5 mm。

③ 清理毛刺,如有必要用压力空气吹除任何颗粒杂质。

④ 清洁和检查车轴轮座和车轮轮孔状况。测量和记录车轮轮孔直径"d";测量和记录车轴轮座直径"D";计算轮轴过盈量($D-d$),过盈量必须在 0.298~0.345 mm。

⑤ 确保轮孔和轮座清洁,涂抹一薄层动物油脂在轮轴配合面。

⑥ 用聚酯衬套或相似手段保护轴颈。

⑦ 把车轮推入压装设备上的车轮保护装置上,车轮的残余静不平衡标记的方向应一致。

⑧ 在轮对压装机上安装支撑套筒。

⑨ 根据车轮压装程序把车轮压装到车轴上。

⑩ 检查车轮压装过程,压力载荷应平稳上升,其压力应保持在 600~1 110 kN 范围内。

注:在压装结束后最小压力应为 600 kN,最大压力不超过 1 110 kN。

⑪ 根据以下外形轮廓图(见图 4-18)和表 4-1 要求进行轮对尺寸检查。

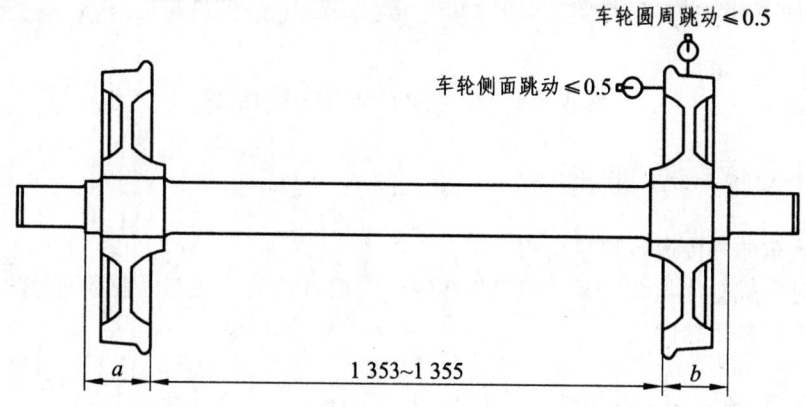

图 4-18 车轮外形轮廓图

表 4-1 轮对尺寸检查标准

检测项目	尺寸标准
轮对内侧距(测量 4 点)	1 353~1 355 mm
车轮侧面跳动	≤0.5 mm
车轮圆周跳动	≤0.5 mm
a、b 差值	≤1 mm
电阻测试(在两个车轮踏面间进行电阻测试)	<0.01 Ω

四、中央牵引装置检修

第一类转向架中央牵引装置由中心销、中心销座、复合弹簧、下心盘座、牵引拉杆、橡胶套、横向止挡等组成,如图 4-19 所示。

上海地铁转向架架承车体的方式为非心盘承载,即空气弹簧承载方式。

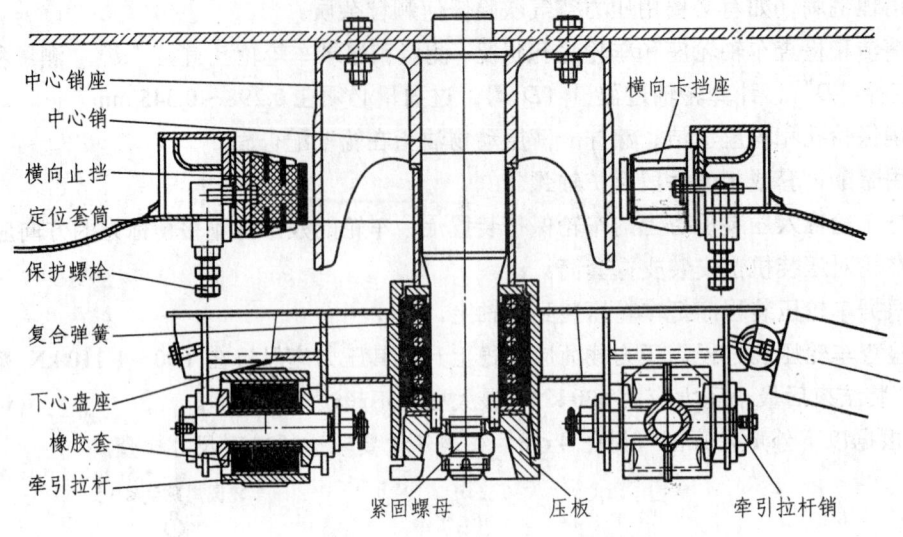

图 4-19 第一类转向架中央牵引装置

（一）中心销系统的作用

(1) 架承车体并传递各种载荷和作用力。
(2) 同时完成车体与转向架之间绕旋转中心的相对转动，使车辆顺利通过曲线。
(3) 架车时悬吊转向架。

（二）中心销系统的检修

(1) 中心销检修：架修与大修时均要对中心销进行清洁、检查，并探伤。中心销无变形、无裂纹，螺纹无损伤。
(2) 中心销座检修：架修与大修时均要对中心销座进行清洁、检查和探伤。中心销座应无裂纹，与横向止挡的接触部位应无严重撞伤和变形。
(3) 复合弹簧检修：架修时对复合弹簧进行清洁、外观检查、尺寸检查和刚度测量。表面橡胶无损伤、无铁件外露，尺寸和刚度均符合规定的技术要求，可继续使用。大修时全部进行更换。
(4) 下心盘座检修：架修与大修时均要对下心盘座进行清洗、检查，并探伤。对撞击部位的凹坑进行修补并补漆。
(5) 其他结构件的检修：对其他结构件进行清洗、检查，对重要受力部件进行探伤。若无异常，结构件可继续使用。
(6) 紧固件架修、大修时全部进行更换。
(7) 对检修好的中央牵引装置及相关部件有关信息进行记录。

（三）牵引拉杆的检修

(1) 架修时需对牵引拉杆进行清洗、检查，大修时还要进行探伤、油漆。

(2) 牵引拉杆橡胶套架修时无需拆卸，只对牵引拉杆总成进行检查和刚度试验。大修时全部更换橡胶套。

(3) 紧固件在架修、大修时全部进行更换。

(4) 对检修好的牵引拉杆及其部件的有关信息进行记录。

（四）预组装中央牵引装置

先组装牵引拉杆，并将牵引拉杆与下心盘座组装在一起。

（五）横向缓冲装置检修

横向缓冲装置主要是指横向橡胶止挡和横向止挡座，其检修遵照橡胶件的要求进行，并进行性能测试。并对横向止挡座进行检查，一般可继续使用。

五、动力驱动系统检修

动力驱动系统是动车转向架所特有的，主要由牵引电动机、联轴节、齿轮箱、齿轮箱悬挂装置以及动力轮对等组成。驱动系统的作用是既提供牵引力，也提供制动力（电制动力）。驱动系统中电动机的检修见相关章节，动力轮对中的车轴、车轮的检修上文已作介绍，这里仅对相关部分进行说明。

（一）联轴节的检修

联轴节的作用是传递扭矩，产生牵引力和制动力，同时还具有调整电动机与齿轮轴的同轴度的作用。常用的联轴节是机械联轴节，但上海地铁第一类直流车转向架采用的是橡胶联轴节。因此，在检修时应采用不同的检修工艺和标准。

1. 橡胶联轴节的检修

由于橡胶联轴节在列车运行时承受巨大的交变扭矩（尤其在电动机过流时），联轴节易发生疲劳损坏，因此在架修和大修时均要更换橡胶联轴节。同时在低级别修程的检修中应重点检查。

2. 机械联轴节的检修

对于机械联轴节，在架修时应进行清洗、检查，更换油脂等；在大修时还应进一步分解联轴节，对零部件进行彻底检查。

3. 检查完毕

检查完毕，两种联轴节均要进行预组装，并登记相关信息。

（二）齿轮箱检修

齿轮箱是安装在电动机与轮对之间的减速装置，其作用是传递牵引力和制动力。齿轮箱及悬挂装置主要包括齿轮箱体、大齿轮、小齿轮、轴承、密封件、紧固件等，有的还有中齿轮。

架修和大修时对齿轮箱的检修内容有所不同，架修时只对齿轮箱进行检查、清洁，更换齿轮箱润滑油，最后进行组装调整即可。大修时需对齿轮箱进行分解，对各部件进行逐项检修，下面是大修时的检修内容。

1. 齿轮箱在动力轮对上分解

分解前应先排放润滑油，并对箱体进行检查、清洁、编号，大、小齿轮要成对编号、放置，组装时不得混淆。

2. 齿轮箱检修

清洗齿轮箱体，检查油塞、回油孔、透气装置、密封件等，并对密封件进行更换。

检查齿轮箱紧急止挡及螺栓，要求紧急止挡无损伤、无裂纹，螺栓无松动。另外需要提出的是新装齿轮箱在运行 2 万 km 时应进行第一次换油。

3. 大齿轮检修

（1）清洁大齿轮上的油污，目测并用模板检查齿轮各齿的磨损情况，不符合技术要求的要进行修复，对大齿轮进行探伤。

（2）加热、退火齿轮，加热时间及温度需严格控制。

（3）检查大齿轮内孔尺寸及拉伤情况，对拉毛及擦伤部位进行修复。

（4）对大齿轮内孔部位进行探伤。

（5）将完好的大齿轮热套在车轴上。

（6）对大齿轮进行防锈处理（涂油）。

4. 小齿轮检修

（1）小齿轮一般与小齿轮轴是一个整体，因此也叫做小齿轮轴。

（2）清洗、分解小齿轮轴、轴承、密封件等部件。

（3）检查小齿轮轴各部位的磨损、齿形情况，并探伤。

（4）组装小齿轮轴，更换密封件和紧固件。

5. 轴承检修

对齿轮箱轴承的检修及更换原则可参考轴箱轴承的检修。

6. 组装齿轮箱

（1）检查、清洁检修过的齿轮箱各部件。

（2）将小齿轮、轴承、密封件等部件组装在齿轮箱体上。

（3）在齿轮箱分合面上涂密封胶，将齿轮箱体组装在动力轮对上。

（4）调整各部件，按要求加油。

（5）对加油、透气、检查孔等进行密封。

（6）对组装好的齿轮箱进行磨合试验，检查振动、异声情况。

7. 记　录

记录齿轮箱检修信息。

（三）齿轮箱吊杆检修

（1）齿轮箱吊杆有多种类型，如可调式吊杆、固定式吊杆、C 形支座等。虽然结构有多种，但基本上都是由橡胶件（橡胶节点或橡胶堆）和结构件（吊杆或支座）组成。

（2）齿轮箱吊杆的作用是承受齿轮箱作用于构架的交变载荷，起缓冲作用，同时避免齿轮箱脱落，造成事故。

（3）齿轮箱吊杆的检修。

① 对可调式吊杆，架修、大修时全部更换。

② 对固定式吊杆，架修时需清洁、检查橡胶件，测试未分解吊杆的刚度，符合技术要求的可继续使用；大修时需分解吊杆，对结构件进行探伤，并更换橡胶件。

③ 对 C 形支座的检修可参考固定式吊杆的检修原则。

六、转向架的组装

转向架的组装是在构架的基础上进行的，对预组装的部件按技术要求进行调整、组装。

（一）构架部件组装

1. 抗侧滚扭杆

将除上球铰和调节螺筒之外的抗侧滚扭杆部件按与拆卸相反的顺序安装在构架上。

2. 单元制动机

将单元制动机安装在构架上，注意斜对角的制动机类型要一致。

3. 横向止挡

将横向止挡与横向止挡座组装在一起，并安装在构架上。

（二）轮对组装

（1）在组装好的轴箱体上安装选配好的或新的人字簧，注意拖车轮对和动车轮对上的人字簧型号不同，要求同一转向架上的人字簧型号完全一致。

（2）将轮对吊放或推到转向架升降台上，构架吊放在轮对上。升起转向架，安装轴箱拉杆。

（三）中央牵引装置组装

（1）在构架上安装架车保护螺栓。

（2）将组装好的下心盘座及牵引拉杆安装在构架上。

（四）驱动系统组装

（1）对动车转向架，安装牵引电动机。

(2) 安装、调整联轴节。

(3) 安装齿轮箱保险杆。

(4) 安装、调整齿轮箱吊杆。

(五) 二系悬挂系统组装

在构架上预安装应急弹簧。

(六) 落车组装

落车后有下列几项组装内容:

1. 中央牵引装置

将定位套、复合弹簧、下压板等按顺序进行组装,并将中心销螺母紧固到规定扭矩,最后加开口销。

2. 空气弹簧

若空气弹簧胶囊、大盖固定在车体上,则落车时需将空气弹簧胶囊与应急弹簧连接,注意密封(一般为自密封);若胶囊、大盖与应急弹簧为一体,则将大盖与车体连接,注意通气孔接通。

3. 抗侧滚扭杆

将上球铰、调节螺筒、下球铰连接在一起。

4. 垂向减振器

将垂向减振器上、下两端分别安装在车体和构架上的支座上。

5. 高度阀

将高度阀下端与构架上支座连接,上端与高度阀控制杆连接。

6. 线 缆

连接电源线、接地装置、传感器导线等线缆。

7. 轴箱限位

安装轴箱限位垫片或限位块。

8. 组装完成

组装完成后,在静态调试时还需进行有关的尺寸测量与调整。

七、转向架台架试验

转向架组装完成后、落车前,转向架需按试验要求进行台架试验,试验在转向架试验台上进行。台架试验的主要测量项目有:车轮轮载、车轴平行度及构架至轨面的距离。

（一）车轮轮载

1. 台架试验的工况

零载荷、AW_0 工况、AW_2 工况、AW_3 工况、零载荷（卸载后）。

2. 测量结果

在上述工况下测量每个车轮的轮载，进而分别计算出轴重、轮载偏差、轴重差。

3. 评定标准

在任何工况下轮载偏差、轴重差均不超出技术要求范围。

4. 技术要求

(1) 若超出技术要求范围，将转向架调转 180°，重复上述内容。

(2) 若仍然超出范围，则需对一系弹簧按技术要求进行调整。

（二）车轴平行度

1. 台架试验的工况

零载荷、AW_0 工况、AW_2 工况、AW_3 工况、零载荷（卸载后）。

2. 测量结果

在上述工况下测量每个车轮的位移，进而分别计算出轴距和每个车轮的位移变化量。

3. 评定标准

在任何工况下轴距、车轮的位移变化量均不超出技术要求范围。

4. 技术要求

(1) 若超出范围，将转向架调转 180°，重复上述内容。

(2) 若仍然超出范围，则需对一系弹簧按技术要求进行调整。

（三）构架至轨面的距离

1. 台架试验的工况

在 AW_0 工况下进行。

2. 测量结果

在 AW_0 工况下测量每侧构架至轨面的距离，计算两侧高度差。

3. 评定标准

构架至轨面的距离、两侧高度差不超出技术要求范围。

4. 技术要求

(1) 若超出技术要求范围，将转向架调转 180°，重复上述内容。

(2) 若仍然超出范围，则需对一系弹簧按技术要求进行调整。

（四）齿轮箱吊杆高度调整

在加载 AW_0 载荷的条件下，对动车转向架进行调整齿轮箱吊杆高度。对可调式吊杆，可通过调整螺筒到合适长度；对固定式吊杆，可通过加垫片调整到合适长度。

复习思考题

1. 简述城轨车辆转向架的作用。
2. 简述城轨车辆转向架的结构、组成及类型。
3. 叙述城轨车辆转向架的各部件的结构。
4. 如何检查、检修空气弹簧？
5. 如何检查、检修剥离轮对？

第二节 车钩缓冲装置及部件的检修

车钩缓冲装置是车辆最基本的也是最重要的部件之一，通过它使调机车和车辆之间或列车的车辆和车辆之间实现连挂，并且传递和缓冲列车在正常运行或在调车作业时所产生的纵向牵引（制动）力或冲击力。

城市轨道交通车辆的车钩缓冲装置按其结构的不同可分为 3 种类型，即全自动车钩、半自动车钩和半永久车钩（也称半永久拉杆），其均属于密接式车钩。

全自动车钩可以实现机械、气路和电路的完全自动连挂、自动解钩或人工解钩。

半自动车钩的机械和气路的连接机构与作用原理基本上与全自动车钩相同，可以实现自动连挂和解钩或人工解钩，但是电路必须靠人工连接和分解，以方便检修作业。

半永久车钩的机械、气路和电路的连接和分解都需要人工操作，但一般只有在架修以上的作业时才进行分解。由于上海地铁车型比较多，车钩具有代表性，车钩的检修以上海地铁各种车钩来介绍。下面是上海地铁列车的几种车钩结构图，如图 4-20，4-21，4-22，4-23 所示。

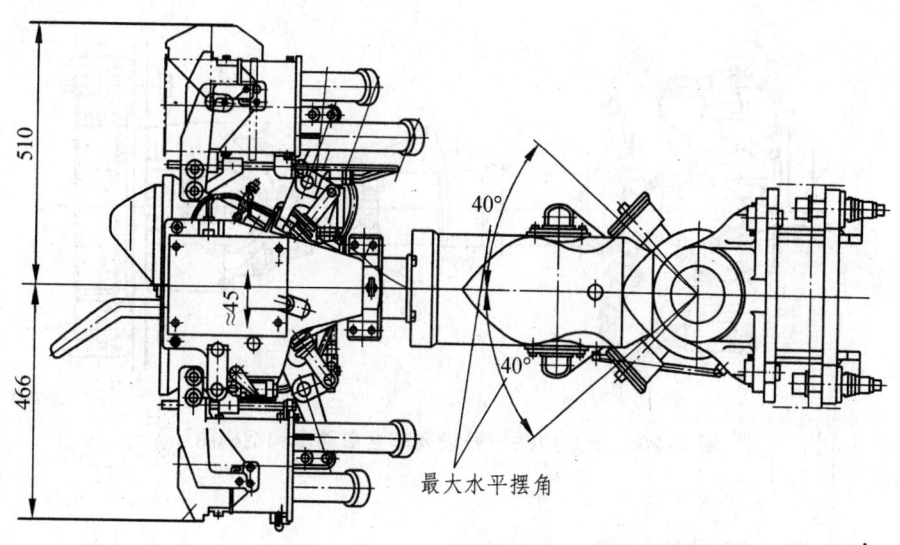

图 4-20 直流电动列车的全自动车钩结构图

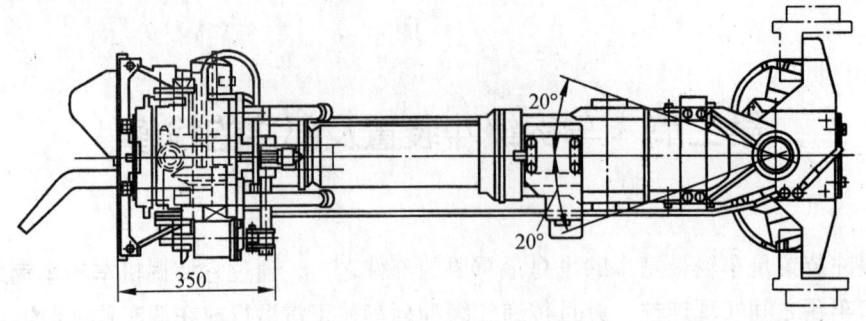

图 4-21　上海地铁三号线电动列车全自动车钩结构图

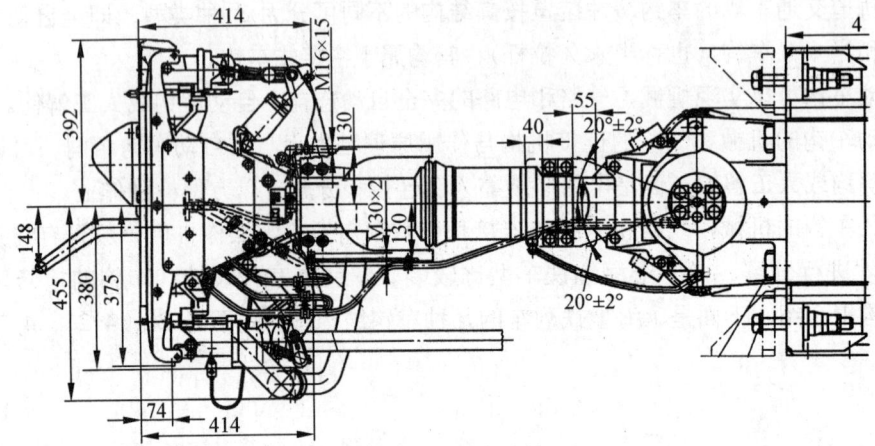

图 4-22　交流电动列车全自动车钩结构图

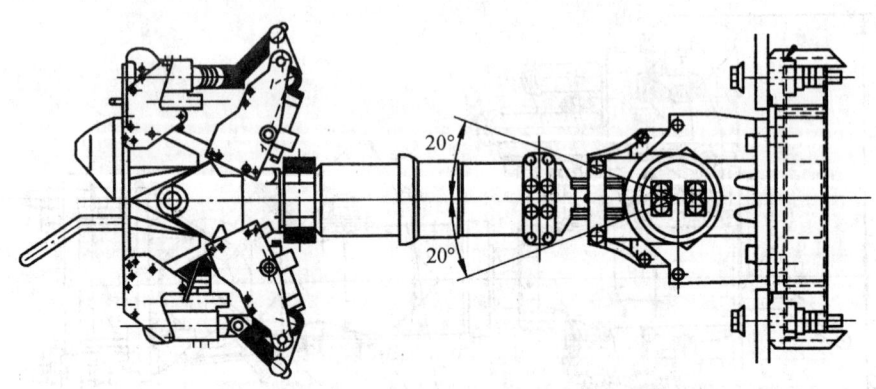

图 4-23　上海地铁一号线列车全自动车钩结构图

一、车钩缓冲装置的检修

以上海地铁车辆的全自动车钩缓冲装置为例。半自动车钩的机械钩头与全自动车钩基本相同，半永久车钩的机械钩头采用半环箍型联轴节连接，一般仅在架修和大修时才分解进行检修。

（一）车钩磨损的检测

在将全自动车钩、半自动车钩或车体分解之前，应该用专用的测量工具检测机械钩头内机械连挂机构的间隙，来判定钩锁的磨损情况，该测量工具称为间隙（BACK-LASH-GAUGE），如图4-24所示。

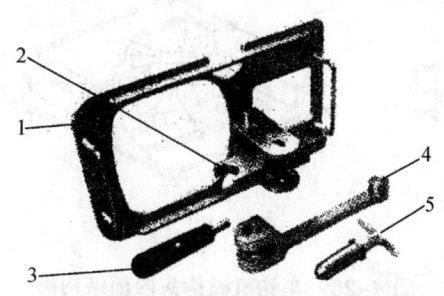

图4-24　间隙规（BACK-LASH-GAUGE）

1—规体；2—测试钩板；3—手柄；4—连杆；5—连杆销

检测步骤如下：

(1) 检测之前应先清洁机械钩头表面及钩锁机构。
(2) 将钩锁转至连挂位。
(3) 从间隙规的钩舌板中取下连接杆销。
(4) 使间隙规定位，使规体表面与机械钩头表面贴合。
(5) 使车钩连接杆钩住间隙规的钩舌板。
(6) 使间隙规的连接杆钩住车钩的钩舌板。
(7) 通过转动棘轮手柄调节间隙规钩舌板的位置，以便可以插入连接杆销。
(8) 顺时针转动棘轮手柄，使间隙规处于张紧状态，调节扭矩限于100 N·m。
(9) 间隙规上的游标尺可读至0.1 mm，钩锁机构的磨损极限不得超过1.4 mm。
(10) 如果超过磨损极限，必须拆下钩头并分解，以检查钩锁零件的损坏和磨损情况，有必要时将其更换。

（二）车钩钩头的检修

车钩钩头由机械钩头、电气连接箱和气路连接器等部分组成。

1. 机械钩头的检修

全自动车钩机械钩头由壳体、心轴、钩舌板、钩舌板连杆、钩舌弹簧、钩舌板定位杆（或称棘爪）及弹簧、撞块及弹簧和解钩气缸组成，如图4-25所示。

壳体的前部一半为四锥体的钩头，另一半为钩头坑（或称凹坑），车钩连挂时相邻两个车钩的四锥体的钩头和钩坑相互插入。

固定在心轴上的钩舌板在钩舌板弹簧的作用下可绕心轴转动并带动钩舌板连杆动作，钩舌板是按功能需要设计成的不规则几何形状，设有供连挂时定位和供解钩气缸活塞杆作用的凸舌，以及与钩舌板连杆连接的定位槽、钩嘴等，是车钩实现动作的关键零件。

钩舌板连杆在连杆弹簧拉力的作用下使车钩可靠地连接起来。钩舌板定位杆上的两个凸齿，使钩舌板处于待挂或解钩状态。撞块可在车钩连挂时解开钩舌板定位杆与钩壳的锁定位，从而使两钩实现连挂。

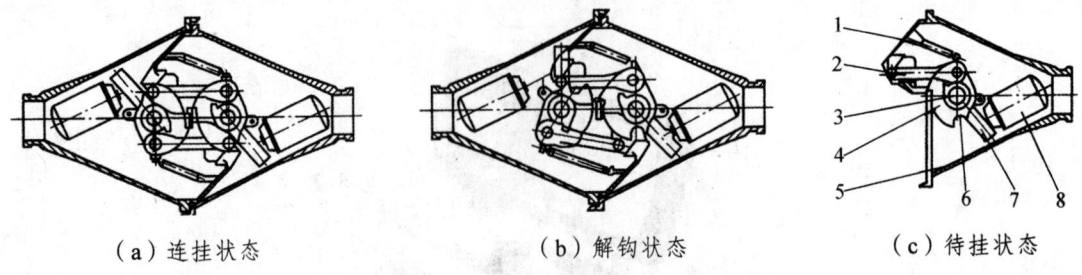

(a) 连挂状态　　　　　　(b) 解钩状态　　　　　　(c) 待挂状态

图 4-25　车钩机械钩头内部结构图

1—钩舌弹簧；2—钩舌板定位杆；3—心轴；4—钩舌板；
5—钩头壳体；6—钩嘴；7—解钩杆；8—解钩气缸

对机械钩头进行如下检修：

(1) 清洁和检查下述钩锁机构零件的磨损情况：连接杆、连接杆销子、钩舌板、中心销、撞块、棘爪、导向杆、张紧弹簧。

(2) 更换磨损或损坏的零件，按照润滑方案和工艺给相关零件涂油。

(3) 更换部分弹簧件。

(4) 对钩舌板、连接杆和中心销进行磁粉探伤或其他无损探伤。

(5) 重新油漆各零件。

(6) 用压缩空气清洁弹簧支撑座，更换损坏件，并给压簧涂 RIVOLTAG.W.F. 脂。

(7) 在螺栓螺纹表面涂 RIVOLTAG.W.F. 脂。

(8) 在机械车钩表面涂 HS300 防腐涂层。

2. 电气连接箱检修

全自动车钩的电气连接箱设于机械钩头的两侧，其中一侧连接低压电缆，另一侧连接信号和通信电缆。全自动车钩的电气连接箱通过机械操纵机构实现自动连挂和解钩，当机械钩头连挂时钩头内心轴转动带动顶端的凸轮一起转动，从而推动一个二位五通阀使压缩空气作用于电气连接箱的气缸，气缸活塞杆通过杠杆机构和弹簧使电气箱迅速连挂。

半自动车钩电气连接箱的连挂和解钩由人工实现，通过手动转动齿轮，使得齿轮和齿条机构动作，从而带动杠杆和弹簧使电气连接箱连挂和解钩。因此，半自动车钩的电气连接箱运动不随机械车钩同时动作。电气连接箱只有在损坏情况下才有必要分解检修，一般地，对电气连接箱进行如下检修：

(1) 用干布和无油压缩空气吹扫，清洁触头和绝缘块。

(2) 更换个别已损坏触头。更换可动触头与固定触头的方法相同。

(3) 检查接线柱，并用兆欧表测量接线柱的绝缘性能。

(4) 更换密封用的橡胶框。

（5）修复电气连接盒的塑料绝缘涂层。

对电气连接箱的操纵机构进行如下检修：

（1）更换密封件。

（2）清洁和检查零部件的磨耗情况，更换磨耗件，用无油压缩空气吹扫清洁软管和风管。

（3）如有必要应重新油漆。

（4）用润滑脂（RIVOLTA G.W.F.）润滑滑动接触表面和衬套。

（5）用润滑脂（RIVOLTA G.W.F.）润滑螺栓端部。

（6）用密封胶（Loctite572）密封插接式软管的螺纹件，活接螺母不必密封。

（7）用润滑脂（RIVOLTA S.K.D3400）润滑气缸内侧表面和活塞杆。

3. 气路连接器检修

气路连接器设在机械钩头法兰下侧的中间，分设两个风管弹簧阀，如图 4-26 所示。当一方弹簧阀的阀芯管压迫另一方的阀芯时则双方阀被打开，使总风管和解钩风管接通。而一旦对方风管撤离，也就是两钩头的法兰面分离时，则阀芯又在弹簧力的作用下将阀关闭。这样设计的风管连接装置可使风管的接通和断开随车钩的连挂和解钩自动进行。一般地，对气路连接器进行如下检修：

（1）清洁和检查零件是否有损坏，更换损坏件。

（2）更换主风管和解钩风管弹簧阀对接口的橡胶密封件。

（3）更换主风管和解钩风管的橡胶管。

（4）用酒精清洁橡胶件，不得用润滑油脂来处理。

（5）用润滑脂（RIVOLTA G.W.F.）保护螺栓端部。

（6）用密封胶（Loctite572）密封气管上的螺纹件，活接螺母不必密封。

（7）车钩装车前用肥皂液检查气管接头是否泄漏，测试气压应为 1.0 MPa。

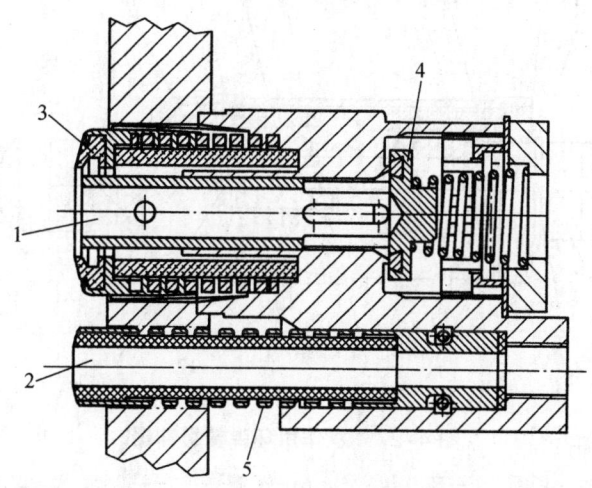

图 4-26 风管弹簧阀

1—主风管接头；2—解钩风管接头；3—密封条；4—阀芯；5—压簧

（三）解钩气缸的检修

（1）用无油压缩空气和抹布清洁所有零件。
（2）用刚性金属丝清洁气缸盖板上的排气孔。
（3）检查活塞O形密封圈和气缸盖板上的防尘圈有无裂痕，如有应将其更换。
（4）检查活塞杆的磨损情况，磨损严重应更换。
（5）检查活塞复位弹簧是否断裂，如有应将其更换。
（6）用润滑脂（RIVOLTAS.K.D3400）润滑气缸活塞杆和气缸内侧壁。
（7）用润滑脂（RIVOLTAG.W.F.）涂于螺栓端部。

（四）缓冲装置的检修

缓冲装置分为可再生缓冲器和不可再生缓冲器两种类型，可再生缓冲器有双作用环弹簧缓冲器、橡胶缓冲器（EFG3）、液压缓冲器和气液缓冲器等，压溃管是属于不可再生的缓冲器。

上海地铁直流电动列车车钩使用的缓冲器为双作用环弹簧缓冲器，它由弹簧盒（筒），弹簧前后座板、外环簧、内环簧、端盖和牵引杆等组成，如图4-27所示。当车钩受压缩冲击时，牵引杆推动弹簧前座板向后挤压内、外环弹簧。由于内环弹簧和外环弹簧相互间的接触面呈V形锥面，从而使内环弹簧受压缩，外环弹簧受拉伸，使冲击能量转化为弹簧的势能。同时内、外环弹簧锥面的相互摩擦，还产生一定的热量，从而也使一部分冲击能量转化为热能。总之，缓冲器将冲击动能转化为弹簧的势能和热能，来达到吸收冲击能量的目的。当牵引杆受拉伸冲击时，牵引杆后端的预紧螺母压迫弹簧后座板，同样后座板也挤压内、外环弹簧，同样也使内、外环弹簧产生与牵引杆受冲击时同样的变化过程。因此，该缓冲器无论是受压缩冲击还是受拉伸冲击时，都能吸收冲击能量。

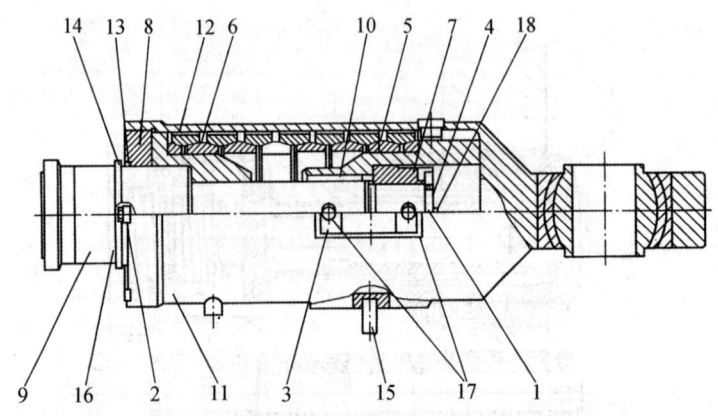

图4-27 双作用环弹簧缓冲器

1、4—开口销；2—平销；3—磨耗板；5、6—弹簧垫；7—螺母；8—端盖；9—牵引杆；
10—平键；11—弹簧盒；12—内外摩擦弹簧；13—密封环；14—O形圈；
15—柱销；16、17、18—六角头螺栓

上海地铁交流电动列车车钩的缓冲装置由压溃管（见图4-28和图4-29）和橡胶缓冲器

(EFG3)（见图4-30）组成。

车钩缓冲器是车辆冲击能量吸收系统的一部分，可压溃变形管也可作为车钩缓冲装置的重要部件，用来吸收车辆冲击能量。

在列车进行正常的牵引和制动时，通过橡胶缓冲器（EFG3）的橡胶变形来吸收冲击能量。它能吸收最大的压缩冲击能量为 14.1 kJ，吸收最大拉伸冲击能量为 7.075 kJ。

在列车相撞或当冲击速度过大时，可通过压溃管的变形来吸收冲击能量。压溃管属于免检修部件，当压溃管的变形部位超过规定的标准时必须进行更换。

通过可压溃变形管吸收能量还可以同时保护车体钢结构免受破坏。

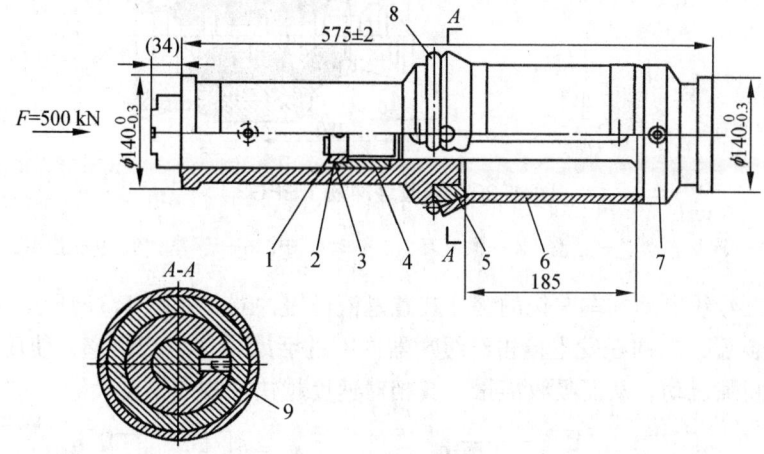

图 4-28 压溃管

1—止退环；2—安全装置；3—圆形螺母；4—中间作用轴环；5—作用环；6—压溃管；
7—牵引杆；8—O形圈；9—挡销

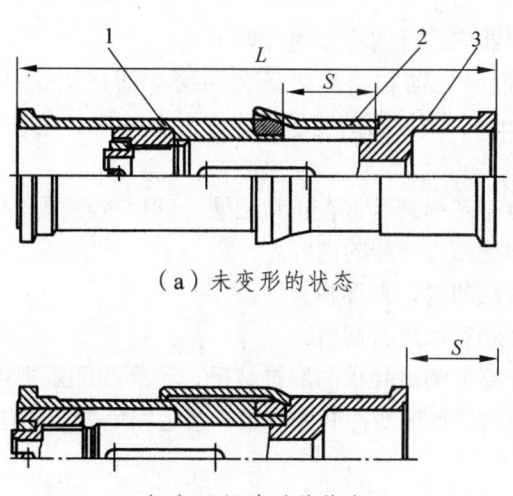

(a) 未变形的状态

(b) 已压溃后的状态

图 4-29 可压溃变形管的能量吸收情况

1、3—可压溃筒体；2—可压溃变形管；L—可压溃变形管总长；S—最大可压溃量

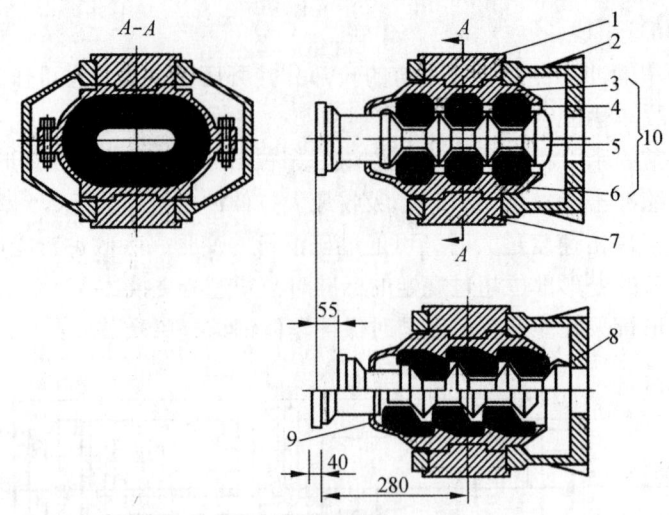

图 4-30 橡胶缓冲器（EFG3）

1、7—销轴；2—轴承盖；3—上盖；4—橡胶环；5—牵引杆；6—下盖；8、9—挡圈；10—缓冲机构

上海地铁三号线电动列车车钩的缓冲装置是液压缓冲器，如图 4-31 所示。这是一种可恢复的能量吸收装置，车钩在发生撞击时缓冲器内部的活塞杆作用于活塞，使压力油通过活塞和缸体内壁的间隙流动，从而吸收能量，其相对速度越快吸收能量越大。

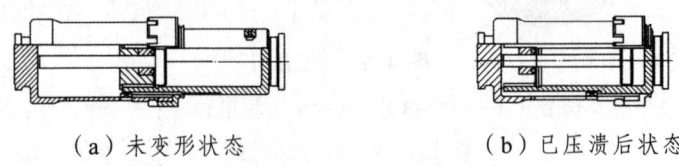

（a）未变形状态　　　　　　（b）已压溃后状态

图 4-31 液压缓冲器

对双作用环弹簧缓冲器应进行的检修内容如下：

对缓冲器进行分解检修之前和装配之后，用缓冲器压力试验机对缓冲器逐渐加载至 550 kN，缓冲行程为 55 mm，缓冲器的能量吸收率大于 66%，缓冲曲线应与其给定的弹性曲线一致。

(1) 打开缓冲器后检查环弹簧是否在正常位置，然后放松预紧环。

(2) 清洁内、外环弹簧和缓冲器的内腔。

(3) 检查和更换有裂纹的内、外环弹簧片。

(4) 用专用油脂对环弹簧片进行润滑。

(5) 清洁和检查缓冲器两侧磨耗板的磨损情况，若磨损严重则更换。

(6) 检查缓冲器端部的球铰橡胶件有无裂纹、老化和龟裂，若有裂纹，深度超过 5 mm 就要更换。

（五）对中装置的检修

车钩对中装置分为水平对中装置和垂向对中装置。水平对中装置一般简称为对中装置，可分为气动对中装置和机械对中装置，如图 4-32 所示。垂向对中装置一般称为垂向支承，通过调整该处的调节螺栓可以实现调节车钩端面中心线到轨道上表面的距离。

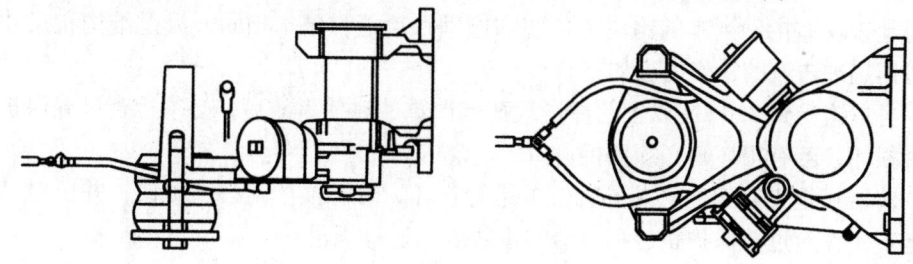

图 4-32 对中装置

上海地铁直流、交流电动列车车钩对中装置采用气动自动对中装置。其结构和对中原理是：在缓冲器的尾部下方左/右侧各设有一个对中气缸，它的活塞头部装有一个水平滚轮，当气缸充气活塞杆向外伸出时，能自动嵌入定在球铰座下方的一块呈桃子形的凸轮板左、右两个缺口内，从而达到使车钩自动对中的目的，也就是使车钩缓冲装置的中心线与车体中心线在同一个水平平面内，以便使两个钩头对准对方的车钩的钩坑。

上海地铁一号线列车车钩的对中装置采用机械对中方式，其原理是根据机械弹簧的挠度较大，可以使得车钩在水平方向摆动一定角度，实现车钩在直线段和曲线段的正常连挂。

对于垂向支承，上海地铁现有电动列车支撑方式基本相同，都是通过调整橡胶支承垫的预紧力来调整车钩在垂向距轨道上表面的距离（一般是 720 mm）。

1. 对中装置的检修

(1) 用压缩空气和抹布清洁各零件。

(2) 用刚性金属丝或螺钉旋具清洁气缸排气孔。

(3) 检查凸轮板和衬套是否有损坏和磨损，如有损坏则应更换。

(4) 检查活塞杆端部的滚轮是否有损坏，如有损坏则应更换。

(5) 用润滑脂（RIVOLTA G.W.F.）润滑所有的滑动件和壳体内侧。

(6) 用润滑脂（RIVOLTA G.W.F.）保护螺纹和螺栓端部。

(7) 用油脂（Loctite572）保护插接式软管上的螺纹件。

2. 垂向支承装置的检修

(1) 清洁和检查橡胶弹簧是否有裂纹和损坏，如果裂纹深度超过 3 mm 或长度超过 10 mm 时，则须更换橡胶弹簧。

(2) 清洁和更换衬套。

（六）钩尾冲击座的检修

缓冲器的尾部是通过一个球铰与车体底架相连，该球铰部分简称钩尾冲击座。这样的结构可使整个车钩缓冲装置在水平平面内可摆动±40°，而在垂直面内可摆动±5°，满足车辆在水平曲线和竖曲线上的运行要求。

通过钩尾冲击座将车钩缓冲装置安装在车体的底架牵引梁上，而钩尾冲击座与牵引梁之间安装过载保护螺栓。过载保护螺栓采用的是鼓形结构，当冲击载荷＞800 kN 时，鼓形结构即被破坏，车钩与车体分离并沿着导轨向后移动，从而避免超过许用载荷的冲击力加载到车体底架上。

上海地铁现有电动列车的钩尾冲击座的原理和功能都基本相同，只是结构和尺寸上略有差异。对钩尾冲击座的检修内容如下：

（1）当车钩受到 850 kN 以上的冲击载荷或严重的碰撞事故后，必须检查过载保护螺栓和衬套是否损坏，若有损坏则必须更换。

（2）清洁和检查底架的尼龙导轨轨板是否损坏，若有损坏则必须更换，并应对其进行润滑，但是不允许对过载保护螺栓和衬套的接触表面进行润滑。

（3）清洁和检查球铰结构的橡胶件是否有损坏，若有损坏则必须更换。

（4）自锁螺母重复使用不得超过 5 次。

（七）其他附件的检修

连接环由上、下两个半连接环组成，通过 4 个螺栓连接。通过连接环把车钩钩头和缓冲器连接在一起，实现力和运动的传递。对连接环应进行如下检修：

（1）清洁连接环的内、外表面。

（2）用磁粉探伤或其他无损检测的方式进行探伤。

（3）用油脂（SAFECOATDW36X）涂连接环内侧底部，不得涂连接环和车钩钩头法兰环的工作表面。

（4）用润滑脂（RIVOLTAG.W.F.）保护螺纹和螺栓端部。

（5）安装时应注意连接环的排水孔必须朝下。

（八）监测和控制元件的检修

车钩实现连挂和解钩动作的控制和监测元件为 S1、S3、S4 行程开关和二位五通换向阀。

当机械钩头连挂和解钩时钩头中心销的凸轮板转动，S1 行程开关监测到该动作并给出反馈电信号，驾驶室将显示车钩的连挂和解钩情况。当电气连接箱连挂和解钩时，S3 行程开关监测到电气连接箱操纵机构的动作并反馈电信号，驾驶室将显示电气连接箱的动作情况。S4 行程开关与车钩的止动板有联锁作用，当止动板动作时即使车钩高压电路切断，也能起到保险作用。

车钩的气路控制元件为二位五通换向阀，通过该阀实现电气连接箱和对中装置的自动动作。

对监测和控制元件的检修内容如下：

（1）检查 S1、S3 和 S4 行程开关的动作应良好，否则进行更换。

（2）在安装开关时，应确保其行程触头的正确角度和位置，并检查其功能是否正常。

（3）清洁和检查二位五通阀的状态应良好。

二、车钩缓冲装置的试验

1. 车钩连挂和解钩试验

车钩连挂和解钩试验须在车钩试验台上进行。将全部组装好的全自动或半自动车钩安装在试验台上，进行车钩自动连挂和解钩的试验。连挂时要听其声音是否清脆，以判别机械钩头连接的质量。通过操纵手动解钩装置，检查手动解钩的性能是否正常。

2. 气密性试验

在车钩处于连挂状态下，用肥皂水喷在所有阀和管路接头处以检查气路是否泄漏。

复习思考题

1. 简述城轨车辆车钩缓冲装置的结构、用途及分类。
2. 简述国产密接式车钩钩头的结构及主要检修内容。
3. 简述半自动车钩电气连接箱的作用、结构及主要检修内容。
4. 叙述气路连接器的作用、结构及主要检查内容。
5. 叙述对中装置的检修及安装过程。

第三节 车体的检修

地铁车辆的主体结构是车体，车体按结构功能分为车体（壳体）、车门、车窗、贯通道和内装饰等。其中车体（壳体）是供旅客乘坐的部分，其主要功能是运载旅客，承受和传递载荷，安装传动机构、电器设备和内装设施等。

以前，轨道交通车辆的车体一般采用普通碳素钢型材做骨架，外侧包薄钢板，构成一个闭口的整体承载的筒形薄壳结构，自重达 10～13 t。但是，普通碳素钢车体使用中腐蚀十分严重，增加了检修的工作量和检修成本。为了提高车体的耐腐蚀性，延长车体的使用寿命，曾采用含铜、磷或含镍铬等合金元素的耐腐蚀的低合金钢（或称耐候钢），可使车体结构自重减轻 1～1.5t（约 10%～15%）。后来又采用半不锈钢（包板为不锈钢，骨架为普通碳素钢）或全不锈钢车体，免除了车体内壁涂覆防腐蚀涂料和表面油漆，在保证强度、刚度的前提下，板厚也可减薄。不锈钢车体自重比普通碳素钢可减轻 1～2 t（约 10%～20%）。

现在随着新技术、新材料的不断应用，进一步实现了车体的轻量化，德国、法国、日本等国在近代的高速列车、地铁车辆和轻轨车上普遍采用了铝合金车体，这是由于铝合金的密度仅为钢的 1/3。车体主要承载构件采用大型中空截面的挤压铝型材，例如车体的底架、侧墙、车顶一般均采用大型中空截面的挤压铝型材拼焊而成，以满足车体所需的强度和刚度。采用铝合金车体结构与钢制车体结构相比，制造工艺大大简化，焊接工作量减少 40%，重量可减轻 3～5 t（约 30%～40%），而且保证车体承载结构在使用寿命期内（30 年）不需结构性检修和加固。

以六节车辆编组的列车为例，其车辆分为 A、B、C 3 类车型，A 车带有驾驶室，B 车带有受电弓，C 和 B 车的车体结构基本相同。

地铁车辆的车体是由底架、侧墙、车顶和端墙等部件组成的封闭筒形结构。

车体底架由地板、侧梁、枕梁、小横梁和牵引梁组成。枕梁用于连接行走部，牵引梁设在底架的两端，用来安装车钩缓冲装置。

车体的左右侧墙通常各设有 5 扇车门和 4 个车窗，侧墙被分隔成 6 块分部件（全车共 12 块），在组装时分别与底架、车顶拼接，各块分部件也为整体的挤压铝型材或焊接部件。

车顶两侧小圆弧部分采用形状复杂的中空截面挤压铝型材，中部大圆弧部分为带有纵向加强杆件的挤压成型的车顶板，车顶组装时仅留下几条与车顶等长的纵向长焊缝。

车体两端的端墙由弯梁、贯通道立柱和墙板组成。

车体的承载方式一般有底架承载和整体承载两种方式，地铁车辆的车体是由底架、侧墙、车顶和端墙等部件组成筒形结构共同承载，即采用整体承载方式。

目前，新型车体还采用了车体的防撞设计技术：A 车底架的前端设有撞击能量耗散区，其上开有数排椭圆孔，当车辆受到迎面的意外撞击时，它能产生较大的塑性变形，从而吸收纵向冲击能量，起到保护驾驶员、乘客和车体的作用；A 车驾驶室前端安装防爬器，防爬器不仅可以起到车辆相撞时车辆之间防爬的作用，且可以设计为具有能量吸收作用的双重功能，通过对防爬器内部剪切部件的破坏实现能量的吸收，起到保护驾驶员、乘客和车体的作用。

在车辆机械课程已经详细介绍了城市轨道交通车辆车体的特征和主要技术参数，在这节里主要讨论的问题是：车体结构的检修、内部设施的检修、车体油漆等。在车体的检修中常采用的设备：架车机、打磨机、高压吹风机、划格仪（2 mm）等。采用的物品为：砂纸、抹布、胶带等。

本节主要是以上海地铁一、二号线的直流和交流电动列车为例，介绍车体结构和内部设施的检修。

一、车体结构的检修

车体是由大型铝合金挤压型材焊接而成，其断点面如图 4-33 所示，在任何一点加热处

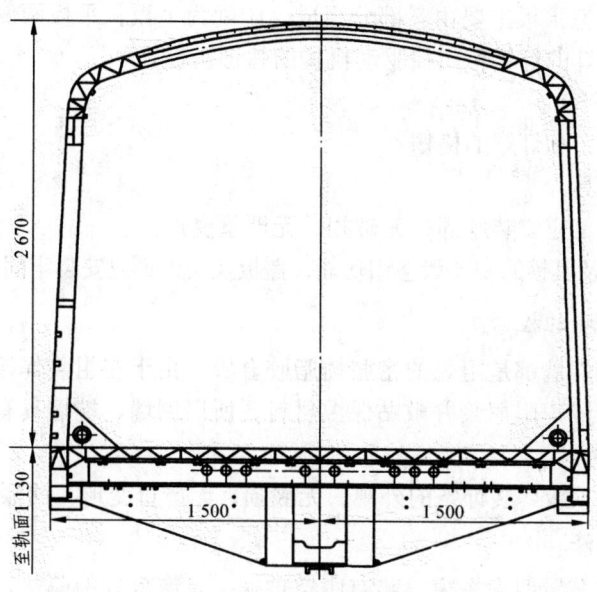

图 4-33 铝合金车体断面图

理铝合金将显著降低其原有的强度。焊接是一个加热过程，从非焊接铝合金型材到焊接铝合金型材，根据不同的铝合金类型，强度将损失 40%～60%。

车体的损坏有以下两种形式。

1. 无碍车体外形或设备功能的车体永久变形

无碍车体外形的车体永久性变形是指对车辆的动态限界无影响；无碍设备功能的车体永久性变形是指对车辆的正常运营不影响。

这种损坏只需对车体采用挖补、截换等方法焊修，修后表面平整，外观恢复原状，并补涂同色油漆即可。

2. 妨碍车体外形或设备功能的车体永久变形

妨碍车体外形的车体永久性变形是指对车辆的动态限界有影响；妨碍设备功能的车体永

久性变形是指对车辆的正常运营产生影响。

这种损坏应和车体供货商进行联系,应由供货商或对铝合金焊接有经验的厂商进行处理。

二、内部设施的检修

1. 地板的检修

客室地板的底层是铝合金中空型材,在铝型材表面粘接 2.5 mm 厚的 PVC 塑料地板(直流电动列车的 PVC 塑料地板下是防火处理过的木板),其具有耐磨、阻燃和防滑的性能。

检查地板的覆盖层与地板粘接应牢固,无鼓包、破损和明显划痕。全车允许鼓包、破损处直径<150 mm 一处,直径<80 mm 两处,否则按原整块揭掉后重新粘接。

2. 顶板的检修

顶板俗称顶棚,客室顶板主要由三部分组成,中间为平板,平板两侧为多孔的空调通风口,最外侧为客室照明灯的灯箱和门控驱动机构的弧形盖板。

顶板的检修内容如下:
(1) 清洁空调通风口和灯罩的格栅。
(2) 更换照明灯灯具。
(3) 检查客室顶板,应安装牢固,无破损,无严重变形。
(4) 检查弧形盖板及其锁的安装状态和功能,盖板及盖板锁应安装牢固,开闭作用良好。

3. 客室侧墙、端墙的检修

客室内壁的侧墙、端墙都是阻燃的密胺树脂胶合板。由于在组装焊接的侧墙、端墙的铝合金型材的内侧涂抹有隔声阻尼浆并敷贴保温材料,所以侧墙、端墙具有良好的隔声和隔热效果。

检查客室各侧墙、顶板、装饰条的外观,无破损,无严重变形,油漆良好,安装牢固。

4. 客室车窗的检修

客室每侧一般均匀布置四扇车窗,装有中空玻璃,具有良好的隔热、隔声性能。中空玻璃用环型氯丁橡胶条嵌入装配在侧墙内。

客室车窗的检修内容如下:
(1) 更换橡胶框。
(2) 检查玻璃,应无裂纹和严重划伤,玻璃夹层中无进气和进水现象。
(3) 检查窗户安装牢固良好。

5. 驾驶室车窗的检修

主驾驶台的前车窗安装有约 12 mm 厚的风窗玻璃,在玻璃内预设电加热丝,在冬季可进行加热除霜,在玻璃外侧还装有气动刮水器。

驾驶室车窗的检修内容如下:
(1) 检查风窗玻璃的状态和除霜功能。
(2) 更换刮水器橡胶刮水板。
(3) 检查刮水器,确保安装良好、功能正常。

6. 驾驶室座椅的检修

驾驶室座椅是按人体工程学原理专门为驾驶员设计的专用座椅，可根据驾驶员的重量、身高等进行上下、前后调节。

驾驶室座椅的检修内容如下：

（1）检查驾驶室座椅，其机械机构各零件完好无损；各螺栓连接处紧固良好；调节座椅和靠背的升降及旋转机构，动作应灵活自如；座椅、靠背软垫外表面无破损。

（2）清洁外表面，并润滑驾驶室座椅各活动部位。

7. 客室座椅的检修

为了适应城市轨道交通车辆短途、大运量的特点，客室座椅采用靠侧墙纵向布置的方式，在每节车厢两侧车门之间设置有一条长条座椅。根据上海气候特点和车厢内的空调条件，座椅的壳面采用了玻璃钢材料。

客室座椅额检修内容如下：

（1）检查座椅应安装牢固，座椅壳与座椅框架间的隔垫安装良好、无破损，橡胶止挡安装良好、无破损，座椅外观及油漆需良好、清洁无尘垢。

（2）检查座椅下盖板及其锁的安装状态，开闭功能良好。

8. 立柱、扶手的检修

为了方便站立乘客，在客室内设有立柱及纵向扶手。在每节车厢的纵向中心线处，均匀设置了 13 根立柱。在座椅的端墙板处也设有立柱以方便站立在车门区的乘客，同时在这些立柱上还装有纵向扶手。立柱与纵向扶手都是铝合金圆管型材，外表面进行阳极氧化处理。立柱的直径为 40 mm，扶手的直径为 35 mm。

立柱、扶手检修内容如下：

（1）检查立柱和扶手，安装应牢固无松动。

（2）检查立柱和扶手的表面，若划痕严重，进行表面翻新。

9. 贯通道的检修

在车辆与车辆之间设有贯通道。设置贯通道的主要作用：

（1）自动调节车厢内的客流密度。

（2）当某节车的空调出故障时，则在列车起动和制动时，车厢间的空气通过贯通道可达到流动调和的作用。

（3）当末班车或晚间车厢内乘客较少时，对暴力犯罪有一定的抑制作用。

贯通道的检修内容如下：

（1）检查折棚，应安装牢固、完好无损。

（2）检查过渡板，应无裂纹、严重磨损等损伤，翻转灵活；磨耗条厚度≥2 mm，否则应更换。

（3）检查活动侧墙，活动侧墙及其机构各件安装牢固、完好无损、功能良好。

（4）检查连接顶板，各件安装牢固、完好无损、翻转灵活。

（5）清洁贯通道处各零部件。

10. 其他设施的检修

在客室的座椅下面,安装有空气簧附加气室,受电弓的升弓脚踏泵（仅 B 车配备）及灭火器、风喇叭等。

其他设施的检修内容如下:
(1) 检查升弓脚踏泵,功能良好。
(2) 检查灭火器安放到位、安装牢固,并在有效期内。
(3) 检查风喇叭的安装和功能,风喇叭各部件应完好无损、安装牢固、鸣叫响亮。

三、车体油漆

1. 油漆前处理

(1) 打磨和清除原漆层局部的龟裂、老化和破损处。
(2) 用腻子灰将车体外表面或底架下箱体外表的局部表面凹凸不平处涂刮找平并用砂纸打磨平整。
(3) 对露出的金属表面处,需将金属表面的锈垢清除干净,并涂金属底漆。

2. 遮蔽

用纸和不干胶等将车体外非油漆部位进行遮蔽。

3. 油漆

(1) 用打磨机打磨车体外侧油漆部位,按原有面漆用腻子找平。
(2) 用高压风吹扫车体外表面各打磨区域表面。
(3) 用干净湿抹布清洁油漆粉尘并自然晾干。
(4) 喷涂中涂层。
(5) 打磨中涂层,用干净湿抹布清洁油漆粉尘,并自然晾干。
(6) 测定中涂层的厚度和光泽度,应符合相关技术要求。
(7) 喷涂面漆,依照不同部位的油漆色标选择面漆并进行喷涂。
(8) 测定面漆的厚度和光泽度,应符合相关技术要求。
(9) 按上述工艺打磨和清洁喷涂色带和各种标记部位的局部面漆,喷涂色带和各种标记。

4. 整理

喷漆结束后,揭除遮蔽纸和胶带等,将车体外表整理干净。

5. 测试和试验

对油漆质量进行如下抽检试验:
(1) 中涂层面漆附着力试验:用 3 m 胶带纸粘贴油漆表面,用 2 mm 划格仪检测,检测结果应不大于 1 级标准,或参照道格拉斯工艺标准执行。
(2) 湿热、烟雾试验:240 h,检测方法按 GB1733 标准执行。
(3) 人工老化试验:2 500 h,检测方法按 GB1766 标准执行。
(4) 油漆阻燃性试验:在 1 000 ℃ 环境温度下,喷涂的油漆应不燃烧起火,只起壳、剥离。

四、架 车

在车辆检修作业中,应注意选用合适的架车点组合架车,以防车体翘曲变形,如图 4-34 所示。

根据车辆的检修工艺,常用架车点组合如下:

(1) 带转向架整车架起的架车点号为:3、4、5、6。

(2) 无转向架整车架起的架车点号为:1、2、7、8 或 1、2、5、6 或 3、4、7、8 或 3、4、5、6。

(3) 在列车脱轨后的复轨作业中,可用三点架车,其架车号为:1、2、10 或 3、4、10 或 7、8、9 或 5、6、9。

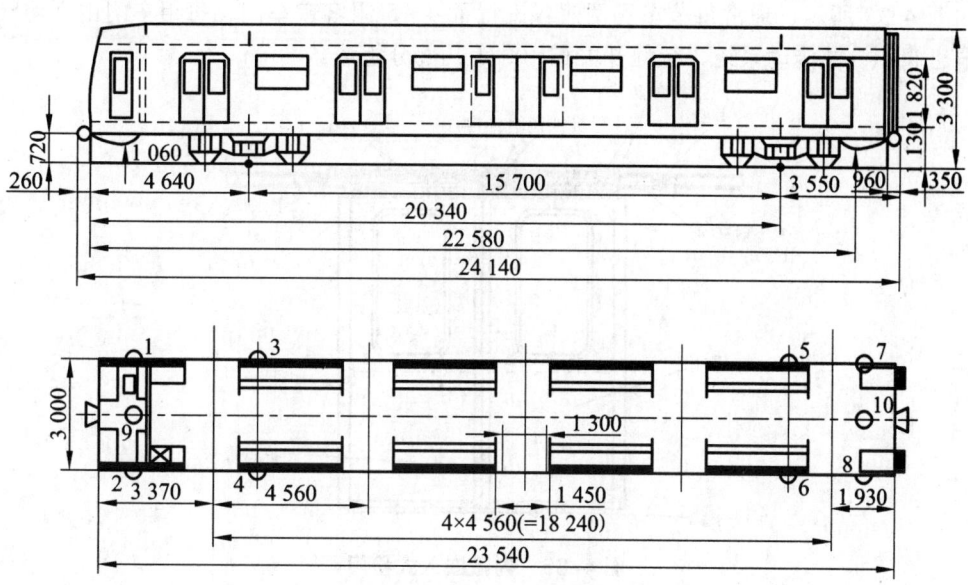

图 4-34 架车点位置图

1~8—边梁架车点;9、10—牵引梁架车点

复习思考题

1. 写出车辆的内部设施。
2. 简述车体钢结构类型及实现车体轻量化的方法。
3. 简述车体的油漆及油漆质量的检验。
4. 车体检修、检查的项目有哪些?
5. 车体检查及检修有哪些注意事项?

第四节 车门的检修

地铁和轻轨车辆的客室车门,按照驱动系统的动力来源分为电动式车门和气动式车门。电动式车门的动力来源是直流或交流电动机,气动式车门的动力来源是驱动气缸。按照车门的运动轨迹以及与车体的安装方式,客室车门可分为内藏嵌入式移门、外挂式移门、塞拉门和外摆式车门等几种。下面介绍国内地铁电动列车常采用的车门。

1. 电动列车的电控气动内藏嵌入式移门

如图4-35所示,通常每节车辆两侧各设置了4~5组客室车门,每组车门由驱动气缸、门控电磁阀、机械传动系统、行程开关和门叶等几部分组成。

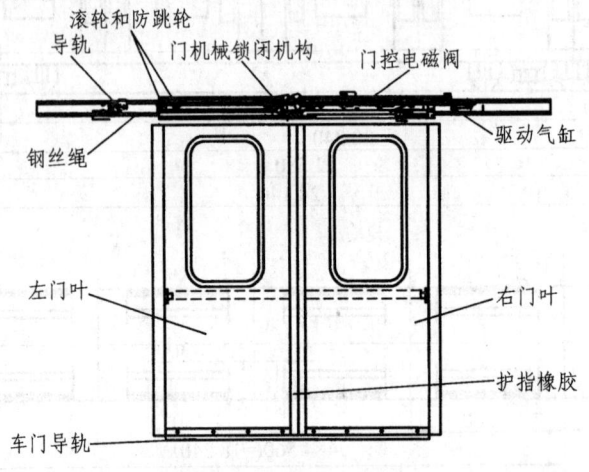

图4-35 内藏嵌入式移门

客室车门的主要参数见表4-2。

表4-2 客室车门的主要技术参数

名称	技术参数
门框宽度	1450_{-10}^{0} mm
门框高度	1860_{-10}^{0} mm
车门开度	(1300 ± 4) mm
门叶厚度	32 mm
机械装置高度(距轨面)	2800 mm
开、关门时间	(2 ± 0.5) s
电源电压	DC 110 $(1\pm30\%)$ V
工作温度	$-12\sim+40$ ℃
工作湿度	≤90%
压缩空气工作压力	0.33~0.38 MPa
关门夹紧力	110~130 N

2. 电动列车的电动式塞拉门

如图 4-36 所示，通常每节车辆两侧各设置了 4~5 组客室车门，每组车门由直流电动机驱动，通过丝杠螺母、门控单元驱动机构传动，采用先进的电子门控单元控制，对车门零部件的安装尺寸有非常高的要求，任何零部件的安装尺寸稍有超差，将直接影响到程序控制的计算机处理能力的失效，导致开、关车门的故障。

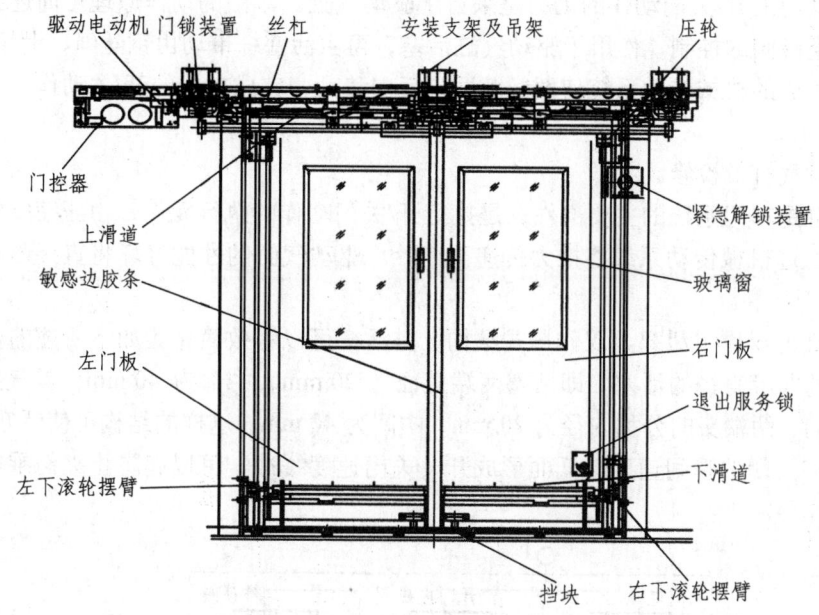

图 4-36 电动式塞拉门

客室车门的主要技术参数见表 4-3。

表 4-3 客室车门的主要技术参数

名称	技术参数
车门开度	（1 400±4）mm
门框高度	1 950 mm
顶部	80 mm
底部	55 mm
门厚度	32 mm
开、关门时间	（3±0.5）s
电源电压	DC110+（77~137.5）V
工作温度	−25~+70 ℃
关门加紧力	150~280 N

本节主要介绍电动列车的电控气动内藏嵌入式移门的检修及调试、电动塞拉门的检修、其他各型车门的检修。在检修中所需设备：划线笔、手动润滑枪等；干净抹布、3#锂基脂、甲基硅油 201-100、螺纹锁固胶等。

一、电动列车的电控气动内藏嵌入式移门的检修

(一)客室车门检修

1. 客室车门的机械结构及检修

电控气动门的开/关门动作的动力是来自于驱动气缸。车门的动作原理可简述为:压缩空气经过门控电磁阀的控制,作用于驱动气缸活塞,再由活塞杆带动由钢丝绳、滑轮、防跳轮、滚轮和导轨组成的机械传动系统使两门叶同步反向移动,完成车门的开/关动作。其控制原理如图 4-37 所示。

(1) 驱动气缸及检修。

驱动气缸是车门系统的主要部件,是执行开/关门动作的执行元件,由压缩空气推动其活塞运动,再通过机械传动系统将推力传递至门叶。驱动气缸的性能好坏将直接影响到车门的开/关动作是否可靠。

驱动气缸为双作用活塞、双作用式结构,其活塞可以等效简化为如下所述的模型:对称的带有台阶的非等直径的活塞,即活塞两端直径为 20 mm,中部为 40 mm;其气缸的内径也是非等直径的,两端头的公称内径为 20 mm,中间为 40 mm。这样的结构可使活塞变速运动,在车门打开和关闭的瞬间速度降低而形成开、关门速度缓冲,可以起防止夹伤乘客以及降低冲击噪声的作用。

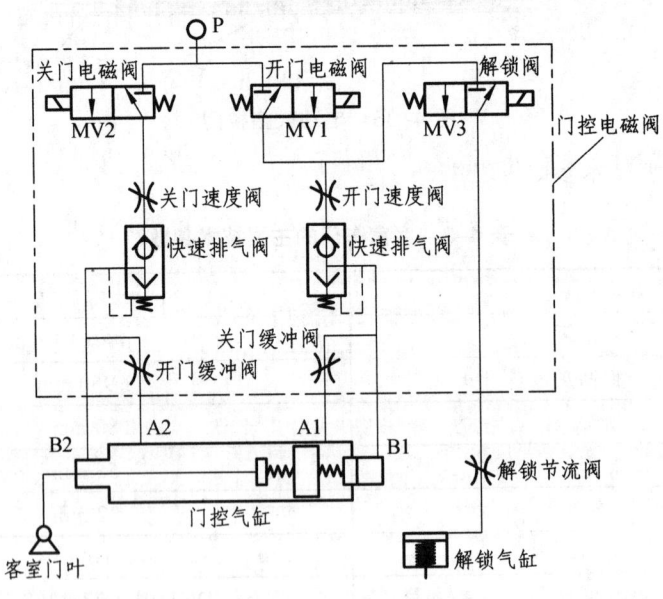

图 4-37 电控气动门气路控制原理图

A1、A2、B1、B2—门控气缸的进排气口;MV1、MV2、MV3—门控电磁阀

气缸的尾座是铰接连接,活塞杆的头部是球铰连接,因此整个气缸是处于浮动状态,不会因车体变形而使活塞在气缸内产生卡死现象。

对驱动气缸检修如下:

① 清洗气缸缸体及其所有零部件。

② 检查缸体和活塞组件的滑动接触部位有无损伤。
③ 更换所有的橡胶圈和橡胶垫。
④ 更换所有的缓冲弹簧。
⑤ 检查连接气管的接头及其密封套是否良好。
⑥ 润滑气缸的缸体内壁、活塞杆、活塞、橡胶圈的滑动接触部位。
⑦ 将气缸接入检测试验台，检查气缸的动作和缓冲功能。
⑧ 检查气缸是否有漏气现象。

(2) 门控电磁阀作用及检修。

门控电磁阀是由 3 个两位三通电磁阀（MV1、MV2、MV3）和 4 个节流阀、2 个快速排气阀组成的集成阀。

MV1、MV2 和 MV3 电磁阀分别为开门、关门和解锁电磁阀。4 个节流阀的功能分别为调节开门速度、关门速度、开门缓冲和关门缓冲。2 个快速排气阀的功能是：主气缸两端排气管通过快速排气阀排向大气，它相当于一个双向选择阀，它的排气口是常开的，当驱动气缸通过它充气时，其阀芯将排气口关闭。

对门控电磁阀检修如下：
① 用无油压缩空气对阀体及其零部件进行吹扫清洁。
② 更换所有阀芯的橡胶密封件。
③ 检查所有调节螺栓的磨损情况，若磨损严重则需更换。
④ 检查快速排气阀的消声板、塑料垫圈和弹簧是否损坏，若损坏则需更换。
⑤ 检查钢丝挡圈是否损坏，若损坏则需更换。
⑥ 检查所有阀芯的磨损情况，若磨损严重则需更换。
⑦ 将检修后的电磁阀在试验台上进行试验，检测其功能是否正常。

(3) 机械传动系统的作用及检修。

机械传动系统的作用是将驱动气缸活塞杆的运动传递至两扇门叶，使车门动作。机械传动系统主要由钢丝绳、滑轮、防跳轮、滚轮和上下导轨等组成。活塞杆的端头与一扇门叶及钢丝绳的一边相连接，而另一扇门叶与钢丝绳的另一边相连接，则使得门叶在活塞杆运动时，能同步反向移动。每扇门叶的顶部装有两个尼龙防跳轮和两个尼龙滚轮，通过滚轮吊嵌在 C 字形的导轨内，只要调整好防跳轮与导轨的间隙，就可使门叶在导轨内平稳而灵活的滑动。防跳轮与导轨的间隙一般调整为：车两端的车门为 $0 \sim 0.3$ mm，而中间车门为 $0 \sim 0.5$ mm。若门叶在运动时有跳动现象，则可适当减小其间隙，但要保证车体在承受最大载荷时，也即当车体有一定挠度时，车门也能正常地开/关。上下导轨是用来支撑和引导车门运动的。

对机械传动系统检修如下：
① 用抹布和中性清洁剂清洗导轨和所有其他零部件。
② 检查导轨工作表面是否磨损或腐蚀，导轨安装是否有松动或变形。
③ 更换所有尼龙防跳轮、滚轮和滑轮。
④ 检查钢丝绳是否有断股或拉毛的现象，检查钢丝绳头部的螺纹是否有损坏。
⑤ 用专用润滑剂润滑钢丝绳。

(4) 门叶及检修。

客室车门的门叶内、外表面采用的是 1 mm 厚的铝合金板，内部为铝箔构成的蜂窝状结构，以提高门叶的抗弯刚度和减轻重量，面板与蜂窝结构采用胶粘剂加温加压粘接成一个整体。门叶上部装有由钢化玻璃及氯丁橡胶密封条组成的玻璃窗。门叶的中心处应可承受 90 kg 的横向载荷，而其挠度应不大于 6.2 mm。门叶的左右边装有橡胶密封条，保证门叶关闭时密封良好。门叶前边的橡胶条又称为护指橡胶，在车门关闭瞬间起保护乘客免于被夹伤的作用。

对门叶进行的检修如下：

① 用抹布和中性清洁剂清洁门叶。
② 检查门板是否损坏，损坏严重则应局部修补。
③ 检查门板是否扭曲变形，并采取措施加以校正。
④ 检查门板上下侧的密封刷是否损坏，若稍有损坏就更换。
⑤ 检查门锁销的磨损状况，酌情更换。
⑥ 更换门叶前后侧的密封橡胶条。
⑦ 更换门窗玻璃安装橡胶条。
⑧ 更换门叶下侧的尼龙磨耗条。

(5) 行程开关及检修。

行程开关是监控车门开/关动作的限位开关，车门进行开/关动作时，行程开关把车门的机械动作变成电信号反映到车门的监控回路，使驾驶员随时可了解车门的开/关状态。S1、S2、S3、S4 4 个行程开关分别对门钩位置、关门行程、门控切除及紧急手柄位置进行监控和显示。

S1 为门钩位置行程开关，当门钩锁闭时，其 1/2 触点（常开）合上，3/4 触点（常闭）断开，反之则是门钩尚未正常锁闭。S1 指示门钩锁闭与否的信息。

S2 为门叶行程开关，当门叶关闭时，其 1/2 触点（常开）合上，3/4 触点（常闭）断开，反之则是门叶尚未正常关闭。S2 指示门叶关闭与否的信息。

S3 是车门紧急切除开关，故在正常情况下，是常闭导通的。其中它的 1/2 触点闭合时为正常状态，3/4 触点闭合时为车门切除状态。当某扇车门由于故障而不能正常开/关时，使用方孔钥匙将应急拉手旁的 S3 行程开关的 3/4 触点合上，1/2 触点断开，从而将该扇门的监控回路短接。即将该扇门的控制电路切除，使该车门始终处于关闭状态而不能开起，以确保列车还能正常运营。

S4 为紧急开门装置的限位开关，有如下两种情况：

① 在 ATP 系统开通时，当客室内的紧急手柄被拉下时，S1 和 S4 两个行程开关同时动作，此时 S1 的 1/2 触点断开，致使 8K17 继电器失电，并引起 8K9 继电器也失电，列车将自动紧急停车，同时此时关门电磁阀也失电，且由于紧急手柄的动作使门锁也被打开，车门可由人工开起。另外由于 S4 的 3/4 触点的合上，则向驾驶员报警，显示客室里有异常情况发生。

② 在 ATP 系统关闭时，当客室内的紧急手柄被拉下时，S4 的 3/4 触点的合上，则向驾驶员报警，客室有异常情况，但是列车不会自动停车。

行程开关为易损件，损坏时只能更换新件。

(6) 其他零部件的检修。

① 用抹布和无油压缩空气清洁吹扫安装门控系统的车体部位。
② 清洁和检查解锁气缸动作的灵活性，并润滑其活塞杆。
③ 清洁和检查解锁气缸的节流阀是否良好。
④ 更换门钩复位弹簧和门钩复位弹簧销。

⑤ 更换门钩限位销。
⑥ 更换开门/关门的橡胶止挡。
⑦ 清洁和检查紧急开门装置状态。
⑧ 检查车门外侧防挤变形限位滚轮是否有损坏。
⑨ 检查车门防挤变形导向磨耗板是否松动。
⑩ 检查内侧、外侧门槛条是否松动、损坏或变形。

2. 客室车门的调试

(1) 钢丝绳的松紧调整。

① 在距门钩中心向左 165 mm 处秤砣悬挂处进行测量，要求上下钢丝绳之间的距离为 (15±3) mm。

② 调整钢丝绳六角头螺栓、螺母，且使上下两根六角杆的露头部分的长度应基本一致，以便今后检修和调节方便。

(2) 调整两门护指橡胶侧边之间的距离。

① 两门护指橡胶侧边之间距：在距门上端 150 mm 的范围内测量应为 84 mm；在距门下端 150 mm 的范围内测量应为 82 mm，即上下间距差为 2 mm。

② 调节左/右叶滚轮的最大轮径处均需偏向右侧（观察者在客室内面向门）。

(3) 偏心防跳轮调整。

① 在两门叶接近关闭时，应调整两端头两扇门防跳轮上缘与门导轨间隙为 0.1～0.3 mm，中间一扇门间隙为 0.1～0.5 mm，其余两扇门为 0.1～0.4 mm。在门移动的整个过程中，对所有门而言，应保持偏心防跳轮与导轨的间隙为 0.1～0.5 mm。

② 调节左/右门叶上偏心防跳轮的最大轮径处均需偏向左侧（观察者在客室内面向门）。

(4) 调整门锁钩与门锁销之间的间隙（有电作业）。在通电条件下，调整关门止挡，使得门钩与两门叶上的两个锁销之间的间隙为 1.0～1.5 mm，且两边间隙均匀。

(5) 调整车门开度为 (1 400±4) mm。

(6) 开/关门速度、缓冲调整（有电作业）：

① 门开/关时间均为 (3±0.5) s。

② 在距门完全开/关前 140～170 mm 范围的位置上有缓冲动作。

(7) S1 行程开关调整。调整 S1 行程开关，使得其滚轮与安装于 S 钩上的扇形板接触面之间的间隙不大于 1 mm，且扇形板须在滚轮中间。

(8) S2 行程开关调整。调整 S2 行程开关须满足：关门时，在车门两护指橡胶条中央距地板面 1m 的位置处放置尺寸为 30 mm×60 mm（30 mm 宽度置于水平位）的木块，S2 断开；正常关门时，S2 接通。

(9) 客室门槛条的调整。车门下滑槽与门板间隙为 1～2 mm；车门开关时不能与门框发生摩擦。

(10) 空气管路的泄漏检查。用肥皂水检查所有空气管路连接处，应无泄漏。

(11) 检查关门夹紧力。关门夹紧力应为 150～160 N。

(12) 全面检查：检查各部分电气以及 S1、S4 行程开关，保证插头接触良好、功能正常；门叶滑动时与各电气线路、气管路无摩擦和碰撞现象及其他异常声响。

（二）其他内藏式移门的检修

1. 驾驶室侧门检修

在驾驶室两侧墙上各设有一扇单叶的内藏式滑动移门，其结构与客室车门相近，但没有气动驱动装置，由人工控制，以供驾驶员上下车。

驾驶室车门可以做如下检修：

（1）检查和清洁门叶导轨：门导轨的滑动面应光滑清洁，无异物；门导轨的外侧面与车体侧墙外侧面的间隙应为（48±1）mm，门导轨应安装牢固无松动。

（2）检查门锁：检查门锁钩板的复位弹簧应良好，并润滑其摩擦部位。

（3）清洁并检查门叶：外观应平整、油漆良好，毛刷应完好无损。

（4）清洁和检查门槛条：应完好无损、安装牢固、无污垢。门叶与门槛条间隙为1～2 mm。

2. 紧急疏散安全门检修

紧急疏散安全门设置在A车驾驶室驾驶台的前端墙上。列车在隧道内运行时一旦发生火灾，驾驶员可打开紧急疏散安全门，引导乘客通过紧急疏散安全门走向路基，然后向两端的车站疏散。在驾驶室内或室外都可开起紧急疏散门，一旦门锁开起，车门能自动倒向路基。

对紧急疏散安全门检修如下：

（1）清洁安全疏散门及门上各部件。

（2）检查门叶、气缸和门上其他各部件，必须完好无损、安装牢固。

（3）检查行程开关的功能。

（4）润滑扶手各转动支点、钢丝绳和弹簧锁。

3. 驾驶室通道门检修

在驾驶室后端墙中间设有一个与客室相通的通道门，在客室一侧没有开门把手，在正常情况下不允许乘客开起，当乘客发现危险性事故的特殊情况时，可以起用该门上方的红色紧急拉手，开起通道门。

对通道门的检修如下：

（1）检查通道门及其门锁的安装、功能和外观，必须完好无损、安装牢固并开闭作用良好，门下通风板无破损。

（2）检查、清洁和润滑门铰链，门铰链应功能良好、安装牢固并适当润滑。

二、电动塞拉门的检修

（一）客室门检查检修

（1）客室门各装配部件的螺钉应紧固良好、无松动，防松线标记明显。如果螺钉松动，那么必须拆除、清洁，再涂上乐泰胶进行紧固，并重新补划防松线。

（2）上下导轨清洁无异物，无变形。丝杠螺母、导柱与轴承间配合良好。

（3）门叶外观整洁，玻璃无破损，密封良好，门叶胶条无异常磨损。门叶无变形，损伤。

开门后门叶上下部摆出尺寸满足52～58 mm(左右门叶的摆出距离最大相差±2 mm),如图4-38所示。

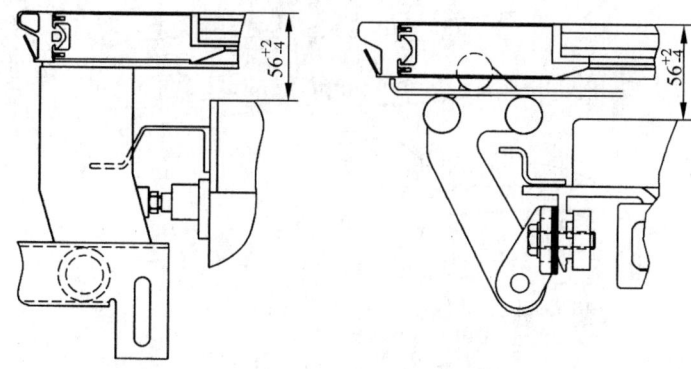

图 4-38　车门开门后的状态

（4）检查车门电路部分以及地线接线牢固,应无松动、无虚接。电线表面无破损。

（5）检查门控器各插头是否安插到位,通信插头紧固螺栓是否松动。连接控制线是否紧固良好,无松动。

（6）使用手动润滑枪,用 $3^{\#}$ 锂基脂对下列部位进行润滑。

① 润滑导柱和2个携门架中的直线轴承,用量:每个直线轴承及导柱用4～6 g的润滑油。

② 对整个丝杠和3个短导柱进行润滑:将润滑脂均匀地涂抹在丝杠和短导柱的表面上,完成后需手动开关门2～3次。

③ 对上滑道圆弧处、下滑道内侧、平衡压轮周边进行润滑。

（7）用甲基硅油对门周边胶条进行润滑,在润滑后,需用一块干净的布擦干护指胶条。

注意:在涂任何新润滑剂前,必须擦干净部件上原来的润滑剂和灰尘。

（8）客室车门的测试与调整。

① 检查测量客室车门的净开度,净开度标准为:(1 300±10) mm。

② 检查车门的 V 形情况:在门全关闭后,即两页门叶下部紧密接触,两门扇上部存在2～5 mm 的间隙。若出现 V 形,需松开两个下滑道,保证门叶没有被滚轮摆臂组件夹持着,通过转动每个携门架安装板上的偏心轮进行调整。

③ 操作各门的紧急解锁装置后,确认制动装置的齿间间隙满足1.5～2 mm,如图4-39所示。

④ 检查铰链板上挡卡(开口销)应装配正确,无脱落,调节锁紧螺母无松动。

⑤ 检查紧急解锁钢丝绳和套管、夹头等情况应正常,无损坏。若更换,则要求钢丝绳每个拐角处的半径满足 $R \geqslant 200$ mm 的要求。

⑥ 将门槛下挡销槽清理干净,避免关门时,影响下挡销的进出。在门关闭且锁紧后,检查门板下部挡销与门槛位置:底部间隙应为2～3 mm,侧面间隙应为0.5～1 mm,并且在门开关过程中,挡销不应该与门槛上的挡块碰撞,最后分别将下挡销及挡销固定螺栓打上防松线。检查挡块及门槛的安装固定情况,如果出现松动,需重新涂上乐泰胶,然后将其紧固。

⑦ 将所有客室门下摆臂滚轮拆下,然后重新涂上乐泰胶,将其紧固。将所有下摆臂滚轮的防松线进行重新标记。

⑧ 检查及调整门到位开关位置:

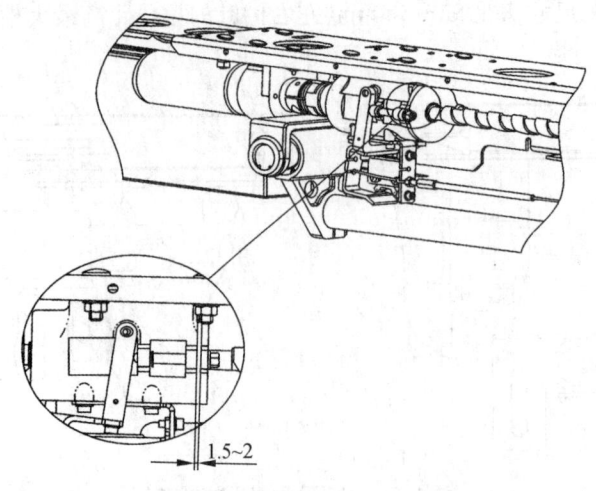

图 4-39 制动装置的齿间间隙示意图

a. 当门处于关闭位置时,该开关处于松开的状态,测量门处于关闭位置时左右携门架组件中运动小车之间的距离为 X。手动开门,再手动慢慢地使门板位于关闭位置,关门限位开关应在距尺寸 X 还有 3.5^{+1}_{0} mm 时动作,若不能满足上述要求,需通过调整限位开关组件安装板的位置来完成。在门关闭后,手动门到位开关可以移动,如图 4-40 所示。

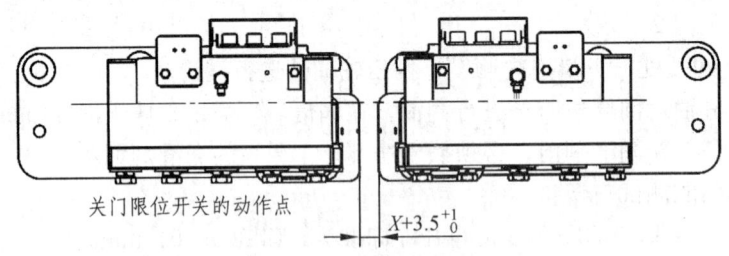

图 4-40 限位开关调整图

b. 手动将门叶打开,将门到位开关用力扳到最大行程位置,检查其是否能平滑的复位,是否有卡滞现象,如果出现卡滞时需对门到位开关进行更换。

⑨ 检查平衡压轮:检查压轮轴的台阶与门扇上压轮槽的台阶之间的间隙满足 1~2 mm,并且门关闭后,门板相互平行,滚轮接触压板,很难转动。

⑩ 障碍检测功能:关门时,用截面 30 mm×60 mm 长方体或直径 30 mm 的圆柱体测试物进行检查,出现三次防挤压后,门处于完全打开状态。

⑪ 检查隔离锁功能:通过方形钥匙操作门右下角隔离锁,门隔离指示灯亮,并且手动可以开门。

⑫ 手动开关门时,检查门机构是否有卡滞现象,是否有异响;电动开关门时,门机构是否有异响。如有需对门机构进行调整。

⑬ 检查客室门下部门槛固定螺栓是否有松动,如有松动,需重新涂上乐泰胶,然后将其紧固。

（二）驾驶室门检查检修

（1）车内用旋钮开锁，并用把手将门打开，车内手动将门关上同时锁叉应处于二级啮合位置，动作正常。

（2）车外用保险锁钥匙打开保险，并用四方钥匙开锁，通过把手开门，车外手动将门关上，同时检查锁叉应处于二级啮合位置，一切正常。

（3）打开手把的罩板。

① 检查内部固定螺钉应紧固良好。

② 检查活动机构的磨耗情况：如果磨耗严重，影响正常的开关门，需对磨耗件进行更换。

③ 将内锁体下端调整螺母拆下，涂上螺纹锁固胶。在调整完毕后，将调整螺母进行紧固，然后打上防松线。注：螺母调整位置为能正常的开关门即可。

④ 将把手复位弹簧全部进行更换。

⑤ 检查把手应无开焊、裂纹。

（4）检查玻璃是否有划伤，检查门扇胶条、玻璃胶条是否有撕裂破损现象。

（5）检查上下滑道位置以及安装固定情况是否正常；滑道应无变形，润滑情况良好。

（6）检查平衡压轮与车门的压紧情况（滚轮接触压板且很难转动），如图 4-41 所示。压轮轴的台阶与门扇上压轮槽的台阶之间的间隙为 1~2 mm。检查平衡压轮的定位螺栓是否调整到位，调整后需将其紧固，并打上防松线。

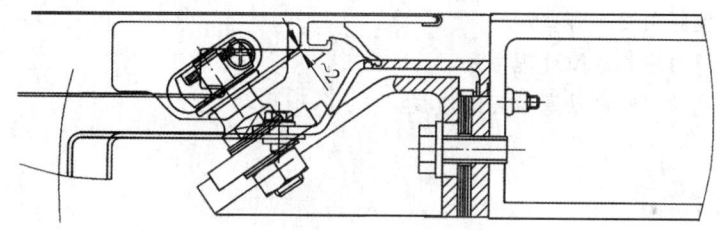

图 4-41 平衡压轮位置图

（7）在门关闭且锁紧后，检查门板下部挡销与门槛位置：底部间隙为 2~3 mm，侧面间隙为 0.5~1 mm，并且在门开关过程中，挡销不应该与门槛上的挡块碰撞。检查挡块在门槛上的安装固定情况，紧固松动螺钉，最后分别将下挡销及挡销固定螺栓打上防松线。

（8）用 3# 锂基脂润滑驱动机构的长圆导柱、上滑道、下滑道内侧、锁叉与锁挡的啮合面、平衡压轮周边。

（9）检查门到位行程开关及撞块的固定螺栓应紧固良好，如果出现松动，需将其紧固，并打上防松线。

（10）将驾驶室门下摆臂滚轮拆下，涂上乐泰胶，然后将其紧固，并打上防松线。下摆臂装置安装固定良好，滚轮状态正常，无异常磨损。

（11）检查驾驶室门锁挡、锁舌，应无裂纹，无卡滞，活动正常，安装良好；锁挡无开焊、无松动、无异扣现象，在关门时锁挡与锁舌啮合良好，无卡滞，轻微或用力关门时，驾驶室门都应该能够正常锁闭。

（12）将驾驶室门锁挡、锁舌进行润滑。润滑油脂用 3# 锂基润滑脂。

(13) 检查车门与门槛间的贴合紧密性是否良好：关门时，在门扇和门框密封胶条间夹入宽 70 mm、厚 0.3 mm 的纸条（可用两层报纸代替）应不易抽出。

(14) 清洗所有车门胶条（清洗液的 pH 值为 5~9），并对胶条进行润滑（甲基硅油）。

(15) 对驾驶室门进行淋雨试验，检查是否有漏雨现象。

（三）紧急逃生门检查检修

(1) 门外观情况良好、清洁、无损坏。
(2) 逃生标识、操作指示清晰可见，无损坏。
(3) 门关闭时，密封良好、胶条无损坏。
(4) 对紧急逃生门进行淋雨试验，检查是否有漏雨现象。

复习思考题

1. 简述城轨车辆客室车门的不同分类。
2. 简述城轨车辆电控气动门的作用原理。
3. 简述城轨车辆电动塞拉门的作用原理。
4. 塞拉门的检修项目有哪些？
5. 叙述塞拉门的应急故障处理方法。
6. 写出电控气动门和电动塞拉门的组成。

第五节 制动系统及制动机部件的检修

目前,城市轨道交通车辆一般采用模拟式指令式电-空制动系统,它用一条列车控制线贯通整列车,形成连续回路。模拟制动系统的操作指令是采用模拟电指令控制压力空气,由压力空气再控制压力空气的控制方式。制动的电指令是采用脉冲宽度调制信号,能进行无级制动控制。

本节主要介绍上海地铁所使用的德国克诺尔(KNORR)制动机公司生产的模拟式电-空制动机的检修和安装。认识相关的检测设备及检修过程中需要使用的工具、工装设备等;制动系统各部件的检测,并掌握检修方法。所需工具与设备为:个人工具箱、17 内六角扳手、管钳、毛刷、强光手电、秒表、空气压缩机测试试验台、压力露点计或相对湿度计、温度计、BCU 专用测试试验台、KNORRK 型环专用安装工具、取膜器、活塞检查环规。所需物品为:研磨砂纸、各种油脂、空气压缩机油、滤芯、干净抹布、聚四氟乙烯生料带、肥皂水。

一、供气设备的检修

(一)空气压缩机的检修

图 4-42 所示为 VV120 空气压缩机原理图,图 4-43 所示为 VV120 空气压缩机外形图。

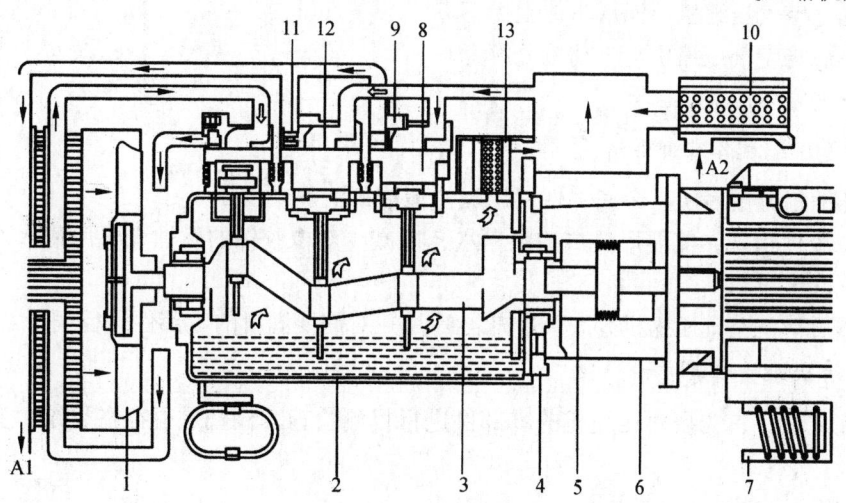

图 4-42 VV120 空气压缩机原理图

1—风扇叶轮;2—曲轴箱;3—曲轴;4—油计量器;5—连轴节;6—中央法兰;7—弹性装置;8—气缸;
9—安全阀;10—空气滤清器;11—排气阀;12—进气阀;13—油收集器;
A1—空气进口;A2—空气出口

图 4-43　VV120 空气压缩机外形图

上海地铁列车大多以 A、B、C 三辆车为一个单元，所以其供气也是以单元来设计的，每一单元设置一套空气压缩机组，其中包括驱动电动机、压缩机、干燥器、压力控制开关等。车辆的制动系统及其他一些子系统所使用的压缩空气都是由压缩机组生产的。电动机通过联轴节直接驱动空气压缩机。空气压缩机生产的压缩空气必须经过空气干燥器后才能使其成为洁净的干燥的压缩空气供各用气系统使用。

目前，上海地铁多采用 VV120 型空气压缩机，因该压缩机结构紧凑且无架悬挂，特别适用于车下安装。VV120 型空气压缩机是两级压缩机，低压级有两个风缸，高压级有一个风缸，每个风缸有一个进气阀和排气阀。低压缸吸入空气并由滤气器清洁，经过压缩后进入中间冷却器进行冷却，再进入高压缸进一步压缩。在进入气路系统前，高压缸排出的高温、高压气体仍需要进入冷却器进行二次冷却。

对空气压缩机的检修要求如下：

1. 空气压缩机分解

(1) 先把空气压缩机单元从车体上拆下。

(2) 然后将空气压缩机与电动机分解开。

(3) 分解空气压缩机。

2. 空气压缩机各零部件清洗

(1) 压缩机分解后所有金属部件，用碱性清洁剂清洗。

(2) 橡胶件清洗，需要用温热的肥皂水，以减少对橡胶件的腐蚀，再用清水冲洗，最后用压缩空气吹干。

(3) 然后清洗空气压缩机外表及冷却器叶片并对需要润滑的零部件进行润滑。

3. 检查内部零件是否有损坏

清洗完成后，首先要对压缩机的零部件进行目测检查，检查是否存在裂纹、变形或锈蚀等损伤。

4. 重要部件检修

对于下列重要的部件，还必须进行详细的检查和测量，并根据需要，给予修复或更换。

(1) 曲轴检修。

① 检查曲轴有无裂纹。

② 检查曲轴的螺纹是否有损坏。

③ 检查连杆支承点有无磨耗，某些轻微拉伤可经抛光修复。

④ 如果支承点磨耗严重或是褪色严重，或是实际尺寸已超出极限，则要更换整个曲轴。

(2) 活塞和活塞销检修。

① 检查活塞表面，如出现较大的拉伤，则要更换整个活塞。

② 检查活塞销有无拉伤和擦伤。其表面应该平滑无拉伤，否则应更换活塞销。

③ 如果活塞或活塞销的实际尺寸超出了其报废尺寸的极限，则应更换该活塞或活塞销。

注意：如果要更换活塞，应整套更换连杆活塞总成，包括活塞环、活塞销和保持圈。在空气压缩机大修时，以下部件必须更换：轴承、针套、连杆轴承的导向环、活塞环、吸气/排气阀、锁紧环、弹簧垫圈、轴密封环、密封圈、O 形环和轴承环等。

5. 空气压缩机测试

在空气压缩机装配完成后，应检验空气压缩机的功能是否正常。因此需要有专用试验台，对空气压缩机单元的相关功能进行测试，在试验中，主要测量、控制下列参数：

(1) 吸气口温度（即环境温度）。

(2) 第一级压缩（低压压缩）后温度（未经冷却）。

(3) 第一级压缩（低压压缩）后温度（经冷却）。

(4) 第二级压缩（高压压缩）后温度（未经冷却）。

(5) 第二级压缩（高压压缩）后温度（经冷却）。

(6) 空载情况下的输出压力。

(7) 满负载情况下的输出压力。

(8) 电动机转速。

注：先将空气压缩机热机运行 20 min，空气压缩机油至热油状态，热后放油，注意热油防止烫伤。将 3 L 空气压缩机油注入空气压缩机冲洗，启动空气压缩机，将油加热后放出（注油和放油时，应对角注放）。然后再注入 3 L 空气压缩机油冲洗，打热后放出。冲洗完毕后，将 3.5~3.7 L 空气压缩机油注入空气压缩机。新油加注更换完毕。

新车运行 3 000 km，更换空气压缩机油，其他车辆空气压缩机的压缩机运行 2 000 h 或 1 年应更换机油，也可视机油乳化情况提前更换。

（二）空气干燥器检修

空气压缩机输出的高压力的压缩空气中含有较高的水分和油分，必须经过空气干燥器将其中的水分和油分排去才能达到车辆上各用气系统对压缩空气的要求。

空气干燥器一般都是塔式的，有单塔式和双塔式两种。目前，上海地铁双塔式干燥器使用的比较多。

双塔式空气干燥器，如图 4-44 所示。它是由油水分离器、干燥筒、排水阀、止回阀和消声器等组成的。在油水分离器中存有许多拉希格圈（这是一种用铜片或铝片做成的有微小缝隙的小圆筒），干燥器则是一个网形的大圆筒，其中盛满颗粒状的干燥剂。

空气干燥器无需特殊保养，一般只做常规检查。由于空气干燥器里没有移动部件，因此一般不会有磨损的问题。如果发生故障需要修理时，需作如下检修：

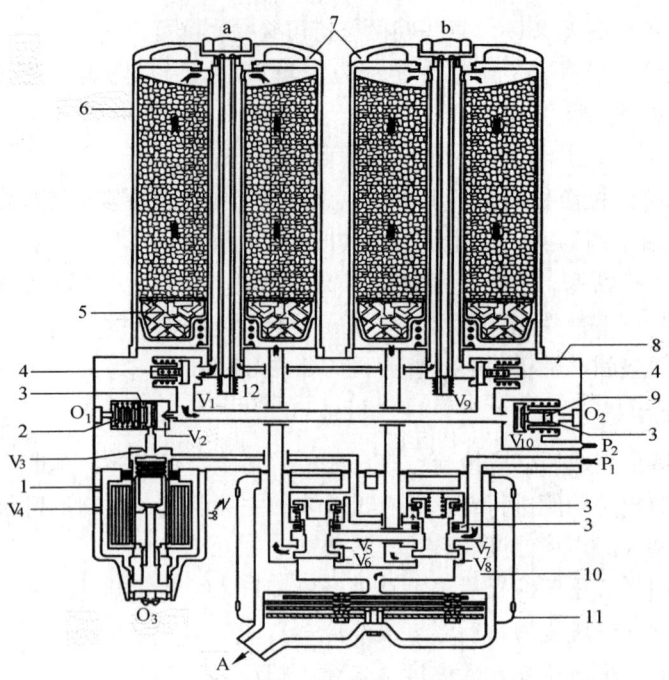

图 4-44 双塔式空气干燥器作用原理图

（干燥筒 7a 为吸附工况，干燥筒 7b 为干燥工况）

1—电磁阀；2—控制阀；3—克诺尔 K 形环；4—止回阀；5—油水分离器；6—吸附剂；7—干燥筒；8—干燥器座；9—旁通阀；10—双活塞阀；11—隔热材料；12—再生节流孔；A—排泄口；$O_1 \sim O_3$—排气口；P_1—进气口；P_2—出气口；$V_1 \sim V_{10}$—阀座

1. 空气干燥器分解检查

拆开空气干燥器，必须首先要对分解后的干燥过滤器零部件进行清洁，并检查是否有裂纹、变形或锈蚀等损伤。

2. 干燥剂更换

如果在排水阀的出口处有白色沉淀物或是干燥剂过饱和，必须检查干燥剂，如有必要则要更换。一般来说，干燥剂每 4～5 年需要更换 1 次。

3. 拉希格圈清洗

用于吸油的拉希格圈，可以用碱性清洁剂清洗，再用清水洗涤，最后用压缩空气吹干即可。

4. 进行功能测试

干燥过滤器组装完成后，应对它的功能进行测试，测试应在专用试验设备上进行。试验主要检查干燥器是否有泄漏、排泄功能是否正常、消声器的工作效果等。按照设计要求，经过干燥的压缩空气，其相对湿度应小于 35%，这是必须要测试的项目，可以使用压力露点计或相对湿度计来检查其是否达到要求。

（三）干式空气滤清器的维护及更换说明

（1）遵守产品安全手册要求，检修工作只允许由受过专业培训的人员在授权车间进行，使用 KNORR 原装备件，必须保证在两次检修之间供气设备功能正常。

（2）内置干式空气滤清器可通过观察作为附加装置的真空指示器，当发现滤清器内侧脏污时及时保养维护。

注：压缩机组运行 1 000 h 或最迟 1 年后更换干式空气滤清器。

二、制动控制单元 BCU 的检修

制动控制单元是空气制动的核心部分，它接受制动系统微处理器（EBCU）的指令，然后再指示制动执行部件动作。其组成部分主要有：模拟转换阀、紧急阀、称重阀、均衡阀等。这些部件都安装在一块铝合金的气路板上，犹如电子分立元件安装在印制线路板上一样，实现了集成化。这样可避免用管道连接而造成容易泄漏和所占空间大等问题。而且在气路板上还装置了一些测试接口，要测量各个控制压力和制动缸压力，只要在这块气路板上就可测量，这将方便了检修保养工作。同样，整个气路板的安装、调试和检修都很方便，制动控制单元的气路如图 4-45 所示。

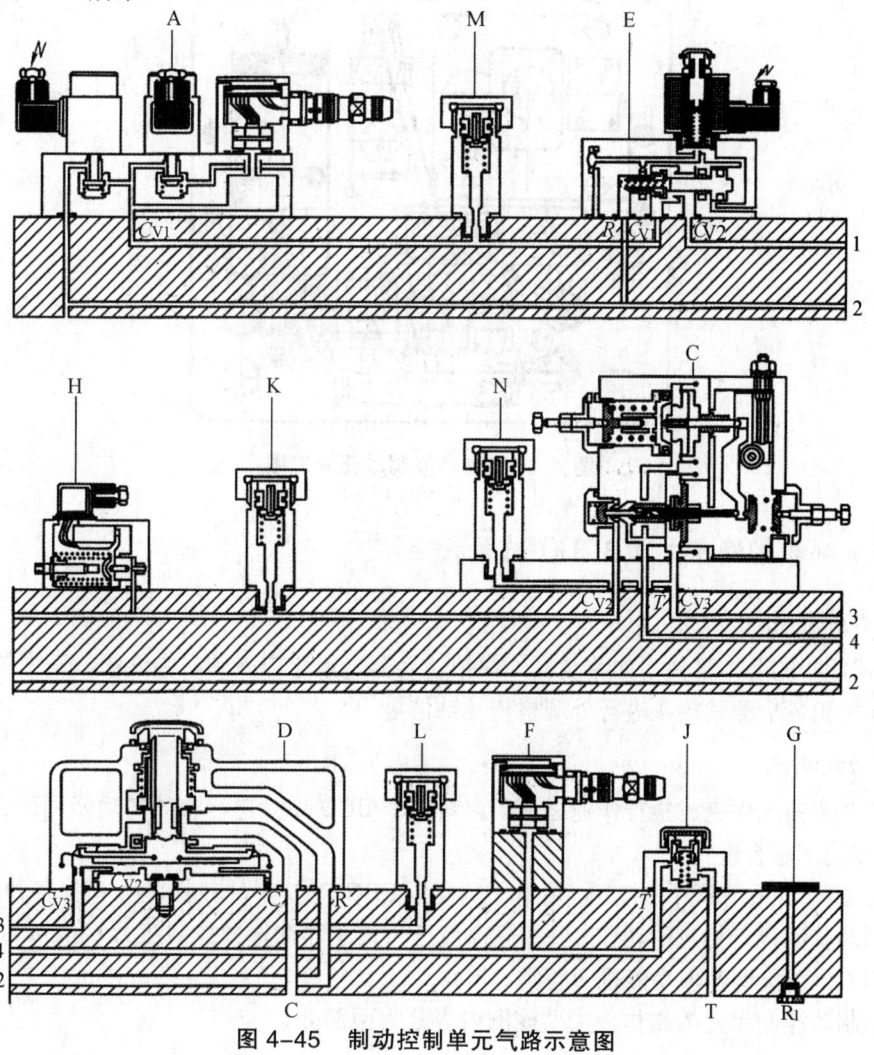

图 4-45　制动控制单元气路示意图

制动控制单元的工作原理如图 4-46 所示,制动控制单元外形如图 4-47 所示。图中:A 为模拟电磁阀,D 为中继阀,C 为空重车调整阀,E 为紧急电磁阀,F 为压力传感器,H 为压力开关,K、L、M、N 为压力测试口,R 为制动风缸气路;BCU 及其部件的检修如下:

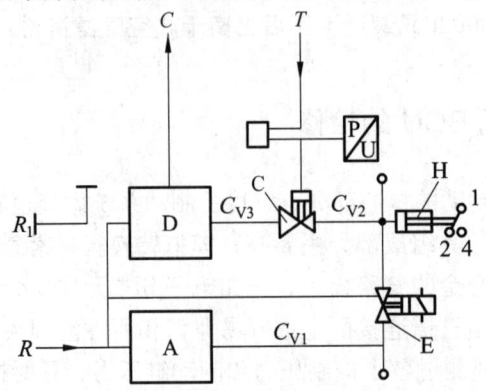

图 4-46 制动控制单元工作原理图

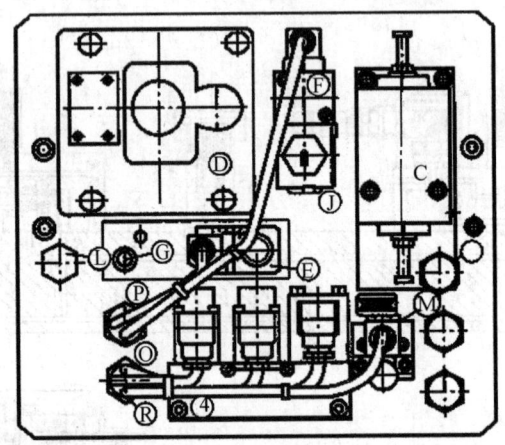

图 4-47 制动控制单元外形图

(一)制动控制单元(BCU)的检修

1. 部件外观检查

对 BCU 中的各个部件,如称重阀、模拟转换器、紧急电磁阀、中继阀、压力传感器、预控压力开关和各个测试接头进行外观检查及清洁。

2. 功能测试

在各个单独元件完成检查作业之后,应对整个 BCU 单元进行整体的功能测试。测试需要在 BCU 专用试验台进行。

BCU 试验台采用单片机控制,用单片机模拟 EBCU 的电气控制信号,模拟各种制动工况,控制气制动单元执行相应的动作,并用高精度压力传感器测量预控制压力 C_{V1}、C_{V2}、C_{V3} 和制动缸压力 C,以检测各项功能是否正常。

根据制动控制单元的结构,主要检测内容分为两部分:

(1) 综合测试。

① 全常用制动测试。主要在紧急电磁阀得电的情况下，检测制动缸的压力是否与 EBCU 给出的控制压力一致，并给出特性曲线。

② 紧急制动测试。主要检测在紧急制动的情况下，制动气缸的压力与载荷压力的关系是否一致，并给出特性曲线。

(2) 分项测试。

① 模拟阀检测。测试模拟阀的输出压力 C_{V1}，与给定的控制电压是否一致，并给出模拟阀的转换特性曲线。

② 压力开关检测。当预控制压力 C_{V2} 变化时，压力开关的回环特性是否与设定值相同。

③ 空重车调整阀检测。主要为当载荷压力 T 为 0.285 MPa 时，测试预控制压力 C_{V3} 与 C_{V2} 的对应曲线，以及当载荷压力 T 变化时预控压力 C_{V3} 的特性曲线。

④ 中继阀检测。主要检测制动缸压力 C 与预控制压力 C_{V3} 是否一致，并给出中继阀的特性曲线。

⑤ 紧急电磁阀测试。检测紧急电磁阀是否正常工作。

⑥ 压力传感器检测。检测压力传感器的输出是否与压力成正比，并给出压力传感器的特性曲线。

（二）BCU 部件检修

1. 模拟转换阀检修

模拟转换阀的组成如图 4-48 所示。

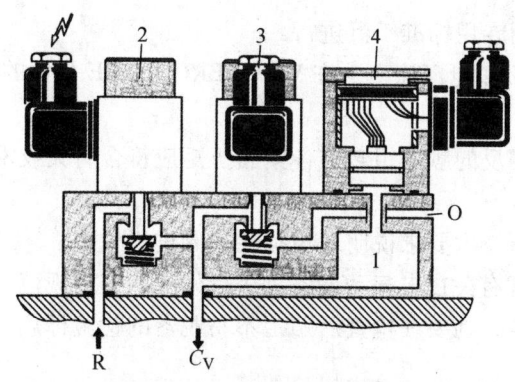

图 4-48 模拟转换阀

1—稳压气室；2—电气转换阀；3—电磁排气阀；4—气电转换阀 C_V—预控制压力；R—储风缸

(1) 电气转换比例阀：将电信号转换成气压信号的电磁阀。

(2) 电磁排气阀：气电转换器将气压信号转换成电信号。

当比例阀收到制动微机控制系统电脑（EBCU）的指令后，按其要求将阀芯打开，使制动储风缸的压力空气通过电气转换比例阀转变成预控制压力 C_{V1}，并送向紧急阀 E，与此同时，也送至气电转换器和排气阀，而气电转换器将压力信号转换成相对应的电信号，马上馈送回制动系统微处理器（EBCU），让 EBCU 将此信号与制动指令进行比较分析。其主要检修内容如下：

比例阀主要由电气转换阀、电磁排气阀和气电转换阀等电磁阀组成，其主要检修内容同一般电磁阀的检修。

(1) 分解。

阀的拆分工作需要使用专用标准工具。

(2) 清洁。

① 用化学清洁剂在一个 70~80 ℃ 的清洁池中清洗所有金属部件（不包括橡胶金属复合件），然后用压缩空气吹干。

② 励磁线圈和电枢应用一块浸过温肥皂水的抹布擦洗，随后立即用压缩空气吹干。吹干后立即给电枢轻轻地涂一层 WACKERCHEMIE 公司的硅酯 400，之后擦掉电枢上多余的硅酯。

(3) 检查。

① 应仔细检查已清洁部件的外观。如果出现裂纹、变形、腐蚀或螺纹变形等损伤，且受损部件看上去已经不能继续使用，则应予以更换。

② 对于某些部件，除必须进行目检以外，还需进行其他附加检查，主要部件如下：

a. 励磁线圈：仔细检查励磁线圈的保护层是否断裂、触针是否被锈蚀或已变形。用一个触点清整锉去除锈蚀。更换受损的励磁线圈。

b. 磁铁架：检查磁铁架内阀座的状况，如果阀座损坏，则应更换磁铁架。

c. 电枢：检查电枢的阀座橡胶密封件的凹陷情况，如果凹进 0.3 mm，则应更换电枢。

d. 压缩弹簧：压缩弹簧应符合规定的自由高和压缩高要求，并且其弹力值必须符合有关技术要求。

③ 每次检修时均应更换非金属环（如 O 形环）、垫圈和夹紧销。

(4) 组装。

① 组装工作需要使用专用标准工具进行。

② 组装前应给 O 形环和电枢涂上少许 WACKERCHEMIE 公司的硅酯 400，电枢上多余的硅酯要擦掉。

③ 应按与拆分工作相反的顺序组装。各紧固扭矩应符合有关技术要求。

(5) 测试。

① 应按照相关的检验技术要求说明对模拟转换阀进行检测。

② 进行检测时须注意有关在电气动设备上进行作业的安全规范。

③ 如果检验结果正常，则要在检查后贴上不易脱落的检验标志。

2. 紧急电磁阀检修

紧急电磁阀是一个电磁阀控制的二位三通阀，如图 4-49 所示。它的三个阀口分别通制动储风缸 A1、模拟转换阀输出口 A2、称重阀输入口 A3 及控制气流接口 A4。它主要由空心阀、阀座、弹簧、活塞、活塞杆和电磁阀组成。其中空心阀还起到阀口的作用，而活塞杆顶部做成阀口结构。

(1) 紧急电磁阀分解。

① 修理紧急电磁阀时除拆卸克诺尔 K 形环时需要用到一个安装专用钩外不需要任何特种工具。

② 如果紧急电磁阀的外表面看起来很脏，则须在开始工作之前先除去脏物。工作步骤一

定要按照相应的检修指南进行。在分拆时请注意不要损伤密封面和阀座。

(2) 清洁。

① 用化学清洁剂在一个 70~80 ℃ 的清洁池中清洗所有金属部件（不包括橡胶金属复合件），然后用压缩空气吹干。

② 在清洗铝合金部件时，清洁剂的腐蚀率必须符合有关技术规定。

③ 在温肥皂水中清洗活塞、阀盘、导向套管、环、撑条和垫圈，并立即用清水冲洗，然后用压缩空气吹干。

原则上橡胶环在检修后都将被更换，所以无需清洗。

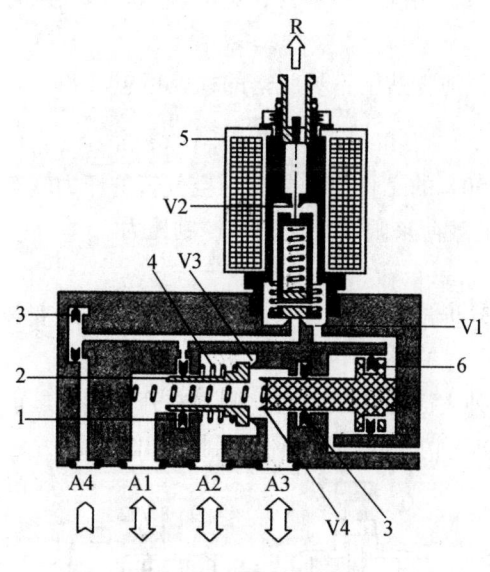

图 4-49 紧急电磁阀

1、3—克诺尔 K 形环；2—阀头；4—压缩弹簧；5—电磁阀；6—活塞；V1~V4—阀座；
A1—储风缸；A2—模拟转换阀输出口；A3—称重阀输入口；A4—控制气流接口

(3) 检查和修理。

① 应当对已清洁的部件认真进行一次目检。如果查出部件有断裂、变形、腐蚀或螺纹变形等严重影响部件继续使用的损伤，则应予以更换。

② 有些部件除必须进行目检以外，还需要其他附加的检查或返修工作。

a．外壳：阀座上和外壳孔内的轻度划痕可通过二次抛光去除。必须符合规定的尺寸和表面粗糙度，否则应更换新的外壳。

b．活塞（整体）：应使用环规检查活塞是否符合图样技术要求的控制尺寸；检查活塞的阀座和活塞裙是否受损。如果有划痕，则应将活塞连同整个阀套一起更换（成套备件）。

c．阀盘：检查橡皮阀座是否受损，如果橡皮凹进 0.4 mm 或凸起 0.2 mm 以上，则必须更换阀盘。

d．检查阀套的环及阀门套管的撑条是否受损，如果有划痕，则应将整个阀套连同活塞及整个阀门套管一起更换（成套备件）。

e．压缩弹簧：应符合技术要求中规定的弹簧长度和弹力要求。

③ 每次检修之后都应更换克诺尔 K 形环，以及所有安全环和 O 形环。

④ 如果型号铭牌已不再清晰，也应予以更换。

（4）组装。

① 在组装紧急电磁阀之前，应给所有克诺尔 K 形环、O 形环以及各个滑动面和导向面涂上少量通用润滑脂。安装克诺尔 K 形环时，需要用安装专用钩。

② 紧急电磁阀的组装应按照图样要求并与拆分相反的顺序进行。

③ 应用 8 N·m 的扭矩将阀用电磁铁的螺母拧紧。

（5）检测。

① 电磁阀的检测应按照检测说明来进行，进行检测时须注意有关在电气动设备上进行作业的安全规范。

② 如果检测结果合格，则应贴上不易脱落的检验标志。

3. 称重限制阀检修

称重限制阀（见图 4-50）的工作原理是利用空气簧的压力（车辆负载压力）来限制预控制压力，也就是根据车辆的载荷来限制最大的预控制压力。

（1）称重限制阀分解。

① 修理称重限制阀时除拆卸克诺尔 K 形环时需要用到一个安装专用钩外不需要任何特种工具。

② 如果称重限制阀的外表面看起来很脏，则须在开始工作之前先除去脏物。工作步骤一定要按照所给顺序。在分拆时请注意不要损伤密封面和阀座。

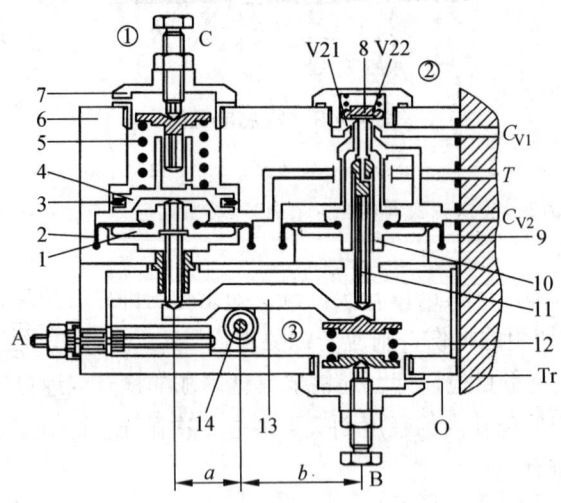

①—负载转换阀；②—闭锁构件；③—机械部件；1—隔膜活塞（主活塞）；2—隔膜；
3—克诺尔 K 形环；4—活塞（被动活塞）；5—压缩弹簧；6—外罩；7—闭锁螺栓；
8—阀盘；9—隔膜；10—隔膜活塞；11—阀杆；12—压缩弹簧；13—平衡梁；
14—平衡梁支承；A、B、C—调节螺母；Tr—支架；O—进气阀座；
V21、V22—排气阀座；C_{V1}、C_{V2}—预控制压力；
T—气动负载信号

图 4-50 称重限制阀

(2) 清洁。

① 所有金属部件用化学清洁剂在一个 70~80 ℃ 的清洁池中清洗，然后用压缩空气吹干。

② 在清洗铝合金部件时，化学清洁剂腐蚀率必须符合有关技术规定。

③ 橡胶或塑料的外皮可用一块浸了肥皂液的湿布擦洗。然后马上用清水再擦一遍，用压缩空气吹干。

(3) 检查。

① 应对已清洁的所有部件认真地进行一次目检。如果查出部件有裂纹、变形、腐蚀或螺纹变形等影响部件继续使用的损伤，则应换上新的部件。

② 铭牌如果变得模糊不清时，必须更换。

③ 有些部件除必须进行目检以外，还需要其他附加的检查或再加工工作。

　　a. 外壳：阀座及衬套内表面上的轻度划痕可通过二次抛光去除，必须符合尺寸和表面粗糙度的要求，否则应换上新的外壳。

　　b. 压缩弹簧：弹簧的压缩长度及弹力必须符合相关技术要求，否则应更换压缩弹簧。

　　c. 阀盘检查：检查阀座橡胶密封件是否受损，如果橡胶密封圈凹进 0.4 mm 或凸起 0.2 mm 以上，则必须更换阀盘。

　　d. 阀杆及弹簧座及支撑面检查：阀杆、弹簧座及所有支撑面的轻度划痕可通过二次抛光去除，必须符合尺寸和表面粗糙度的技术要求，否则应更换。

　　e. 滚针轴承及球形衬套检查：运转不均匀或运转卡滞时需更换。

(4) 组装。

① 组装限压阀之前，应给所有环型以及各个导向面和滑动面涂上少量通用润滑脂，如 RENOLIT（FUCHS 公司制品）或等效的润滑脂。

② 使用标准螺栓扳手徒手拧紧螺旋塞及圆柱头螺栓。

③ 按照与分拆相反的顺序组装。安装克诺尔 K 形环需用安装专用钩。

(5) 检测。

组装完毕后应将限压阀置于试验台上，按照规定的检验项目进行检验和设定。并粘贴检验合格标识。

4. 均衡阀检修

均衡阀能迅速将大流量的压力空气对制动缸充气，且大流量的压力空气的压力变化是随预控制压力的变化而变化的。而且相互间的压力比为 1∶1，即制动缸压力与预控制压力的压力是相等的。所以均衡阀相当于电子技术中的一个电流放大器，其结构如图 4-51 所示。

(1) 均衡阀分解。

① 拆分均衡阀时应使用由标准工具和厂家提供的一个安装专用钩，用于拆卸及安装克诺尔 K 形环；一个取膜器用于拆卸及安装罐式隔膜。

② 如果均衡阀的外表面看起来很脏，则须在开始工作之前先除去脏物。工作步骤一定要按照所给顺序执行。在分拆时请注意不要损伤密封面和阀座。

(2) 清洁。

① 必须注意清洗剂生产厂家给出的使用说明。清洁零部件时不允许损伤密封面和阀座。

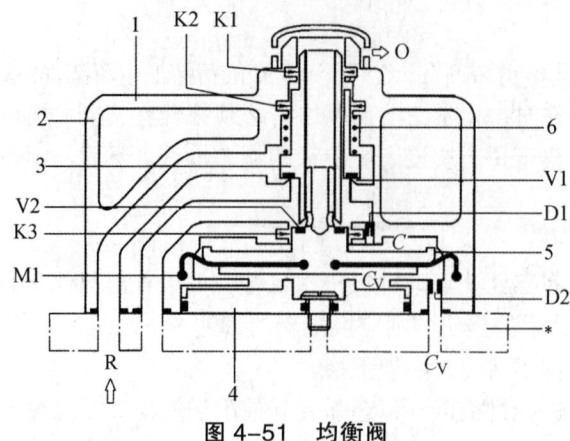

图 4-51 均衡阀

1—中继阀;2—控制室;3—阀门导杆;4—汇接板的附加零件;5—隔膜活塞;6—压缩弹簧;
V1—进气阀座;V2—排气阀座;D1、D2—节流孔;K1~K3—克诺尔 K 形环;
M1—罐式隔膜;R—制动储风缸;C_V—预控制压力;
C—制动缸压力;O—排气口;*—汇接板

② 检修时更换所有齿形垫圈、密封环和 O 形环(也包括中间法兰和盲板法兰上的)。故不必清洗它们。

③ 用化学清洁剂在一个 70~80 ℃ 的清洁池中清洗所有金属部件(不包括橡胶金属复合件),然后用压缩空气吹干。在清洗铝合金部件时,化学清洁剂腐蚀率必须小于 420 mg/$(m^2 \cdot h)$。

④ 将阀门导管和阀门体在微温的肥皂水中清洗,然后马上用清水冲净并用压缩空气吹干。将滤筛用适当的清洗剂清洁。

(3) 检查修理。

① 应对已清洁的所有部件认真地进行一次目检。如果查出部件有裂纹、变形、腐蚀或螺纹变形等影响部件继续使用的损伤,则应予以更换。

② 如果铭牌变得模糊不清时,必须更换。

③ 检查控制室的表面粗糙度和阀门套筒的阀座及损伤情况,必须符合规定的尺寸和表面粗糙度,否则应更换控制室。检查喷嘴孔 D1、D2 以及克诺尔 K 形环的放气孔是否通畅。

④ 检查阀内的压缩弹簧,当弹簧长度为 1.7 mm 时,弹力必须至少为 74 N,否则应更换压缩弹簧。

⑤ 检查阀门导管的尺寸和表面粗糙度必须符合规定的要求,否则应更换阀门导管。

⑥ 检查中继阀各阀座橡胶密封件是否受损。如果橡胶凹进 0.4 mm 或凸起 0.2 mm 以上,则必须更换。

⑦ 检查阀门体滑动面的接触面的表面粗糙度。尺寸和表面粗糙度必须符合规定的要求,否则应更换阀门体。

⑧ 检查导管面的表面粗糙度和螺纹的状况。如果发现表面粗糙度不符合要求或螺纹有损伤,则必须更换螺纹衬套。

⑨ 检查克诺尔 K 形环的进气孔和 B1、B2 是否通畅。

(4) 组装。

① 各个部件都必须经过检验合格并备好。

② 在组装之前要给罐式隔膜、克诺尔 K 形环、扁平密封圈、O 形环、压缩弹簧、阀门导管和阀门体的滑动面、控制室中的罐式隔膜的阀盘等部件的外表面涂少许通用润滑油。

③ 组装继动阀应按照与分拆相反的顺序进行。

注：由弹性材料制成的可更换零部件（如隔膜、克诺尔 K 形环、带槽 K 形环和 O 形环）的生产日期必须在一年以内。

（5）检测。

① 进行检测时须注意相关的在电气动设备上进行作业时的安全规范。

② 检查继动阀时须按照相关的检验说明进行。

三、制动微机控制单元 EBCU 和防滑系统检修

（一）制动微机控制单元 EBCU 检修

上海地铁车辆整个制动系统的控制采用二级控制，简述为"电控制气，气再控制气"。即为制动微机控制单元（EBCU）控制气路控制单元（BCU），控制气再控制执行气的方式。

对于 EBCU 的检修，除了正常的清洁以外，需要对：EBCU 的功能进行测试。这也需要专用的测试设备。在测试过程中可以通过测试界面手动操作对系统的不同功能进行测试和修正。

以下是 EBCU 功能测试时的操作过程简介：

（1）启动手动测试界面。

（2）选择"FrailerCar"/不选择"ParkingBrake"/选择"HoldingBrake"=T。

（3）当速度信号为 0 km/h，ECU 把 C_V 压力调到 0.2 MPa 左右。

（4）"HoldingBrake"= F，C_V 压力减到 0 MPa。

（5）把红色"V-1"滑块慢慢向上拖动，直到列车速度变为 20 km/h；检查速度信号的 AnalogOutput 的值是否相应变大。

（6）选择 Digital．Input 的"Brake"=T，并且用鼠标点击"BrakeDemand"的上升按钮，检查压力的值是否随着 Brakedemand 值增加。

（7）给车轮 2 一个单独速度信号。检查 ECU 是否规律性的给相应减速轴的防滑阀发送数字信号。

（8）设置操作模式 V1=V1~V4 为 ON。

用鼠标拖动 V-1 滑块直到速度信号为零。

设置 BrakeDemand 值为 0%。

并 DigitalInput 的"Braking"=F。

（9）检查 C_V 压力减到 0 MPa。

（10）退出手动测试界面。

（二）防滑系统检修

防滑系统用于车轮与钢轨黏着不良时，对制动力进行控制。它的作用主要有：防止车轮即将抱死；避免滑动；最佳地利用黏着，以获得最短的制动距离。防滑系统的检修主要是定

期检查气路有无泄漏,并对防滑电磁阀进行检修。其检修内容如下:

1. **防滑电磁阀分解**

(1) 除了标准工具之外还需要用到一个微调转矩扳手（5 N·m）。

(2) 有些部件在拆下后或在每次检修时,原则上都应以新的部件来替换。这些需替换部件应该在分拆设备时挑出另放。

(3) 按照规定的步骤拆卸该阀。

2. **清 洁**

(1) 用化学清洁剂在一个 70~80 ℃的清洁池中清洗所有金属部件（不包括橡胶金属复合件）,接着用压缩空气吹干。在清洗铝合金部件时,化学清洁剂腐蚀率必须符合有关技术规定。

(2) 必须注意清洗剂生产厂家给出的使用说明。

(3) 在温肥皂水中清洗阀用电磁铁的电枢、排气阀和阀门支架,并立即用清水冲洗,然后用压缩空气吹干。

(4) 用一块干布清洁阀用电磁铁的线圈架。

(5) 用石油醚（即清洁用去污轻汽油）清洁滤网。

(6) 防滑阀外表面上的腐蚀产物和程度严重的脏污可用一把金属软刷去除。

(7) 原则上检修时必须更换的部件不需要清洗。检修时所有橡胶部件和隔膜都需更换,所以无需清洗。

3. **检 查**

(1) 应对已清洁的部件认真地进行一次目检。如果查出部件有裂纹、变形、腐蚀或螺纹变形等影响部件继续使用的损伤,则应予以更换。

(2) 有些部件除必须进行目检以外,还需要其他附加的检查或再加工工作,必须符合规定的尺寸和表面粗糙度的要求,否则应更换相应的部件。

① 外壳及阀座:外壳及阀座上的轻度划痕可通过二次抛光去除。必须达到表面粗糙度要求,否则应更换。

② 阀用电磁铁:检查金属密封面和电枢的橡皮阀座是否有损伤,如果有损伤或橡胶凹下、隆起 0.3 mm 以上,则须更换阀用电磁铁;检查线圈盒是否有损伤或裂缝,并检查接地连接情况;检查电枢套筒的内阀座以及电枢座孔的状态是否完好,电枢套筒在线圈盒中必须能轴向灵活转动,外壳上的孔与电枢套筒的直径之间的游隙必须至少为 0.2 mm。

③ 压缩弹簧:弹簧长度及弹力必须符合相关的技术规定,否则应更换压缩弹簧。

(3) 对于带喷嘴的防滑阀,还要检查喷嘴是否损坏。必要时更换喷嘴。

(4) 如果铭牌已模糊不清,请予以更换。更换铭牌时要使用新的带槽铆钉。

4. **组 装**

(1) 组装按照与分拆相反的顺序进行。组装必须按有关规范进行。

(2) 待用的阀用电磁铁必须已经过检修及检验合格备用。

(3) 安装阀用电磁铁时必须根据电接触销的位置将其正确放置。电枢的衔铁弹簧不允许装错。

(4) 组装之前应给所有密封环、O 形环、压缩弹簧以及各个滑动面和导向面涂上少量润滑脂（阀用电磁铁的电枢及隔膜安装时应当没有油脂）。

(5) 组装防滑阀时应按照规定的拧紧力矩拧紧螺纹连接件。

5. 检 验

防滑阀的检验应按照相关的检验说明来进行。在通过检验的防滑阀上贴上一个不易脱落的检验标志。

四、单元制动机检修

由于地铁车辆是动车组，车体底架下方与转向架之间没有足够的空间来安装类似于地面铁路车辆的基础制动装置，因此上海地铁车辆采用单元制动机。单元制动机是单个供气，动作轻便灵活，占空间体积小，灵敏度高，使用了电气控制后，也可具有良好的同步性。

城市轨道交通车辆采用的单元制动机有两种。一般来说，每个转向架上装有两种型号的单元制动机，分别是不带停放制动器的 PC7Y 型单元制动机（见图 4-52）和带停放制动器的 PC7YF 型单元制动机（见图 4-53）。由于单元制动机直接关系到列车运行的安全，因此对制动机的检修要求比较高。

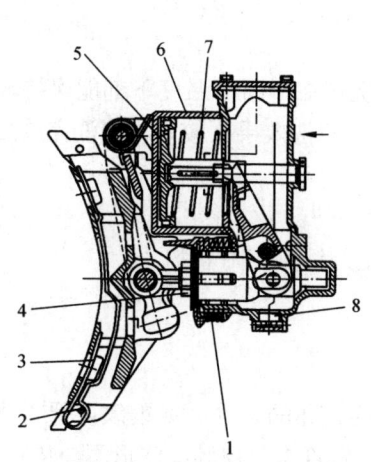

图 4-52　PC7Y 型单元制动机

1—皮腔；2—开口销；3—闸瓦销；4—调整螺母；
5—常用制动缸；6—常用制动缸体；
7—制动复位弹簧；8—呼吸器

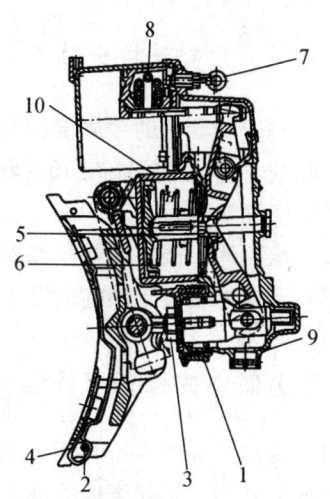

图 4-53　PC7YF 型单元制动机

1—皮腔；2—开口销；3—调整螺母；
4—闸瓦销；5—常用制动缸；
8—制动复位弹簧；7—停放制动缓解拉环；
8—停放制动弹簧；9—呼吸器；10—常用制动缸体

（一）单元制动机定期检查

(1) 目测检查锁紧片、橡皮保护套、闸瓦卡簧及其各螺栓、扭簧轴销卡簧，要求无异常，卡簧无断裂、脱落。

(2) 检查管路及紧固件，要求管路无漏气，紧固件完好、无松动。

(3) 检查闸瓦。要求闸瓦最低处厚度≥12 mm，要求闸瓦未磨耗到限时，测量闸瓦与踏面间的间隙，调整间隙至（12±1）mm [上海地铁的间隙标准为（12±1）mm]。然后检查停车制动功能，包括人工缓解在内。

（二）单元制动机定期检查测试

(1) 对制动机作外观清扫。
(2) 松开闸瓦连接螺栓、螺母，取下挡圈环，抽出扭簧心轴，取下吊臂。
(3) 拧下定位弹簧螺套，对弹簧片进行清洗，清洁后，在弹簧片涂上薄层黄油。
(4) 将制动单元吊至试验台上进行功能及泄漏测试。
(5) 安装吊臂扭簧、心轴扭簧，并将挡圈环扣好，其中扭簧和心轴涂上薄层黄油，螺杆表面涂黄油。
(6) 将闸瓦托连接螺栓插上，并将螺母拧紧。
(7) 检查、清洁皮腔，并对其润滑。
(8) 更换闸瓦。

（三）单元制动机大修分解清洗作业

(1) 对于制动机的金属部件可以用化学清洗剂，清洗剂在不同的温度下都能保持较好的清洗和除油性能。最好能在 70～80 ℃清洗，在这个范围内清洗效果比较好，清洗完成后应立即用压缩空气吹干。
(2) 橡胶件和塑料件要全部更换。
(3) 保持外表面干燥的前提下用钢丝刷除去外表面上的锈迹和附着物。

（四）部件的检查与修理

(1) 在清洗完所有部件后，首先进行目测检查。更换损坏的零件，如裂纹、严重腐蚀或螺纹变形。其中，必须更换的部件有：六角螺母、簧环、软管夹、皮腩、O 形圈、垫片、环、弹簧垫片、止动螺栓、轴衬、干燥轴衬、外包装、密封环、滑块、挡圈、轴衬、过滤器、弹簧、弹簧垫圈等。
(2) 除目检外，一些重要的部件还必须进行特别检查。
① 箱体：检查箱体有无受损，以及受损程度，如有必要参考图样。尺寸要求和表面粗糙度要求要符合图样规定；检查轴承销孔的磨损情况，不得大于 0.2 mm。磨去细微擦痕。粗糙度要求要符合标准。孔径内表面不能有深的裂纹，否则要更换。
② 心轴：把推力螺母旋进心轴，测量轴向间隙，如果超过 0.8 mm，则要更换心轴。可以在心轴上装上杆头，一边啮合，一边测量行程。如果行程小于 0.6 mm，则进行更换。
③ 推力螺母：把推力螺母旋进一根新的心轴，测量轴向间隙，如果超过 0.8 mm，则要更换螺母。
④ 压簧：压缩至 16 mm 时，压力要达到 200 N，否则更换压缩弹簧。

⑤ 调整螺母：检查调整螺母的密封表面。磨去细小擦痕。

⑥ 活塞：测量活塞内孔直径，不能超过规定的最大尺寸。密封表面要符合粗糙度要求，否则要更换。把心轴放在活塞的空心处。心轴必须能朝一侧倾斜 5°，并留有间隙使其不会碰到活塞。如果两者接触，活塞上的空心处将变形，活塞要更换。检查活塞的环形槽，密封表面要符合粗糙度要求。检查深槽推力球轴承，深槽推力球轴承的动作必须平稳、自如。一根新的管子旋进心轴，测量间隙，如果超过 0.3 mm，要更换心轴。检查风缸轴上的轴承点，要符合规定的最大直径和粗糙度要求，否则要更换。检查风缸活塞接触面，要符合规定的最大尺寸和粗糙度要求。

在装配前，对有特殊要求的一些零部件需要进行润滑，采用的润滑剂及润滑方法一定要严格遵守制造商的相关规定，以 PC7YF 为例，重要的润滑操作有：装配前，所有内部零件和表面，包括箱体、密封圈、O 形圈上涂一层。FUCHSRENOLITHLT2 润滑脂或等效润滑物；箱体和风缸的活塞接触面要用手或油脂枪润滑，用刷子润滑时，确保刷毛没有粘在接触面上，销子和螺钉铰接处的滑面也要润滑；安装在调整螺母上的零件，摇杆头上的心轴需要用 STABURAGSNBU30PTM 润滑脂或等效油脂润滑。

使用 OMNI-VISC1002 密封箱体间的凸缘压装面。

（五）试　验

单元制动机组装完成后，需要进行试验，主要的测试项目有：
(1) 压力试验。
(2) 泄漏试验。
(3) 调节性能试验。
(4) 制动力试验。
(5) 紧急缓解试验。

五、管路和储气缸检修

管路和储气缸是气源及制动系统的重要组成部分，担负着输送气压和储存空气的作用。除非损坏，一般不需要对管路和储气缸进行检修。只有在列车的大修程中才需要对进气管路和储气缸检修，主要是清洗，并根据实际情况进行磷化处理。

六、系统测试

列车的供气和气制动系统组装完成后，为了保证系统的功能正常和列车的运行安全，必须对整套系统进行测试，测试分为静态调试和动态调试两部分。

（一）静态调试内容

(1) 列车拼车之后，对列车的制动气路系统进行泄漏试验。

(2) 检查空气压缩机的充气时间是否正常，系统压力是否符合标准要求。
(3) 在 AW_0 状态下，检查空气弹簧压力是否正常。
(4) 在 AW_0 状态下，检查常用制动时的制动缸压力是否正常。
(5) 在 AW_0 状态下，检查紧急制动时的制动缸压力是否正常。

（二）动态调试内容

(1) 检查在不同速度、不同制动指令条件下制动距离是否正常。
(2) 检查气电制动转换是否平滑。
(3) 检查制动时车辆的冲动率是否满足冲动极限要求。

七、克诺尔 K 形环的拆卸与安装

（一）拆卸、安装克诺尔 K 形环的专用工具

1. 取膜器（见图 4-54）

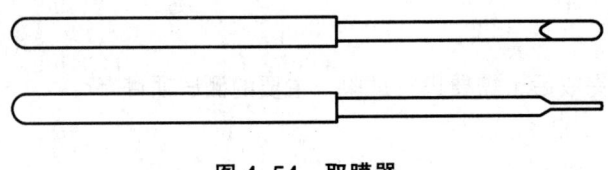

图 4-54 取膜器

2. 专用安装钩（见图 4-55）

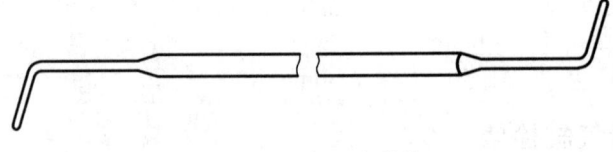

图 4-55 专用安装钩

（二）拆卸克诺尔 K 形环的说明

1. 外环拆卸

(1) 用专用安装钩将外环从槽里勾出并用手将其整个拉出，如图 4-56（a）所示。
(2) 用拇指和食指拉紧外环，环的另一侧从槽中脱出，如图 4-56（b）所示。

2. 内环拆卸

(1) 将压缩空气倾斜地注入槽中，克诺尔 K 形环的密封唇后面压力将升高，环由此从槽中取出，如图 4-57（a）所示。
(2) 将专用安装钩从克诺尔 K 形环的上方推入槽中，轻轻向下压，由此将环压出，如图 4-57（b）所示。

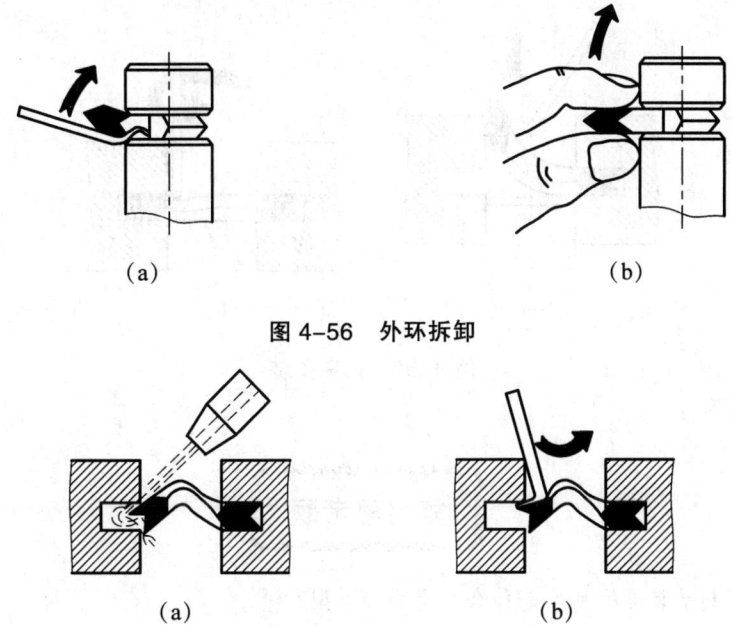

图 4-56 外环拆卸

图 4-57 内环拆卸

（三）安装克诺尔 K 形环的说明

1. 外环安装

（1）将已涂过少量润滑脂的克诺尔 K 形环套过活塞，向一侧拉伸外环并用手先将密封唇放入槽内，使其能在槽内滑动。重复该过程，直到整个环在槽内滑动，如图 4-58（a）所示。

（2）用专用安装钩在克诺尔 K 形环与槽壁之间推绕一周，如图 4-58（b）所示。

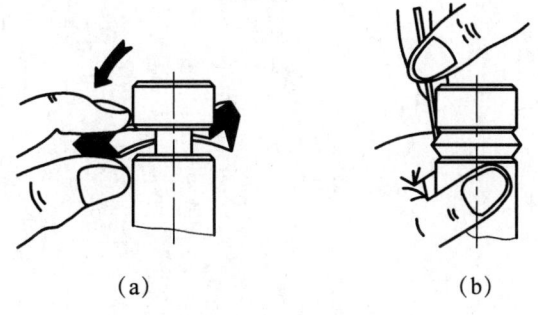

图 4-58 外环安装

2. 内环安装

（1）将已涂过少量润滑脂的克诺尔 K 形环压成椭圆形并倾斜放入孔内，用安装专用钩平压环的正面，将其压入槽中，如图 4-59（a）所示。

（2）将其余部分向下推入槽中，用专用安装钩在克诺尔 K 形环与槽壁之间推绕一周，如图 4-59（b）所示。

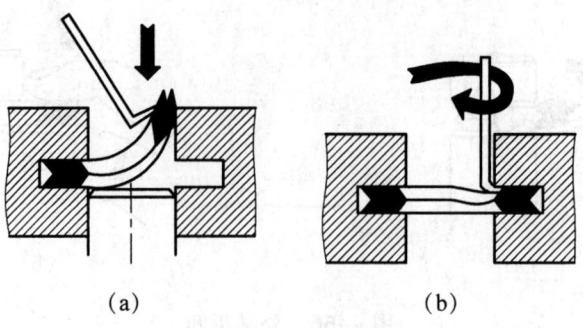

图 4-59 内环安装

复习思考题

1. 城轨车辆制动装置的特点是什么？有哪些类型？
2. 简述城轨车辆风源系统的组成及特点。
3. 简述车辆制动系统的组成及工作原理。
4. 简述制动系统维修后的测试。
5. 简述车辆双塔式干燥器的组成及其工作原理。
6. 叙述空气压缩机的检修过程。
7. 空气压缩机的检修项目有哪些？采用什么方法？
8. 写出 BCU 制动控制单元的组成。并叙述其检修内容。

第六节 空调的检修

客室空气调节装置主要由通风系统、空气冷却系统、空气加热系统及自动控制系统等组成。其通风系统包括离心式通风机、送风风道、回风风道、排风口。空气经过制冷机组的蒸发器降温除湿后由离心式通风机送入送风风道。空气加热系统包括吸入空气预热器和车内空气加热器，其热能来自于列车供电系统的电能。

城市轨道交通的列车空调系统一般是在每节客室的顶部安装一台或一台以上的空调（制冷或热泵）机组，分散地向客室车厢内各部位送风。夏季，通过制冷机组和送风风道向车厢内送冷风；冬季，通风机仅向车厢内送风（新风与回风混合后的混合风）或是经空气预热器预热后的混合风，另由安装在车厢内的辅助电热设备（空气加热器）对车厢加热。

空调系统的启动、工作与监控都是由其自身的自动控制系统来实现自动控制、自动调节的。

空调系统除了发生故障应立即进行检修外，在连续运转的条件下，需定期对系统的零、部件进行维护保养。

本节介绍空调检测设备及检修过程中需要使用的工具、工装设备；损坏形式及检测检修方法。所需工具有：吸尘器、刷子、软毛刷、500 V 兆欧表。所需物料有：新风过滤网、回风滤尘网、抹布、自来水、防锈漆及油漆、接线、压缩空气。

一、压缩机的检修

压缩机是蒸气压缩式制冷装置中的一个重要部分，它起到推动制冷剂在制冷系统中不断压缩和输送制冷剂蒸气的作用，它是通过电动机驱动进行工作。压缩机工作的好坏直接影响到制冷循环的完成程度，因此制冷压缩机常称为蒸气压缩式制冷系统的主机。

压缩式制冷装置常用的压缩机有活塞式、螺杆式、旋转式、涡旋式、离心式等。在车载空调系统中，活塞式压缩机的应用最为广泛。近几年来，像螺杆式、涡旋式压缩机也开始逐渐被应用到车载空调中。

另外，按压缩机与电动机组合方式不同又可分为开启式、半封闭式和全封闭式压缩机 3 种。其中全封闭式压缩机一般用于中、小型的空调系统中，可检修性较差，一般情况下损坏后无法修复，须更换新的压缩机；而开启式、半封闭式压缩机多数用于大、中型空调系统中，可检修性较强。

压缩机检修的要点（车载空调系统压缩机）：

（1）定期对压缩机的外观进行检查，要求外表面无损伤、无泄漏，各紧固件紧固无松动。检查压缩机的电器连接，要求连接紧固无松动。检查压缩机的三相电流、功率及其绝缘性能。检查压缩机的油位，是否在要求的范围内，如不是则需补油。用专用的检漏设备检查压缩机吸排气口与管路的连接处，要求无泄漏。

（2）如压缩机电动机有热保护装置，则需要定期对热保护装置进行检测。

(3) 在每次列车的大修时（运行 100 万 km），需更换压缩机底架上的橡胶坐垫。

(4) 在车载空调系统中一般采用的是全封闭式压缩机（以上海地铁车辆为例：一号线直流列车车载空调采用的是全封闭的活塞式压缩机、二号线交流列车车载空调采用的则是全封闭的螺杆式压缩机）。一般情况下，发现此类压缩机损坏时，只需更换压缩机即可，无需对其进行检修。更换压缩机时，必须确保压缩机区域附近管路没有制冷剂。更换完毕后，检查压缩机区域的气密性（用氮气检测）。充氮保压检查合格后，需对压缩机区域进行抽空，防止空气或氮气进入制冷系统回路。

上海地铁三号线列车的车载空调采用的就是半封闭式活塞压缩机，对此类压缩机的检修除了上述几点以外，还可以拆开压缩机，对其内部进行检修。

二、换热器的检修

在制冷装置中除了压缩机外，还有必不可少的换热设备——包括蒸发器、冷凝器等。制冷装置中的换热器和管系担负了制冷过程的全部热量传递和输送工作，它对制冷机的工作性能有极大的影响。制冷系统用的换热器均为表面式换热器。在常用的列车车载空调系统中使用的换热器有蒸发器和冷凝器两种，一般都采用冷却空气型蒸发器和空气冷却式冷凝器。

为了保证换热器的换热效率，必须定期对车载空调系统的换热器（蒸发器、冷凝器）进行吹污清洁或用中性洗涤剂清洗工作，并逐段进行检漏。对锈蚀严重处应焊修或更换换热器。换热器的散热肋片（盘管肋片）应完整，肋片翘曲者应修复。蒸发器的回气管的绝热包扎应良好，对破损脱落处应修补。

三、膨胀机构的检修

在蒸气压缩式制冷系统中，除了压缩机及各种换热设备外，还有专门的膨胀机构，使制冷剂节流后降低温度和压力。膨胀机构除了起到节流作用外，还能起到调节进入蒸发器的制冷剂流量的作用。通过膨胀机构的调节，使制冷剂离开蒸发器时有一定的过热度，保证制冷剂液体不会进入压缩机。膨胀机构的种类很多，一般可分为以下 5 类：手动膨胀阀、热力膨胀阀、电子膨胀阀、毛细管和浮球调节阀等。轨道交通列车的车载空调系统一般都采用热力膨胀阀或毛细管（上海地铁车辆车载空调系统采用的有热力膨胀阀和毛细管两种）。

检修膨胀机构时应注意以下几点：

(1) 定期检查感温包（使用热力膨胀阀的制冷机组）及毛细管的安装是否牢固。

(2) 如系统出现脏堵，安装热力膨胀阀的需要拆开膨胀阀对其进行清洁或者更换膨胀阀（或阀芯）；安装毛细管的则需要打开系统，将毛细管中的杂质用高压空气将其吹出或更换毛细管。对使用性能良好的热力膨胀阀，检修时可不拆卸。

四、阀类零件的检修

蒸气压缩式制冷系统是由压缩机、蒸发器、冷凝器、膨胀阀等组成，通过许多阀门和管道依次连接,形成一个全封闭的制冷循环系统。在制冷系统中常用的阀类零件有截止阀、电磁阀、止回阀、填充阀等。

截止阀通常安装在制冷设备和管路上,它起着接通和切断制冷剂通道的作用。

电磁阀是一种自动开起的阀门,用于自动接通和切断制冷机系统的管路。电磁阀通常安装在冷凝器与膨胀阀之间,位置应尽量靠近膨胀阀,因为膨胀阀只是一个节流元件,本身无法关严,因而需利用电磁阀切断制冷剂的供液管路。

电磁阀一般是和压缩机同时启动。压缩机停机时电磁阀也应立即关闭,停止供液,避免停机后大量制冷剂流入蒸发器,造成再次启动时压缩机中发生液击。

止回阀又称单向阀,作用是限定制冷剂的流向,使制冷剂只能单向流动。

填充阀一般用于加注或回收制冷剂。

对上述阀门进行检修时,应根据具体条件,在可能的条件下,对所有阀门的填料进行检查检修。另外,部分阀门带有的电气部分,还需对其进行电气测试(如电磁阀线圈)。状态不良者应予以修理或更换。

五、储液器的检修

储液器又称储液筒,用于储存制冷剂液体。按储液器的功能和用途不同,可分为低压储液器和高压储液器两类。低压储液器仅在大型氨制冷装置中使用。高压储液器用于储存由冷凝器来的高压液体制冷剂,以适应由于工况变化引起制冷系统中所需制冷剂量的变化,并减少每年补充制冷剂的次数。部分轨道交通列车的车载空调系统中安装有高压储液器。

对储液器需要定期地进行外表面的吹污、清洁和检漏。

六、更换干燥过滤器(或过滤器芯)

干燥过滤器用于吸收制冷系统回路中可能存留的少量潮气和杂质,以防止系统在膨胀机构的节流口处形成冰堵或脏堵以及杂质对压缩机的损坏,提高系统运行的安全性和可靠性。

常用的干燥过滤器按其结构可分两种:一种是干燥过滤器的滤芯与外壳是一体的,通过焊接或法兰盘与制冷系统回路连接起来;另一种是干燥过滤器的滤芯与外壳是独立的,更换干燥过滤器只需更换滤芯即可,过滤器通过法兰与制冷系统的回路连接起来。

在列车车载空调制冷系统回路中,一般会安装一个带有制冷剂含水量指示器(彩色)的视液镜,可根据指示器颜色(含水量)的变化及视液镜内表面清洁度等因素来判定是否需要更换干燥过滤器或滤芯。

更换干燥过滤器时需注意以下几个要点:

(1)必须确保更换部件区域附近的管路没有制冷剂。

(2)安装上新的过滤器后,应对干燥过滤器区域的气密性(用氮气检测)进行检查。

(3)充氮保压气密性检查合格后,还应对干燥过滤器区域进行抽空,防止空气或氮气进入制冷系统的回路。

七、空气过滤器的检修

空气过滤器，该部件是用于过滤空气中的尘埃与有害物质等，对空气实施净化处理。为了保证列车客室空气洁净，空调机组吸入新风和回风都必须经过过滤处理，才能被送往客室，保证乘客的舒适性。

为了保证空气过滤器的过滤效果，必须定期地对其进行更换或清洗。如果过滤器的安装有方向要求时，在安装时注意空气过滤器安装方向。

八、风机的检修

在车载空调系统中常用的电动机有冷凝用风机和通风用风机两种。冷凝用风机和通风用风机一般都采用三相异步电动机。

在对电动机的检修时需注意的要点如下：

(1) 定期除尘。

要求对电动机的外表面及配套的风叶进行定期吹尘，防止电动机表面及风叶上积尘严重而影响电动机的正常工作。

(2) 定期检查电动机及风叶表面。

要求电动机表面无损伤，风叶无损伤、变形等。

(3) 定期检查电动机的电气连接线路。

要求电气连接紧固无松动、无老化等。

(4) 定期对电动机进行检修及保养。

将电动机解体，所有的零部件清洗后应烘焙干燥。更换电动机轴承油脂或轴承，并对电动机的定子绕组和转子进行检查。

定子绕组的检查包括：测量绕组线圈电阻值（三相）；做绕组线圈对地直流绝缘（500 V）测试，绝缘值要求大于 5 MΩ；做绕组线圈对地的交流耐压（1 200 V/min）测试；检查线圈是否有损伤、变色等，外包绝缘要求完好无损；检测电动机热保护装置的工作性能应良好。

转子检查包括：检查转子电枢绕组，要求铝条不允许有裂纹、裂损、断条等；检查转子转轴，要求各装配轴颈部位光洁，不允许有拉毛、毛刺等；转轴的挠度应小于 0.02 mm。如部件不符合上述检查要求则需要更换零部件。

九、空调自动控制系统检修

城市轨道交通列车车载空调的自动控制系统主要包括：各种继电器及微机控制单元（如上海地铁一号线直流电动列车空调系统中的 6Al 单元）。

对于这些部件的维护在电气设备部件的检修中将会提到，在这不再叙述。

十、通风系统的检修

通风系统主要包括离心式通风机、送风风道、回风风道、排风口等。通风机的检修在前面已经讲过，在这就不再叙述。

对空调系统的风道检修的要求就是要定期对风道进行除尘、消毒等处理。

十一、空气加热系统的检修

随着人们生活水平的逐步提高，对乘车环境的要求也越来越高。在城市轨道车辆空调系统中，除了要求有制冷以外，在冬季还需要有制热系统，特别是在北方的城市轨道交通车辆。由于受到车辆实际情况的限制，常用的城市轨道车辆的制热设备普遍采用热泵机组或电加热器系统两种。

电加热器系统是一种由电流通过电阻丝发热而加热空气的设备，具有结构简单紧凑、加热均匀、热量稳定、控制和检修方便等优点。

一般车载空调系统为了便于检修，常使用电加热器系统来加热空气（管式电加热器）。多数电加热器安装位置是分布在列车车厢内靠两侧的座椅下，但也有部分电加热器安装在通风系统中，对送到客室的空气进行预热，将较温暖的空气通过各送风口送入客室，避免将较冷的空气直接吹向乘客。

通常对电加热器的检修要求有：定期地对电加热器表面吹尘，防止表面积尘严重而影响制热效果及损坏加热系统；定期测量电加热器的电阻丝阻值及测试电加热器的热保护装置的性能（应根据具体条件，在可能的条件下），以确保加热系统状态良好。

十二、气动系统的检查

（1）检查每处气动管路的连接、走向及位置正确，确保固定牢固、位置正确，保证气动有足够的活动和移动空间。

（2）定期检查管路表面有无变形、破损等损伤，以免发生气体泄漏而影响正常使用。

十三、其他检修

（1）定期的检查空调机组的外观，要求无损伤、无变形。
（2）定期清洗空调机组的外表面，确保表面清洁无污物。
（3）定期按照规定的扭矩要求检查空调机组中的各紧固件，确保连接紧固无松动。

(4) 根据橡胶件的规定使用年限,对空调系统中的橡胶件进行定期更换。

(5) 检查所有的电气连接部位、电缆、接地装置等,要求连接紧固无松动,电线电缆表面无破损老化等现象,确保接头接触良好以免松动和腐蚀,造成电气故障。

(6) 检查空调机组的内部和外部的油漆是否损坏和腐蚀。

(7) 修补油漆缺口,换掉腐蚀的部分并对该修理区进行重新油漆。要求使用的油漆要与车体一致。

十四、充氮密闭检测

在空调设备装配完成时,关闭所有管路开口。将带有管接头的法兰装在合适位置。设备中充入氮气,压力达到 2.0 MPa,关闭填充阀,断开氮气供应。记录初始状态的环境温度和环境压力。压力应在保持 12 h 后检查一次,记录下该时刻的环境温度和环境压力,测量调节装置的校准,测试压力 p_d=2.0 MPa。环境温度的变化与压力测试的标准见表 4-4。

举例:初态压力测试: p_d=2.0 MPa, t_{uo}=24 ℃。

末态压力测试: p_d=1.98 MPa, t_{uf}=19.0 ℃。

24 ℃-19 ℃=5 ℃。

X-5℃对应的压力允许误差为 −0.035 MPa。

因此,允许的最低测试压力 p_d=1.965 MPa,所以 p_d=1.98 MPa 的压力值符合要求。

表 4-4 环境温度变化与压力测试标准一览表

序号	环境温度 t_u/℃	压力允许误差/kPa
1	X±0	
2	X±1	±8
3	X±2	±14
4	X±3	±21
5	X±4	±27
6	X±5	±35

十五、系统抽真空

(1) 打开系统中的所有的手动开关和电磁阀。

(2) 真空泵应连接在回路吸气和高压侧,确保工作区的环境温度为 15 ℃。

(3) 利用真空管将真空泵连接到需进行抽真空的那一部分回路中。

(4) 将真空计连接到需要排空的那部分回路上。

(5) 为达到一个高的干度等级,真空泵应运转大约 4 h,直至压力低于 0.7 kPa。

(6) 然后在此压力下运转 4 h,当压力大约到 0.7 kPa 时,排空过程完成。

(7) 拆下真空泵,系统真空度需保持 30 min 内压力不升高,此时即可拆下真空计。

(8) 此时可对抽空的设备中充入制冷剂。

十六、制冷剂的维护

制冷剂又称制冷工质，是在制冷系统中循环且不断产生相态变化从而不断传递热量的物质。如在蒸气压缩式制冷循环过程中，是利用制冷剂在蒸发器内吸热气化，在冷凝器中放热液化而传递热量的，进而实现制冷。

制冷剂应具备以下几个基本特性：
(1) 易凝结，冷凝压力不要太高。
(2) 标准大气压力下，汽化温度较低，单位容积制冷量大，汽化潜热大，比容小。
(3) 无毒、不燃烧、不爆炸、无腐蚀，且价格低廉等。

常用的制冷剂有氨、各种氟利昂及某些碳氢化合物和无机化合物等。在对空调系统维护时，有时需要用专用的设备将整个空调机组的制冷剂回收，并且对回收的制冷剂进行再生，然后对制冷系统进行定量加液，确保制冷系统的正常工作。

十七、检查故障的方法与步骤

1. 机组正常运行的特点

机组正常运行没有故障，应同时具备以下6个特点。
(1) 空调机组启动后，通风机、冷凝风机、压缩机通过电气联锁按顺序启动。各台压缩机的启动时间也应相互错开。
(2) 压缩机的启动应该平稳，无剧烈振动，没有敲击声或拉锯声。各电动机在启动时应没有异常的振动及摩擦声响。机组工作后应运转平稳，无异常振动和噪声。
(3) 启动时，电流表指针摆动正常，正常运行时，压力表指示不应偏差正常值太多，指针平稳且无剧烈摆动。
(4) 客室内各送风口应有适量冷风吹出，凝结水不随风吹出或有泄漏滴水。
(5) 客室内降温情况良好，温度下降均匀，并自动控制在各工况所规定的范围内。
(6) 机组在"强冷"或"强暖"工况时，回风口和排风口温差在 8~9 ℃。

2. 检查故障的方法

可通过看、听、摸、测的方法对空调机组进行故障分析和检查。

看就是观察机组各部件有无损坏，制冷剂管路有无裂缝，连接部位是否松脱，电器接线有无断开，压力继电器、压差继电器、温度继电器的整定值是否合适，高低压力表及油压表所指示的压力是否在正常范围内，蒸发器、回气管和输液管上的结霜、凝露部位是否正常，油位与制冷剂液位高低是否适当等。

当机组出现故障时，若能到车顶开盖检查机组箱，通过目视、手摸或检查系统压力的方法，一般可以很快找出故障原因。机组开盖检查，可以手感压缩机外壳温度、冷凝器排气温度，可以看到压缩机启动与运转的情况，通风机、冷凝风机运转情况，蒸发器、压缩机顶部结霜情况。若系统制冷剂泄漏较严重,可以直接观察漏点看出。此外,还可以检查机组漏水情况,检查压力继电器、膨胀阀以及机组车顶接线端子等。

3. 故障检查的步骤

首先,应排除空调机组本身问题造成的故障。例如,温度控制器温度整定值设定不合适,夏季设定的过高,冬季设定的过低,空调机组中的制冷或加热系统当然不会运转。另外如电源电压过低,空调无法启动。

其次,检查电气部分。电动机通电后不运转,可以从电源主回路查到控制回路,也可以从控制回路查到主回路。最好能够先确认是否负载本身的故障。同时,把一个与负载有关的电路分成若干段查找,并且从简单容易的电器线入手。

如果电气回路本身没有问题,故障发生原因往往在于制冷系统,可以在掌握制冷循环系统的基本构造原理和典型故障事例的基础上,进行制冷系统的故障查找和分析。

4. 主要故障

地铁列车空调装置的故障主要可分为电气系统故障和制冷故障。

(1) 电气系统故障。

电气系统故障可归纳为"松""断""烧"3类。

"松"是指电气接头松动、脱落,接触不良而导致的电气故障。

"断"是指电源断线、熔断器断开;压缩机吸入压力、排出压力、润滑压力不正常引起的压力或压差继电器的触点断开,及电流过大引起的过热保护器动作而切断电路等电气故障。

"烧"是指电动机线圈、电磁阀线圈及其他各种继电器线圈的烧毁。另外,在检查单元式空调机组故障时,不可忽视插头的问题,特别是通风机电动机或压缩机烧损,有可能因电流过大而损坏插头。

(2) 制冷系统故障。

制冷系统故障主要可分为"漏"和"堵"两类。"漏"包括制冷剂的泄漏、感温包内充灌剂的泄漏以及空调机组漏水等故障。"堵"包括制冷管路内膨胀阀、毛细管、干燥过滤器的脏堵和冰堵,蒸发器和冷凝器的积灰以及空气滤尘网的堵塞。冰堵是由于冰引起的制冷循环的堵塞,多数发生在膨胀阀或毛细管节流机构处。脏堵是由于杂质引起的堵塞,多数发生在干燥过滤器或膨胀阀进口滤网处。冰堵和脏堵的共同现象是吸气压力明显降低。

5. 故障分析与处理

制冷系统故障分析与处理见表 4-5。

表 4-5 制冷系统故障分析与处理一览表

序号	故障内容	故障原因	故障的判断方法	处理
1	不出风	离心风机的配线方面: (1) 连接器处断线; (2) 配线处螺钉松弛	查看电路接通情况	修理 拧紧
		(3) 电动机烧损或断线	测量线圈电阻	更换电动机
		(4) 控制线路及电器故障	查看电路及电器元件	修理或更换

续表 4-5

序号	故障内容	故障原因	故障的判断方法	处理
2	风量小	（1）风机电动机反转	检查风机转向	调换相序
		（2）回风过滤网堵塞	检查过滤网	清除筛眼堵塞物
		（3）蒸发器结霜或冰堵	检查（目视）	送风运转化冰、霜
		（4）蒸发器散热片脏堵	检查（目视）	清洗
		（5）风道接口处泄漏	检查	修理
		（6）风机叶片积垢	检查	修理
3	不制冷	压缩机电动机不转： （1）电动机断线、烧损；	测定线圈电阻	更换电动机
		（2）高压压力开关动作；	见第6项	修理
		（3）低压压力开关动作；	见第7项	
		（4）配线端子安装螺钉松弛；	查看接通情况	拧紧
		（5）电气控制柜电器件不良；	检查电器件	
		（6）过压、欠压继电器动作；	电源电压过高或过低	调整供电电压
		（7）接触器线圈烧毁或触头故障；	检查元件	
		（8）压缩机故障；	检查压缩机	修理或更换
		（9）轴流风机电动机的热继电器动作；	检查电动机电流	修理或更换
		（10）轴流风机电动机烧损或断线	测线圈电阻	修理或更换
		压缩机运转： 制冷剂泄漏	室内吸入和排出空气温度相同蒸发器回气管温度过高压缩机电流小	修理制冷循环系统
		电磁阀误动作或损坏	检查电磁阀是否正确动作检查电磁阀线圈	
4	冷量不足	（1）过滤器堵塞	检查过滤器	除去筛孔堵塞物
		（2）蒸发器、冷凝器积满脏物	检查	清扫
		（3）蒸发器结冰	检查（目视）	送风化冰
		（4）温度调节器设定温度过高或动作不良	检查	调整修理
		（5）少量制冷剂泄漏	测定压缩机运转电流是否过小	修理制冷循环系统或厂家联系
		（6）制冷剂充注过多	压缩机运转电流过大	将制冷剂少量放出
		（7）风量不足	见第2项	
5	振动噪声大	（1）通风机电动机球轴承异常	检查风机的平衡	修理风机
		（2）通风机不平衡		
		（3）紧固部位松弛	检查各紧固部位	拧紧
6	高压压力开关动作	（1）冷凝器脏	检查室外热交换器	清扫
		（2）制冷剂充注过多	电流过大	将制冷剂少量放出

续表 4-5

序号	故障内容	故障原因	故障的判断方法	处理
6	高压压力开关动作	（3）轴流风机反转	检查	将相序调整正确
		（4）排气管段堵塞	检查	修理
		（5）轴流风机不转电动机烧损电动机轴承损伤	测定线圈电阻是否平衡 检查	更换电动机 更换轴承
		（6）空气或不凝性气体混入系统中		排除
7	低压压力开关动作	（1）制冷剂泄漏	压缩机电流小	修理制冷剂循环系统充入制冷剂
		（2）吸入空气温度太低	蒸发器结霜	
		（3）风量不足	见第2项	
		（4）低压管路堵塞	检查	处理
		（5）蒸发器散热片堵塞	检查	处理
8	漏水	（1）回风口漏水排水口堵塞密封垫安装不良处渗水	检查 检查	清扫 进行正确安装
		（2）出风口漏水	蒸发器脏堵	清扫蒸发器或清洗滤尘网
		（3）车内风道内凝露形成水珠，从出风口流出		

复习思考题

1. 简述车辆空气调节装置的作用及其结构组成。
2. 简述车辆空调系统通风气流流动的方式。
3. 试述制冷剂液体过冷和吸气过热对制冷循环的影响。
4. 分析空调装置不制冷的原因及应采取的措施。
5. 空调装置的常见故障有哪些？
6. 写出空调装置故障的检查方法。
7. 写出空调装置故障检查的步骤。

第五章 城市轨道交通车辆电气部件的检修

第一节 受流设备的检修

受流设备是列车将外部电源引入车辆电源系统的重要设备。从接触导线（接触网）或导电轨（第三轨）将电流引入动车的装置称为受流装置或受流器。受流装置按其受流方式可分为杆形受流器、弓形受流器、侧面受流器、轨道式受流器和受电弓受流器。根据线路供电方式的不同，列车受流设备分为集电靴及受电弓两种形式。集电靴装置应用于第三轨方式供电的线路，而受电弓装置主要应用于以接触网方式供电的线路。受电弓从结构上可分为单臂型和双臂型两种形式，在驱动上可分为气动型及电动型。

车间电源是列车辅助的受流设备，主要应用于列车在检修库内整车调试或部分设备需有电检查时使用。外部电源通过电缆插头与列车车间电源插座相连，供电给列车电源系统。考虑到安全原因，车间电源与列车主受流设备之间是相互联锁的，不能同时向列车供电。车间电源只向列车辅助系统供电，一般通过隔离二极管或接触器与列车主电路隔离。

此外车顶还应该安装避雷器，以防止在雷雨季节列车在露天线路上行驶时遭到雷击，对受电系统及列车安全造成威胁。

在这里，主要介绍单臂气动受电弓、车间电源与避雷器的检修。所需设备、工具有：压力计（100～150 N·m）、扭力扳手、兆欧表（1 500 V）、牛顿弹簧秤、1 000 V 绝缘兆欧表、受流器回退手柄、梅花扳手 M10 和 M13、棘轮、螺钉旋具、电动螺钉旋具、锤子、调试平台、测力表等。所需物品：红色线号笔、pH 为 7～10 的溶液、压缩空气、干净抹布、螺纹锁固胶、100%工业酒精、纯棉布、橡胶密封条、黏结剂 1521、红漆、油脂、LT5366 硅胶等。

一、受电弓检修

如图 5-1 所示，受电弓主要由基础框架、框架、集电头、压力弹簧（图中未见）和驱动气缸等装置。受电弓一般通过基础框架安装在车顶上，并尽量靠近转向架回转中心，以避免车辆通过曲线时引起受电弓偏离接触网导线。广州及上海地铁等城轨列车通常为升双弓运行，考虑接触网振动波的传播速度对后受电弓受流质量的影响，一般柔性接触网供电系统中的运营车辆受电弓布置在头车（可能是拖车），而刚性接触网供电系统不必考虑此影响，受电弓一般安放在动车，以减少高压线路在车辆之间驳接和对拖车乘客造成安全隐患。广州地铁二号线（刚性接触网）车辆的受电弓布置在动车 B 车的 2 位端上，广州地铁三号线（刚性接触网）

车辆编组是 A-B-A 形式,其受电弓置于动车 A 车的 2 位端,而广州地铁一号线(柔性接触网)车辆的受电弓置于拖车 A 车的 2 位端。

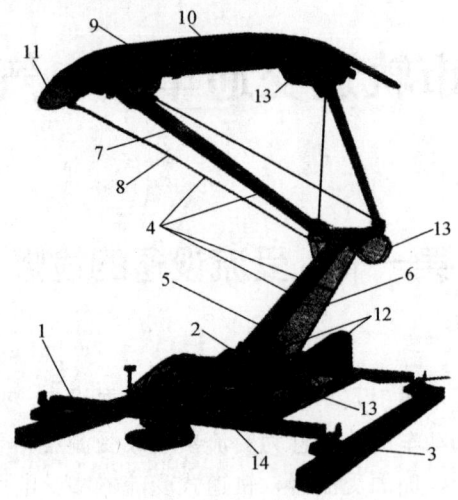

图 5-1 受电弓结构图

1—基础框架;2—高度止挡;3—框架;4—下部撑杆;6—下部导杆;7—上部撑杆;8—上部导杆;9—集电头;10—接触带;11—端角;12—驱动气缸;13—电流传送装置;14—吊钩闭锁器

由于受电弓安装在车顶,并且安装区域是开放式的,所以受电弓的工作环境相当恶劣。因此在日常检修作业中,受电弓是需要重点检查的部件之一。同时,每隔 5 年,应对受电弓进行大修。

将受电弓从车顶拆卸下之前,应该使用固定挂钩将上部支撑固定在底部框架上。落车后,需要一专用平台来检修受电弓。

在分解受电弓之前应松开张力弹簧,然后依次拆除电桥连线、集电头、上部撑杆、下部撑杆以及驱动气缸。组装按相反的顺序进行。

(一)部件清洁

受电弓分解完毕后,应清洗所有部件。在清洗时,选用中性清洁剂,并且小心清洗,以避免框架变形造成部件损坏。

(二)部件检修

1. 受电弓框架

底部框架由方形管或型钢焊接而成,用于支撑整个框架,并通过轴承与下部的撑杆相连。底部框架上还安装有铜接线排和连接列车主电源的电缆。

受电弓上部撑杆及下部撑杆需要在专用平台进行测量,如果发现有变形或弯曲,应采用冷整形方式检修,如果无法整形,则应该更换新的框架。

2. 轴 承

轴承拆下后,应检查轴承是否有锈蚀或点蚀现象,如有须更换轴承。对于大修作业来说,应更换所有的轴承。受电弓组装完成后,应对所有的轴承进行润滑。

3. 电桥连接线

电桥连接线一般用多股铜导线编织而成,在检修中应检查连接线是否有断股现象,如有应予以更换。对于所有的接线端子,需清洁并打磨接触表面。在安装电桥连接线时,在接线端子及框架上的安装区域涂抹含铜油脂,以保证接触面的良好导电性能。在大修作业中,应更换所有的电桥连接线。

4. 滑 板

滑板是受电弓上最易磨损的部件。滑板直接与接触网接触,为了最大限度地减小接触导线的磨损,滑板的材质应较接触导线软。同时,列车在高速经过两个供电区段的断电器时,也较易对滑板造成损伤。因此,在检修中主要检查滑板的磨损及损伤情况。当滑板磨损到最大磨损限界时,一般为底部离上部槽口 2~3 mm,或者滑板上有较大的缺口时,必须更换滑板。

对于弓角,主要检查弓角的磨损。如磨损较大,则必须更换弓角。

5. 驱动气缸

由于驱动气缸内装有预紧弹簧,所以需要有专用夹具进行拆装。气缸分解后,应检查气缸活塞部件的磨损情况,更换所有的橡胶密封件。气缸组装完毕,应通气检查气缸工作情况。对于缓冲阀检修一般在大修时进行,主要是检查部件的磨损情况及更换橡胶密封件。

6. 绝缘子

绝缘子安装在底部框架上,一方面用于支撑底部框架,另一方面可将车体与受电弓隔离。所以绝缘子要求具有良好的电气绝缘性和机械性能,一般采用陶瓷或玻璃纤维聚酯压制而成。

在检修中,主要检查绝缘子外观是否有裂纹及损伤。如绝缘子表面有炭粉等污垢堆积,无法清除时,可采用抛光方式处理。对于表面有裂纹、有损伤的绝缘子应予以更换。绝缘子检查完毕后还应测试绝缘子耐压及绝缘电阻。

7. 集电头

集电头是受电弓与接触网接触部分,主要由滑板、转轴、弓角、弹簧盒组成。由轻金属制成的弓角可以防止在接触网分叉处接触导线进入滑板底下,避免刮弓的发生。滑板是由电石磨碳制成的接触部件及由轻金属制成的支撑物组成。弹簧盒中装有螺旋压缩弹簧,可为集电头在垂直方向提供一定的自由度。

(三)油 漆

受电弓组装完毕后,应进行油漆重涂作业。在涂油漆时,应注意对电桥连接线安装点及铰链处进行遮盖保护,以免影响轴承的工作及连接线的导电性能。

(四)受电弓调整

在受电弓组装完毕后,需要调整受电弓框架位置并检查集电头与接触网导线的接触压力。

1. 框架位置调整

框架位置调整时先调节下部导向杆,在最低位置时,下部导向杆应为水平。

2. 铰链部分调节

中间的铰链部分不能高于滑板的上部边缘或低于底部框架下部边缘。如果中间铰链的位置太低,下部工作区接触力的上升将受影响。

3. 上部导向杆长度调节

在下部导向杆和接触力调整后,再调节上部导向杆长度,使得滑板的上部处于受电弓中间工作位置。

4. 接触压力调整

框架位置调整完成后,可通过调节主张力弹簧长度调整接触压力。由于在整条线路上,接触网的高度是不同的,这要求受电弓在整个工作高度范围内的接触压力应基本一致。此外,根据不同季节的温度的改变,也需调整接触压力。

二、碳滑靴式受流器的检修

碳滑靴式受流器应用于第三轨方式供电的线路。

北京、天津、武汉等地铁就是采用了此种供电方式,供电电压为直流 750 V 或 1 500 V,速度为 80 km/h。受流器由一个主体和一个机构组成,该机构能使碳滑靴保持与第三轨相接触,主要由两个弹簧和两个弹性轴承控制,并使正常工作位置的接触压力为 (120±24) N。每个受流器安装有 2 个 750 V、400 A 的熔断器,由两条 95 mm^2 的电缆线连接在碳滑靴和熔断器之间。

受流器可以回位和锁定。虽然同一列车上使用受流器的定义和功能都相同,但受流器之间不能互换使用,一个确定的受流器位置是有不同的参数设置的。

一般动车每侧有 2 个受流器,拖车有 1 个受流器。正常工作时,一侧所有的受流器同时供电。

(一)碳滑靴式受流器故障检测

在使用过程中,一旦发现受流器异常一定要严格按照有关检测程序进行检测。由受流器引起的故障主要有以下 3 类:

(1) 主电路中无电流的检测程序,如图 5-2 所示。

(2) 碳滑靴和供电轨之间有火花和电弧产生时的检测程序,如图 5-3 所示。

(3) 碳滑靴连接线烧损的检测程序,如图 5-4 所示。

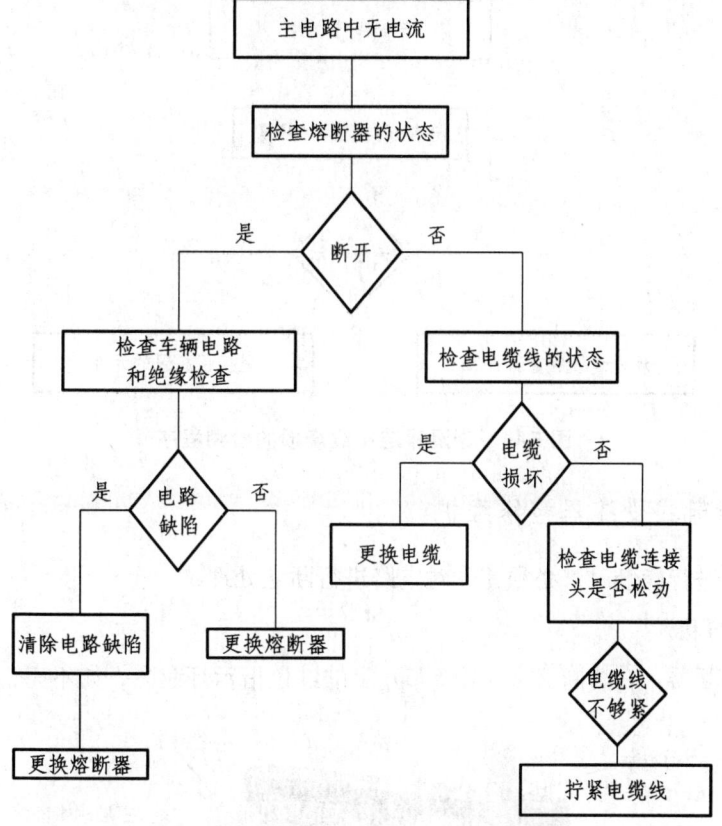

图 5-2 主电路中无电流的检测程序

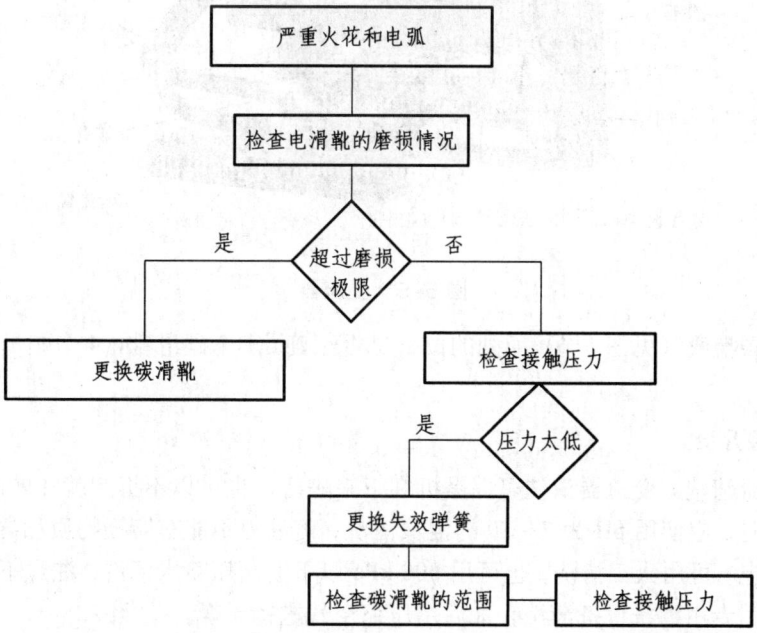

图 5-3 碳滑靴和供电轨之间有火花和电弧产生时的检测程序

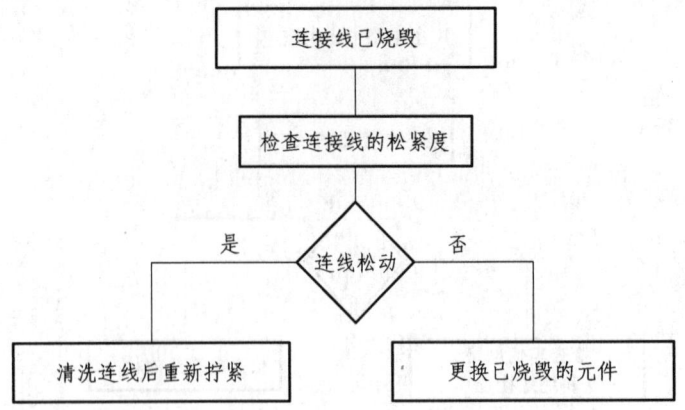

图 5-4　碳滑靴连接线烧损的检测程序

（二）碳滑靴式受流器检修维护

在对受流器进行检修时，必须首先对电路进行断电处理。

1. 受流器日检

(1) 观测熔断器。在熔断器（见图 5-5）上的红色指示灯应亮，如不亮，应更换熔断器。

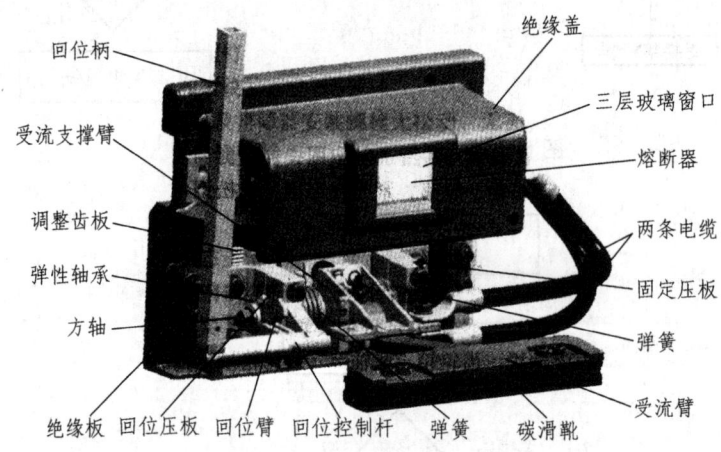

图 5-5　受流器

(2) 检查碳滑靴（见图 5-6）所处的位置是否正确。1 个碳滑靴、4 个螺母和 4 个垫圈应齐全无丢失。

2. 受流器月检

(1) 受流器清洗。受流器清洗可以是拆卸下来进行，也可以不拆卸就在转向架上进行。

清洗产品时，应使用 pH 为 7～10 的溶液清洗；溶液内不能有磨损物质和导电物质；清洗产品时必须断电，可用人工清洗，也可用 600 kPa 以下的高压喷水清洗，注意不要损坏熔断器的盒子；也可用专用清洗设备清洗；最后用压缩空气进行干燥。

(2) 检查碳滑靴的状态。

① 滑靴磨损：检查磨损指示标记（见图 5-7）。

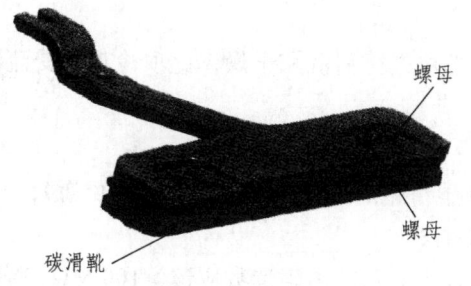 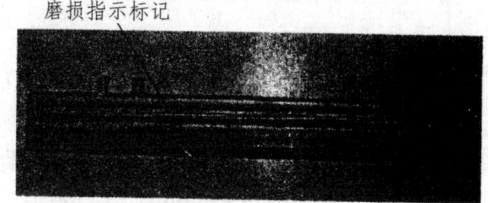

图 5-6 碳滑靴组成图　　　　图 5-7 滑靴磨损指示标记样图

② 滑靴状态：检查滑靴磨损量应均匀不过限。
③ 可接受的缺陷：磨屑、划痕、碳裂纹。
④ 需要更换滑靴的缺陷：碳滑靴部分损坏或丢失。

3. 受流器 5 万 km 检查与更换
(1) 更换碳滑靴。
(2) 检查绝缘底座与绝缘盖：
① 检查整体状态：有无裂纹、断裂、气孔以及任何可能危害到保护熔断器的缺陷。
② 更换有缺陷的部件。

4. 受流器半年检或 10 万 km 检查
(1) 检查受流器的整体状态。
① 检查整体状态：有无裂纹、断裂、气孔及任何可能危害到熔断器保护的缺陷。
② 更换有缺陷的部件。
③ 检查碳滑靴的位置是否正确。
(2) 电缆线检查（见图 5-8）。
① 检查电缆线的整个长度，确保整个绝缘保护层没有破损、裂纹及其他缺陷和损坏。
② 检查绝缘套有无松动。
(3) 检查限位螺钉 1 和 2 位置是否正确以及是否磨损（见图 5-9）。

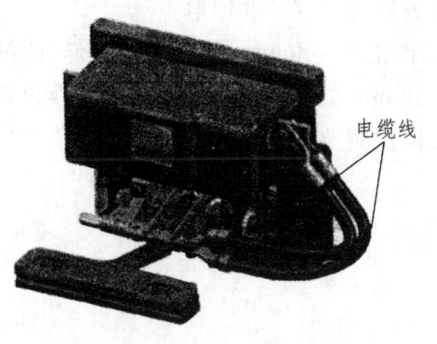 

图 5-8 电缆线检查　　　　图 5-9 限位螺钉检查

限位螺钉有以下缺陷需更换：毁坏、丢失、橡皮头老化或部分损坏。

5. 受流器2年或25万km检查

（1）检查绝缘性。做此项检查以前，整体部件必须进行清洗和干燥，此项检查是受流器在转向架上进行的。

① 回退受流器在断电位置。

② 断开受流器外部的电缆线（连接熔断器盒到碳滑靴的电缆必须保持在原来位置）。

③ 连接兆欧表一端到滑靴上，另一端到转向架上。

④ 兆欧表设置到最小500 V的位置上。在兆欧表上显示的电阻读数应该≥100 MΩ，否则应检查绝缘盖（见图5-5）的状态是否良好。

（2）检查锁紧力矩。使用扭力扳手，按有关技术要求所规定的力矩检查锁紧力矩。

（3）检查接触压力（见图5-10）。受流器在正常位置的接触压力，可以在车辆上进行检查。为了检查更精确，也可以在维修车间进行。

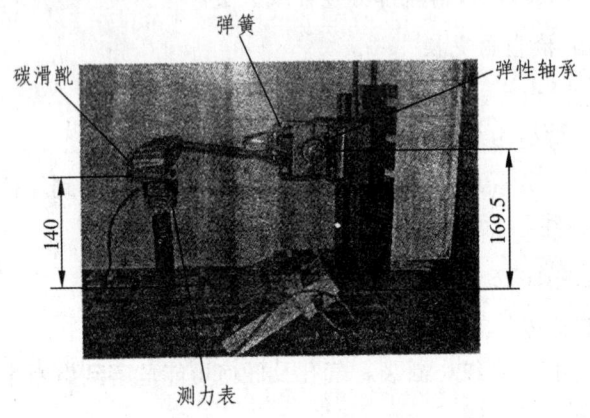

图5-10 接触压力检查

① 将碳滑靴放在正常工作位置上（140 mm），将测力表放在碳滑靴的轴线上，轻轻放松滑靴，测量接触压力。

② 使用新碳滑靴时，按照140 mm的规定高度进行测量。

③ 使用旧碳滑靴时，取决于磨损量，测力表放置的最大高度不得超过（140±20.6）mm。

④ 测量值必须在（120±24）N范围内，否则应检查弹簧以及弹性轴承。

（4）检查滑靴位置范围（见图5-11）。对应正常工作位置140 mm的高度应是导轨的高度或支承轨的高度，自由位置应该在正常工作位置以下30 mm处；回退位置在正常工作位置以上55 mm处。否则，应检查限位螺钉的状态或按有关规定调节限位螺钉。

6. 受流器每五年或50万km要进行的更换

（1）更换限位螺钉。

（2）更换电缆线。

（3）更换弹性轴承。

（4）更换弹簧。

（5）更换绝缘盖的密封垫。

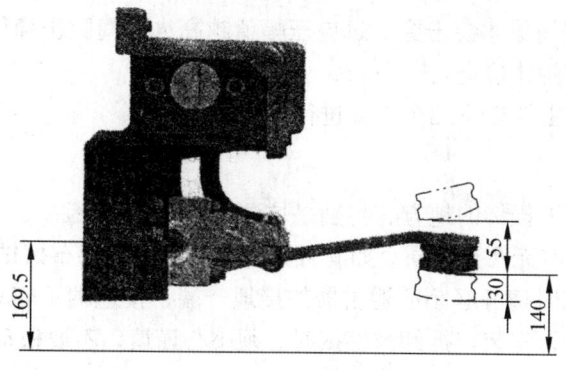

图 5-11 滑靴位置范围检查

三、车间电源检修

车间电源系统由电源插座盖、电源插座、熔断器、接触器及隔离二极管组成，如图 5-12 所示。车间电源系统一般安装在密闭的箱体内，所以检修周期间隔可以长一些。

1. 车间电源插座及插座盖检修

对于插座及插座盖，主要检查接插件是否有损坏、过热或腐蚀现象，特别要注意端部连接处。

2. 隔离二极管检修

将隔离二极管拆卸后，检查二极管电气特性，同时清洁二极管的散热片。在安装散热片时，接触面上应涂上一层薄薄的凡士林。

3. 电 缆

对于车间电源系统中使用的电缆，在检修中主要检查电缆与接线端子连接是否良好，清洁并打磨接线端接触部分。同时，还应检查电缆外部绝缘层是否有开裂或破损现象。

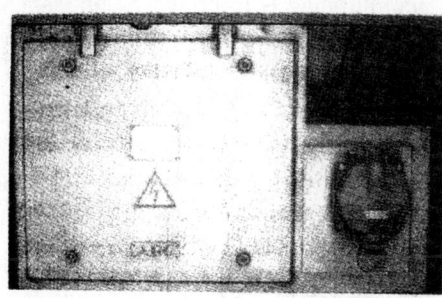 

图 5-12 车间电源

四、避雷器检修

避雷器通常由火花间隙和非线性电阻两部分组成。在正常电压下火花间隙是不会击穿的，只有出现过电压时火花间隙才会击穿,过电压幅值越高火花间隙击穿得越快。避雷器为整体封装结构,检修时不作解体检查。

在作业中主要对避雷器以下几个方面进行检查:

1. 外观检查

(1) 检查避雷器有无损坏的地方,特别是坑洼、破裂等现象。

(2) 检查避雷器上有无污染物质,如有且聚积明显请用纯棉布擦拭干净,再用100%工业酒精擦洗,检查与擦拭时请务必小心避雷器的接地一端,接地端子容易损坏且与瓷绝缘子底部的压力释放隔膜相连,安装、拆卸与擦拭时必须小心谨慎,不要松动瓷绝缘子底部的4个小螺母。

2. 测量绝缘电阻

测量绝缘电阻时使用 500 V/200 MΩ 挡,标准的绝缘电阻应在 100 MΩ 以上。如果测量表显示无穷大,则可在记录表上填写:大于 200 MΩ,说明该避雷器绝缘值符合技术要求。

3. 测试避雷器过电压功能

测试避雷器过电压功能是否正常。

4. 检查验收

检查确定所有的安装螺母、插头无松动、无裂纹,并打上明显的防松标记。

5. 记　录

以上项目检修完毕,符合规定要求后,签名并确认作业编号,将处理及未处理故障填入相应的记录表并签名。

复习思考题

1. 简述城轨车辆受流设备作用、形式及种类。
2. 简述受电弓的结构。
3. 受电弓的检修项目有哪些?
4. 检修受电弓是应注意什么?
5. 简述车间电源的结构及检修内容。

第二节 各类电动机的检修

列车上使用的电动机按用途可以分为牵引电动机及辅助电动机两种。牵引电动机为列车运动提供动力，辅助电动机主要在各通风冷却系统及供气系统中使用。

牵引电动机有许多类型，如直流牵引电动机、交流异步牵引电动机和交流同步牵引电动机等。城市轨道交通车辆应用最广泛的牵引电动机是直流牵引电动机和交流异步牵引电动机。但由于直流电动机必须通过换向器才能工作，除结构较复杂外，它的检修工作量较大，因此直流牵引电动机的发展受到了很大限制。而具有结构简单、牢固、单位功率的体积小、质量轻及制造成本低且少检修等一系列优点的三相异步牵引电动机在轨道交通车辆上的发展拓展了广阔的运用前景。

1. 交流牵引电动机的特点

（1）交流牵引电动机没有换向器，结构简单、可靠性高、维护很少甚至不需要维护。

（2）转子简单而坚固，定子绕组沿圆周均匀分布，又没有换向器工作圆周速度的限制，可选用高转速和高传动比，从而显著减小电动机质量，获得较大的单位质量功率，减小了电动机体积。

（3）有良好的牵引性能。合理地设计三相交流牵引电动机的调频、调压特性，可以实现大范围的平滑调度，充分满足机车牵引运行的需要。同时又具有防空转的性能，使黏着利用提高。另外，三相交流牵引电动机对瞬时过电压和过电流很不敏感，在启动时能在更长的时间内发出较大的启动力矩。

2. 交流电动机的结构

交流异步电动机的结构主要由定子、转子、气隙等组成。

由于交流牵引电动机通常采用笼形异步电动机，故在此介绍异步牵引电动机的检修。笼形异步电动机基本可以达到免维护的要求，所以仅在大修时作解体检修。

本节主要介绍城市轨道交通车辆驱动电动机的检测、检修方法及试验。所需工具、设备为：压缩空气气源、电动机吹扫间、电动机转子支架、电动机清洗机、电动机真空远红外干燥箱、交流（直流）电动机耐压试验台、电动机转子动平衡试验机、电动机空载试验台、电动机负载反馈试验台、低电阻测量仪、红外线测温仪、兆欧表、轴承拆卸工具、电动机转子专用吊具、电（风）动扳手等。所需物品为：绝缘漆、绕组绝缘材料等。

一、牵引电动机的检修

（一）电动机的主要检修内容

1. 吹扫

电动机在分解前应用高压空气对电动机外表面进行吹扫，吹扫应在带有吸尘装置的专用吹扫间内进行。

2. 分　解

用工具拆下电动机端盖螺钉，抽出转子。

3. 清　洗

对电动机内部进行吹扫、清洗、擦拭。

4. 检查检修

（1）检查电动机转子、定子和绕组有无烧灼、碰擦痕迹。对于有擦伤情况的，应检查轴承或轴承安装室是否有问题，轴承安装室一般位于电动机的端盖上，检修时应测轴承安装室的直径，对于有磨损的安装室可采用喷涂的方法修复，对于磨损严重的，应更换端盖。对于有烧灼情况的，应测量阻值是否符合规定并检查匝间有无短路现象，如有应更换绕组。

（2）检查轴承状态是否良好，并根据轴承使用寿命对其进行更换油脂或更换轴承。

5. 测　量

（1）测量三相绕组的阻值是否一致，检测绕组状态是否正常。

（2）测试绕组对地绝缘电阻，检测绕组是否对地击穿。

6. 组　装

按规定顺序组装定子、转子和端盖。

7. 试　验

（1）温升测试，应按照有关技术要求检测电动机各部发热是否正常。

（2）热态复测绕组对地绝缘，检测绝缘是否因发热而损伤。

（3）测试并记录电动机的特性曲线。检查电动机运行情况。

（4）振动测试。

（5）超速试验，检查电动机装配等是否完好。

（6）交流耐压测试，检查电动机各绕组及刷架等是否对地击穿或爬电。

（7）如有负载试验台，还应进行堵转试验。

（二）主要部位的检查测试

1. 绕组线圈的检修

（1）使用干燥的压缩空气吹扫绕组线圈与连接线以及线圈与线框之间的缝隙里的灰尘。如有污垢可用棉纱擦拭，不得使用可能伤及金属或镀层表面的器具。

（2）检查绕组线圈和连接线有无损伤，引线的接点有无损伤。

（3）测定绝缘电阻。测定并记录接线端子与线框等接地之间的绝缘电阻。

（4）绕组线圈、连接线等表面镀层出现剥落时，应使用绝缘涂料进行修补。

2. 铁心的检修

（1）铁心底面、顶面的涂装出现剥落时，应进行涂装修补。

（2）铁心底面不应有变形或者与异物的接触损伤。

（3）铁心顶面不应有积水或锈蚀。积水应擦干，锈蚀处应用砂纸等除锈后进行绝缘涂装修补。

3. 引线的检查

（1）引线与线圈的连接部不应有绝缘剥落、污垢或损伤等异常。
（2）引线的外皮不应有龟裂或老化。
（3）接线端子表面不应有污垢或损伤，如有污垢应擦拭干净。端子绝缘台不应有裂纹或缺损。

二、辅助牵引电动机的检修

（一）空气压缩机电动机的检修

空气压缩机电动机是较特殊的辅助电动机，通常是恒转速运转。空气压缩机也是列车上的重要供气设备，空气压缩机电动机无论是直流的还是交流的，其检修内容与列车牵引电动机基本相同，以保证列车供气正常。

（二）冷却风机的检修

对于列车上的冷却通风电动机，基本采用交流驱动方式，所以检修方式与交流电动机的基本一致，只是在测试项目上，仅需对电动机进行通电检查。这类电动机所使用的轴承多为双面密封，仅在电动机大修时予以更换。

复习思考题

1. 简述城轨车辆牵引电动机的作用及结构。
2. 简述城轨车辆异步电动机的检查测试。
3. 电动机的检修项目有哪些？
4. 电动机的检修方法有哪些？
5. 电动机检修中的注意事项有哪些？

第三节　牵引及控制系统的检修

列车牵引及控制系统控制列车电动机工作，为列车提供所需驱动力及制动力。一套牵引及控制系统主要由高速开关、主电路、变流设备（牵引逆变器）及其控制单元、制动电阻等部件组成。

1. 高速开关

如图 5-13 所示，高速开关用来接通和分断电动列车的高压电路，是电动车辆的主要保护装置。当主电路发生短路、过载等故障时能够快速切断主电源。为了防止事故的扩大，要求高速开关动作迅速、可靠，并具有足够的断流容量。由于电动车辆车下安装空间有限，要求高速开关必须结构紧凑。

 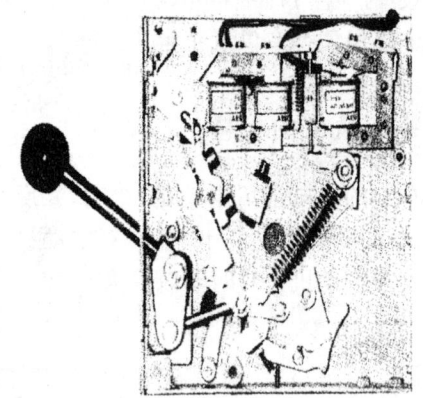

图 5-13　高速开关

2. 牵引逆变器

牵引逆变器采用先进的调频调压交流感应电动机驱动系统。基本原理是将来自接触网的 1 500 V 直流电通过逆变器转换成频率和电压均可调的三相交流电，供给驱动用交流笼形感应电动机。只有通过调频才能调节感应电动机的转速，只有通过调频调压才能使感应电动机具有恒力矩或恒功率的牵引特性。众所周知，笼形电动机具有坚固耐用、检修少、体积小、质量轻等诸多优点，只有大功率电力电子器件和微型计算机的出现和应用才能使它成为具有良好牵引特性的车辆主电机。

电压型主逆变器由 3 000 A、4 500 V 的大功率 GTO 或 IGBT 模块构成，采用 PWM（脉宽调制）矢量控制法进行控制。控制系统用 16 位微机，驾驶员指令用光电转换，脉冲信号由光纤维导线传送，减少了机械接触及电气干扰等故障。

牵引电动机为三相交流感应电动机，C 级绝缘，由于采用这一电传动方式，可使车辆具有良好的制动性能，在制动时电动机变成发电机状态运行，将车辆动能变成电能，经逆变器整流成直流电反馈于接触网，可供其他车辆牵引用或作其他用。当无用户吸收时，可全功率转变为电阻制动，低速或紧急时还有空气制动投入，车辆制动十分可靠。

3. 接触器

地铁车辆使用的电磁接触器是一种用来频繁的接通和切断主电路的自动切换电器，它的特点是能进行远距离自动控制，操作频率较高，通断电流较大。电磁接触器的主要结构一般由电磁机构、传动装置、主触头、灭弧装置、辅助开关装置等组成，如图 5-14 所示。电磁机构由铁芯、带驱动杆的螺旋线圈、盖板组成。触头是电器的执行机构，直接关系到电器工作的可靠性。触头有 4 种工作状态：闭合状态、触头闭合过程、断开状态和触头开断过程。在触头开断电流时，一般在两触头间会产生电弧，所以地铁列车上的接触器都有灭弧栅。

图 5-14 接触器

4. 牵引控制单元

牵引控制单元 DCU 为牵引逆变器 VVVF 提供脉宽调制信号 PWM，为牵引电动机提供矢量控制，采用空间磁场矢量控制的转矩控制模式。DCU 主要负责牵引/制动控制、脉冲模式产生、逆变器保护、速度测量、牵引/制动指令参考值处理、转矩控制、电压电流控制等。

牵引控制单元 DCU 和逆变器保护单元 UNAS 设计成一上下两层的机箱，共装有 25 块电子板。各电子板为标准 19 寸 3U 印制电路板，使用多层板技术，电子板上的元件采用表面封装（SMD）或插装（DIL）。

DCU 的 A314 和 A315 板、UNAS 的 A329 和 A330 板的前面板上，通过 48 针的接插件与外部电路连接。

DCU 的软件主要分为车辆控制软件、牵引/制动控制软件和故障诊断软件。

牵引/制动控制软件主要包括以下几个模块：线路电容器充放电控制模块、牵引/制动指令参考值处理模块、转矩矢量控制模块、电阻制动控制模块等。故障诊断软件对 DCU/UNAS、VVVF 及各种外围设备的故障进行诊断，将故障数记录在处理数据存储单元 PDA 中。

5. 制动电阻

制动电阻用于地铁车辆的电阻制动，承担电动机电流中不能再生的那部分制动电流的消耗。目前，制动电阻采用模块化设计，通常由框架、带状电阻、绝缘子等部件组成。一个制动电阻单元可能由几个制动电阻模块组成。

当带状制动电阻条通过制动电流时，以发热的方式将能量传递出去。根据这一原理，制动电阻除要求有良好的热容量、耐振动外，还要求其具有良好的防腐蚀性能，在高温下不生成氧化层。带状电阻通过绝缘子安装在框架内。

制动电阻冷却方式通常为强迫风冷。

本节主要介绍牵引及控制系统的检测和检修方法。所需工具设备有：兆欧表、欧姆表、扭力扳手、硬刷、110 V 直流电源表、千分尺等。所需物品为：压缩空气、橡胶密封条、黏结剂 1521、红漆等。

一、高速开关的检修

高速开关装置主要由以下几个部件组成：基架、短路快速跳闸装置、过载跳闸装置、合闸装置、灭弧栅、辅助触点等。

高速开关需要定期检查，检查周期可根据接通或断开操作工作量来定。高速开关的检修内容如下：

1. 合闸装置检查

测量螺管线圈的阻值，若阻值与标称值不相符应更换线圈。检查线圈与铁芯之间是否有碰擦痕迹，检查铁芯是否动作自如。对机械联锁机构进行润滑，正常情况下润滑能延长高速开关寿命，润滑脂应是专用油脂，不准混有其他油脂。

2. 动/静触点检查

检查动/静触点的"熔化"程度，如"熔化"程度厉害，应更换触点。触点应成对更换，更换完毕后还应检查动/静触点接触面接触情况。

3. 接线端检查

清洁、打磨主接线端及电缆的接触面，使两接触面的接触保持密贴，防止接触电阻增大而损坏电缆及主接线端。

4. 灭弧罩检查

将灭弧罩分解，检查灭弧栅片的情况。对于烧灼厉害的灭弧栅片应更换。在灭弧栅片组装过程中，应注意栅片的安装角度。

5. 辅助开关检查

检查辅助开关时应测量开关触点的接触阻值，同时还需检查机械部件的工作情况。

此外，在高速开关使用到一定期限时，应更换机构内所有的弹簧部件。

高速开关检修完成后，应对过载跳闸装置整定值进行调整。通过外接电源模拟过载电流，检查高速开关是否能在整定值处断开。对于短路跳闸装置整定值的检查，由于普通电源设备无法模拟短路电流，所以一般在检修中不做短路电流检查，如果确实需要检查这个项目，可通过高速开关制造厂商的专用设备来检查。

二、牵引逆变器检修

变流系统通常安装在一个独立的设备箱内，通常安装有半导体元件、控制板、散热片、电缆等电气部件，这些部件基本实现了模块化安装，如三相逆变电路就由三个完全相同的模块组成。对于变流设备的检修应重点对以下几方面进行检查。

1. 清洁通风区域及散热片检查

大功率半导体元件在工作时会发热，为了保护元件，通常这些元件安装在散热片上，而散热片是通过通风冷却。如果散热片上灰尘堆积过多，或者通风风道内有异物，都会影响元件散热性能。因此，应经常对通风区域及散热片进行清洁，去除散热片上的灰尘和碎屑。在散热片间必须没有阻挡空气流进入的阻塞物。

2. 清洁控制板检查

控制板通常为印制线路板，在检修中应小心清洁。在清洁过程中，检修人员应采取防静电措施，保证线路板上元件不因受静电影响而损坏。同时，如控制板上有接线端，应对接线端进行清洁，必要时进行打磨，以保证与电缆、控制线接触良好。

3. VVVF 逆变器箱体盖板和紧固件检查

逆变器的所有盖板应无损坏、变形，锁闭功能良好，如有必要需进行检修或予以更换；检查所有盖板的密封橡胶的弹性，如果存在 3 mm 的裂缝或更大的永久变形，则需要更换；检查所有盖板的门锁，看能否正常工作和自由转动，如果有必要则予以更换；检查多针插头无腐蚀或污垢，如有则对其进行清扫或更换。

4. VVVF 逆变器外表及安装检查

检查逆变器箱的外表无腐蚀、变形或其他损坏现象；检查安装螺母无松动，安装支架无损伤和裂缝；检查柜体的焊接无裂纹，箱体接地线良好。

5. VVVF 逆变器接线端子和电缆的检修

接线端子绝缘良好，无老化、开裂、损坏或脱落等现象，无异味，接线端子紧固良好，所有进出线状态应良好；检查散热片应无污垢、变形，必要时用硬刷和吸尘器进行清理。

6. VVVF 逆变器箱体内部的检修

外观无缺陷，配线电线无变质、损坏；端子无变形、褪色、开裂和损坏；端子螺栓无松动；安装螺栓无松动；清洁 VVVF 箱的内部，确保箱体内部没有灰尘，特别是箱体内部的安装部件没有被灰尘覆盖；检查绝缘安装面、绝缘端子和绝缘柱等无变色、开裂、损坏、起皮或脱层等现象。

7. 元件检查

电阻元件：检查电阻表面无变色、开裂、损坏、起皮或脱层等现象，检查电阻接线端子紧固良好。

电容元件：检查充油的电容是否有漏油现象，检查电容接线端子的紧固应良好。

8. VVVF 逆变器的控制单元的检修

控制单元外观无缺陷，印制电路板完好，印制电路板的安装状态良好，接线端子整齐无损坏现象，电线电缆无褪色、开裂、损坏、起皮等现象，电线电缆扎带排列良好，控制单元连接插头连接状态良好，必要时更换。

9. 动力单元与电源单元的检修

检查动力单元与电源单元的接线良好，没有变形或污垢，电缆电线没有损伤、褪色、开裂、损坏、起皮等现象，电缆电线扣件排列整齐；PCB 印制电路板外观完好。

10. VVVF 逆变器线路接触器（LB、CHB 单元）的检修

（1）将 LB 接触器的闭锁杠杆往上抬，从接触器上取下灭弧罩。

（2）仔细观察灭弧室是否损坏，如有损坏及时报告。

（3）灭弧室如无损坏，仅有拉弧痕迹时，须用硬刷或干布擦拭灭弧罩至洁净。

（4）使用 6 号六角扳手，小心仔细拆下 LB 触点，特别应注意避免弄伤触点表面与箱内其他机构。

（5）仔细观察接触点上是否有过渡烧蚀，是否超过触点允许的最大烧蚀范围，如果超过范围则及时报告。

（6）触点的烧蚀范围如未超过允许范围，仅有烧灼痕迹或是毛刺，则通过锉刀或手动方式去除毛刺，在拉弧触点面上用砂纸（$180^{\#}$以上）轻轻打磨，特别注意不要损伤触点表面，不要露出铜制材料，打磨时请特别注意必须保持 TJB 原有的灭弧角。

（7）在重新安装触点前，请仔细观察 LB 接触器基座上是否有异物，如有请务必清除，然后再使用 6 号六角扳手重新安装触点。

（8）在安装触点时，务必确认动/静触点位置对正，使用扭力扳手以 $18\ N\cdot m$ 的力矩扭紧，如无扭力扳手，请熟练员工估计力矩。

（9）触点安装完毕后，请确认在不超过 0.5 mm 条件下闭合主触点和辅助触点。

（10）所有作业完成后，请确认所有装置已经回复至原位。

11. 继电器单元以及电压、电流传感器的检修

继电器单元接线良好，电缆电线扣件排列整齐；继电器表面没有损伤、褪色、开裂、损坏、起皮等现象，外观完好，安装螺母无松动；电压、电流传感器安装良好，外观完好，进出线正常，接线端子无松动，排列有序。

12. 检查验收

检查确定所有的安装螺母、插头无松动、无裂纹，并打上明显的防松标记。

13. 填写相应记录

以上项目检修完毕，符合规定要求后，签名并确认作业编号，将处理及未处理故障填入相应的记录表并签名。

注：更换所有已经使用 1 年的防爆胶泥或橡皮泥。

三、接触器的检修

1. 主触头检修

触头是电器的执行机构，直接关系到电器工作的可靠性。触头在闭合和断开的过程中通常会发生机械磨损、触头熔焊和电气磨损 3 种。电气磨损主要发生在触头闭合和触头开断电流的过程。触头熔焊主要发生在触头闭合电流的过程和触头处于闭合状态时，触头熔焊后就不能执行开断电路的任务，甚至引起严重故障。

主触头接触面的工作情况应经常检查。对于有轻度烧灼或有结瘤的接触面，可进行打磨。对于有较大面积的烧损熔焊时，应更换主触头。主触头的更换应成对进行。在更换主触头的作业时，首先应对主触头进行配对。安装时，可使用专用夹具来保证主触头的安装精度，以保证静/动触头接触面的接触良好。

2. 电磁机构检修

检查铁心与线圈的表面是否有擦痕；测量线圈阻值是否正常；清洁、打磨线圈接线端子，使其接触良好；检查复位弹簧的工作状态，在大修时应更换复位弹簧。

3. 传动机构检修

接触器内的传动机构由于绝缘的需要，通常由塑料等绝缘材料制成。在一段时间后，这些材料的性能可能会发生改变，有时因为受力的原因也会出现裂纹、破损等现象，对于损坏的部件应予以更换。同时，还需要检查轴孔的工作状态，由于轴和外壳使用的材质不同，通常外壳上的轴孔较易磨损。

4. 辅助开关检修

测量辅助开关触点的接触电阻是否符合要求；检查凸轮机构的工作状态，对于磨损严重的凸轮应更换，清洁、打磨接线端子。在大修时，应更换所有的辅助开关。

5. 检查测试

接触器检修完毕后，应用交流电源检查接触器耐压值，并测量主触点与外壳之间的绝缘电阻。然后检查接触器的吸合及分断时间。列车控制系统是通过辅助开关来检查主接触器工作情况，所以在测量接触器的吸合及分断时间时，应以辅助开关的闭合和分断时间为准。

四、牵引控制单元的检修

牵引控制单元通常安装在密闭的箱体内，该箱体具有良好的防潮、抗电磁干扰、抗振、防尘等特性，因此，在日常维护中一般不需要对牵引控制单元进行检修。

如果在检修中发现牵引控制单元所在的箱体有水迹或积灰较多时，应将控制系统分解，检查并清洁印制电路板。在检查及清洁印制电路板时，需对检修人员采取防静电措施。

牵引控制单元调试一般是在装车后的静态调试中进行的，可通过相应的通信软件，利用用户程序进行测试。可通过观察部件工作状态或测量输出波形来判断系统工作是否正常。

五、制动电阻检修

由于制动电阻采用强迫风冷方式进行冷却，所以在检修时，应做如下修理：

1. 制动电阻及制动电阻箱清洁

定期清洁制动电阻及制动电阻箱，用压缩空气清洁电阻器，确保无污物附着。

2. 制动电阻外观检查

（1）制动电阻接线端子接线牢固，导线和接地线外观完好，绝缘无老化、脱落、损坏等现象；更换有裂纹或者破损的绝缘子；对于接线端子，检修时应采用清洁、打磨等方法进行处理，保证与电缆接线端有良好的接触面。

（2）检查电阻器单元之间无异物，无重联，并且必须保证电阻器和陶瓷间隔是清洁的，检查绝缘体和陶瓷间隔无裂痕与损坏。

（3）检查电阻器内部连接的紧密性和有无腐蚀现象，检查电阻器单元是否有过热烧灼痕迹，损坏时需更换。

（4）检查带状电阻是否有变形，其变形如图5-15所示。

图 5-15　带状电阻变形参考图

如果冷态下带状电阻就有变形，一旦通过制动电流，其变形会更加严重，极易造成电阻之间的短路。

3. 测量制动电阻阻值

在端子间测量其阻值，应符合有关技术要求，否则更换。由于带状电阻的阻值很小，通常可通过电桥方式进行测量。

4. 绝缘测试

用 1 000 V 高阻表检查绝缘状况，阻值应 $\geqslant 20\ \text{M}\Omega$。

5. 检查验收

检查确定所有的安装螺母、插头无松动、无裂纹，并打上明显的防松标记。

6. 填写相应记录

以上项目检修完毕，符合规定要求后，签名并确认作业编号，将处理及未处理故障填入相应的记录表并签名。

注：更换所有已经使用 1 年的防爆胶泥或橡皮泥。

复习思考题

1. 简述牵引及系统主要组成及作用。
2. 简述高速开关、接触器、牵引控制单元 DCU、制动电阻的作用。
3. 简述牵引逆变器的功能。
4. 高速开关的检修项目有哪些？
5. 检修高速开关有哪些注意事项？

第四节 辅助供电系统的检修

地铁列车辅助供电系统主要为除牵引系统以外的所有用电系统供电,其供电的主要负载有:列车空调系统、客室照明系统、设备通风冷却系统、列车控制系统、蓄电池的充电等。整个辅助供电系统由辅助逆变器、电压转换器、蓄电池等部件组成,它的工作状态正常与否直接影响整个列车的功能。特别是当数辆车发生辅助电路故障时将导致列车的运行故障,甚至造成整条线路的运行中断。因此,电动列车辅助供电对保障整个地铁运营系统高效、可靠、安全的运行体系是极其重要的。

1. 辅助逆变器

辅助逆变器是将电网的直流 1 500 V 电源变成交流 50 Hz、380 V/220 V 电源和直流 110 V 电源。对于采用交流供电的照明系统,逆变器还负责向照明系统供电。

列车辅助逆变器的工作原理与主牵引逆变器是一致的,只是辅助系统的供电的频率及幅值是固定的,其控制相对主逆变器来说较为简单。

辅助逆变器的控制单元与牵引系统控制单元一样,采用模块化设计,分电源、输入/输出模块及中央处理器模块等几个部分。

2. 蓄电池

列车蓄电池主要供列车起动使用,同时在辅助逆变器不工作的时候,为列车提供紧急照明、紧急通风、控制系统、通信系统等提供电源,所以蓄电池也是列车上的重要电气部件。

目前,列车通常使用碱性镉镍电池。镉镍电池具有环保、寿命长,充放电循环周期高达数千次,耐冲击和振动,自放电小、低温性能好、耐过充能力强等优点,因此在列车上通常使用镉镍电池作为启动电源。

蓄电池可分为有极板盒式电池、开口烧结式电池、圆柱密封电池及全密封电池等几种形式。有极板电池是各种类型镉镍电池中最成熟的一种电池,其特点是牢固、可靠、寿命长,可在很宽的温度范围内使用,有良好的荷电保持能力,可以在任何条件下长期存储而无损坏,成本比其他镉镍电池低很多,基本能满足列车使用需要。

本节主要介绍独立进行列车辅助逆变器的检修和列车蓄电池的维护。所需工具、设备有:兆欧表、欧姆表、110 V 直流电源表、扭力扳手等。所需物品有:蒸馏水、橡胶密封条、粘接剂 1521、凡士林、红漆等。

一、辅助逆变器检修

由于辅助逆变器的结构与牵引逆变器相似,其检修方式也基本一致。检修主要是对通风区域、散热片、半导体元件的安装等进行清洁检查,并视工作环境的情况检查清洁控制板。

在清洁过程中，应采取防静电措施。同时，如控制板上有接线端子，应对接线端子进行清洁，必要时需进行打磨，以保证与电缆、控制线接触良好。

二、蓄电池的检修和维护

在日常维护中应重点检查电解液的液面高度，一般要求液面高度位于最高刻度线处，但不能高于最高刻度线，同时，液面也不能低于最低刻度线。对于液面低于最低刻度线较多的时候，可通过加注蒸馏水的方法来补液。蒸馏水的纯度必须符合 1989—IEC993 的规定。

蓄电池在使用一定周期后，应进行如下检查：

1. 电解液密度的测定

电解液的密度直接影响蓄电池的容量，对于密度低于规定值的，应将蓄电池中的电解液全部排空后，重新配置电解液加注。在重新加注前，需彻底清洗蓄电池内侧壳体及极板。在更换电解液时应采取必要的防护措施，以免对人体造成伤害。

2. 蓄电池容量测试

蓄电池容量的测试应严格按照蓄电池供应厂家的要求进行。容量测试完成后，应按测试结果对蓄电池进行分组。容量相差较大的蓄电池不应混装在一起使用。容量测定时，应剔除容量低的电池。充、放电电流应采用 0.2 C（C 为电池容量）来设定，充电电压按 1.55 n（n 指串联电池的个数）来设定。

3. 检查验收

对接线排进行清洁、打磨处理，保证蓄电池之间连接良好。

注：蓄电池必须由有资格的电工进行维护工作，使用符合电规程和电防护措施的绝缘工具。

4. 分解及组装

（1）组件分解步骤。

① 分解蓄电池组步骤如下：

a. 分断配电箱断路器。

b. 打开蓄电池箱，拉出蓄电池组台车。

c. 拆开蓄电池组到配电箱接线。

d. 拆开蓄电池极柱护套，拆下连接片，然后再把极柱护套套好。

e. 套好极柱护套后，把蓄电池从台车上搬离。

② 分解蓄电池配电箱步骤如下：

a. 分断断路器。

b. 切断浮充电电源和负载回路。

c. 从端子上挑开所有连接导线。

d. 拆下外部裸线接头和软管接头，拆除外部接线和绑扎。

e. 拆开从蓄电池组到断路器的接线。

f. 松开连接螺栓，拆开配电箱。

③ 分解配电箱电气元件步骤如下：

a. 分断断路器。

b. 切断浮充电电源和负载回路。

c. 从端子上挑开需分解元件的连接导线。

d. 拆开连接导线的绑扎。

e. 拆下需分解元件的连接导线。

f. 松开需分解元件的固定螺栓。

g. 从安装板上拆下电气元件。

(2) 组装步骤。

组装程序参照分解步骤反向操作。

复习思考题

1. 简述城市轨道交通车辆辅助供电系统的主要作用及组成。
2. 简述城市轨道交通车辆辅助逆变器的作用。
3. 蓄电池在轨道交通车辆中的作用是什么？
4. 蓄电池检修的项目有哪些？注意事项是什么？

第五节　照明系统的检修

一、车内照明

列车客室多采用三基色荧光灯照明，由顶灯组成两条灯带：正常照明（非故障照明）由辅助逆变器输出的 AC 220 V 交流电供电；故障照明由 DC 110 V 直流母线供电（SIV 故障时，由蓄电池通过直流母线供电）。司机室内顶板照明采用荧光灯照明（DC 110 V 供电）。

1. 维修作业步骤

(1) 两周检查只需要进行一般性的目视检查和简单的操作即可。
(2) 年检只需要进行一般性的目视检查和简单的操作即可。
(3) 重要部件检查只需要进行一般性的目视检查和简单的操作即可。
(4) 大修除进行一般的目视检查以外，还需要对灯管和电子镇流器（部分为电子逆变器）进行更换。

2. 检查维修步骤方法

(1) 目视检查，检查灯管是否不亮或发光变暗、发光闪烁、灯管及灯脚表面颜色有变化。断开照明灯的电源。
(2) 打开客室格栅罩板，然后将灯管在灯脚上旋转几下，如果灯管重新点亮，则检查和紧固灯座。
(3) 用两只手靠近灯管两端同时沿相同方向旋转灯管，对齐灯座安装进出口后，将灯管取出，重新换成新灯管，将灯管两端沿灯座进口方向放进，用两只手靠近灯管两端同时沿相同方向旋转灯管，将灯管卡住。
(4) 更换整流器或逆变器，将灯带上固定反光板的 8 个安装螺钉拧下，将反光板卸下，松开灯具和车体内的电线连接插头，在地面上拆掉整流器或逆变器的安装螺栓，即可更换整流器或逆变器。
(5) 安装顺序与以上过程相反进行。
(6) 灯管的正常使用寿命一般为 12 000 h，整流器或逆变器为 7 年。大修时需全部更换。

二、前照灯

1. 装配说明

(1) 装配前应先认真阅读理解《使用维护说明书》。
(2) 打开包装，根据装箱单确认所装物品是否与装箱单一致。检查所装物品是否完好无损。

（3）车体定位件的安装根据提供的钻模样件，在车体上事先钻好装配孔。车体定位件安装在车体上时，必须与车体的安装面四周有一定的间隙，而且安装定位件应安装自如，不得在任何位置上有干涉现象。

（4）在安装定位板反面打上密封胶用螺栓固定在车体上，并应确认其安装牢固可靠。检查卡孔卡子是否安装齐全。

（5）将前组合灯取出检查密封圈是否完好。正确连接好车辆输出电缆和前组合灯输入电缆，最后将前组合灯上的卡钉压入卡扣中。

（6）开启电源对前组合灯进行试亮，并测试头灯光照位置。如需对光照位置进行调整时，使用专用工具将前组合灯从车体上取下。打开后壳总成的后盖，对头灯进行调整。远近光氙气灯组件都单独配有调整装置，可对光照位置进行微调。

2. 维护、保养

（1）应定期对前组合灯进行维护、保养。

（2）主要是确定前组合灯与车体连接的牢固性，密封件的老化程度。灯体外部是否有损伤。及时更换接近使用寿命的电器元件，以免在列车行驶过程中出现故障。

（3）氙气灯泡的更换：用专用工具将前组合灯从车体卡扣中拆下，打开后壳总成上的后盖。打开灯泡卡簧，拔掉接线头将灯泡取下。确定新灯泡安装位置正确后，压好卡簧，接上接头，安装好后盖，即可装上前组合灯。本产品设计时可对氙气灯泡、氙气灯泡镇流器作更换要求。其余部件损坏对整灯进行更换。

复习思考题

1. 客室照明供电有哪几种形式？
2. 简述客室照明的检修步骤方法。
3. 安装前照灯应该注意什么？

第六节　列车监控系统的检修

下面以某地铁列车为例,介绍监控系统的检修和维护。

(一) 用　途

列车监控系统是连接各个车辆上设置的中央端末装置或者车辆间传送路,收集各个车辆搭载的机器的运作状态、故障情报并随时显示在两先头车驾驶室的监控显示器上。还配合各个机器的监控功能,可以实施扩展电装置的控制和空调装置的依次启动等控制。而且在列车的维修操作上,监视各列车上搭载的各种装置的动作状态的同时可以支援各种检查。

(二) 主要性能

列车的监控系统主要性能如下:
(1) 控制方式: 32 比特, 微机方式。
(2) 车辆间传送: PROFIBUS, 1.5 Mbps。
(3) 对制动装置传送: RS-485, HDLC, 19.2 kbps。
(4) 对 VVVF 装置传送: RS-485, HDLC, 125 kbps。
(5) 对 SIV 装置传送: RS-485, HDLC, 125 kbps。
(6) 对空调装置传送: RS-485, HDLC, 19.2 kbps。
(7) 对门装置传送: RS-485, HDLC, 38.4 kbps, 多支路。
(8) 对 PIDS 传送: RS-485, HDLC, 19.2 kbps。
(9) 对 CCTV 传送: RS-485, HDLC, 19.2 kbps。
(10) 显示控制器-中央端末装置间传送: RS-485, 调步同期, 19.2 kbps。
(11) 显示控制器-数据读出器之间的传送: Ethernet。
(12) 显示控制器-监控显示器连接信号: ①VGA (VIDEO 信号), ②RS-232C (触摸屏控制)。
(13) 监控显示器: 附带 800×600, dot, 65536 色彩色 LCD, 触摸屏。
(14) 数据读出: PC-AT 互换笔记本型, 使用 OS: WindowsXP。

(三) 工作原理

列车显示系统中各列车上配置的中央端末装置或者端末装置连接到连续通信传送路(PROFIBUS), 共享编成内的各种情报。

两个先头的 Tc 车上设置中央端末装置, 中间车上设置端末装置。

中央端末装置收集搭载在自车上的各装置的情报的同时, 经由车辆间传送路与其他车辆进行情报交换。

设置在中间车上的终端装置是收集该车辆上搭载的各装置的情报, 并与中央终端进行情报交换。还有中央终端装置是与设置在驾驶台上的显示控制器进行情报交换。各种情报显示在监控器的显示屏上并可以通过显示屏进行各种操作。

1. 车辆之间的传送

车辆之间的传送系统是由中央终端装置内的中央装置和中央终端装置或者终端内部的 IO/IF 单元组成。中央装置是由 PROFIBUS 的主局、IO/IF 单元组成。

车辆间传送系统考虑到有效性由待机双重系构成，一系的主机是在 1 号车的中央终端装置上，2 系的主机配置在 6 号车的中央终端装置上。

通常一系是动作系支配列车监控器的全部功能，设计采用了在一系上检测异常的时候，二系取代其功能的原理。

2. 装置间的传送

各车的中央终端装置及其终端装置通过连续通讯传送与安装在该车上的其他装置交换情报。

Tc 车的中央终端是与 SIV 装置、制动装置、门装置、空调装置及其 PIDS、CCTV 和 RS-485（HDLC）相连接，显示控制器与 RS-485（调步同期）相连接。

M 车，M1 车的终端装置是以 RS-485（HDLC）与 VVVF 装置，制动装置，门装置及其空调装置相连接。

T 车的终端装置是以 RS-485（HDLC）与制动装置，门装置及其空调装置相连接。

设置了中央终端装置或者终端装置 RS-485 接口电路是双重化，通常是一系侧的电路中进行通信，当一系侧检测到异常的时候二系侧的电路取代其通信功能。

3. 监控显示器

前后驾驶台上各设置一台的监控显示器是以 VGA（VIDEO 信号）及其 RS-232C（触摸屏控制）与监控显示器相连接。

不管前进方向监控显示器具有相同的功能。而且操作上各个独立。

4. 记录方法

列车监控系统管理的记录有如下 3 种：

(1) VVVF 装置，SIV 装置及其制动装置上记录的故障记录。

(2) 中央终端装置记录的故障记录（故障履历），乘车率记录，累计记录（距离、电力量、压缩机运转率）。

(3) 显示控制器（IC 卡）上记录的试运行记录，运行数据。

所有这些记录都可以通过监控显示器或者数据读出器显示或者消除。（在显示控制器和数据读出器上的操作有些不同）。

5. 数据读出器

数据读出器是在 Tc 车上设置的显示控制器上连接 Ethernet 电缆使用。

以连接数据读出器和显示控制器，数据读出器可以以显示控制器以中央终端装置 RS-485 接口为媒介连接在列车监控系统。

使用数据读出器的时候，有必要通过操作该驾驶台上的监控显示器的触摸屏设定数据读出器连接画面。

这个时候监视显示器及其显示控制器为数据读出器连接专用，实施不了通常的画面表示和操作。

6. 系统构成图

列车监控显示器系统构成如图 5-16 所示。

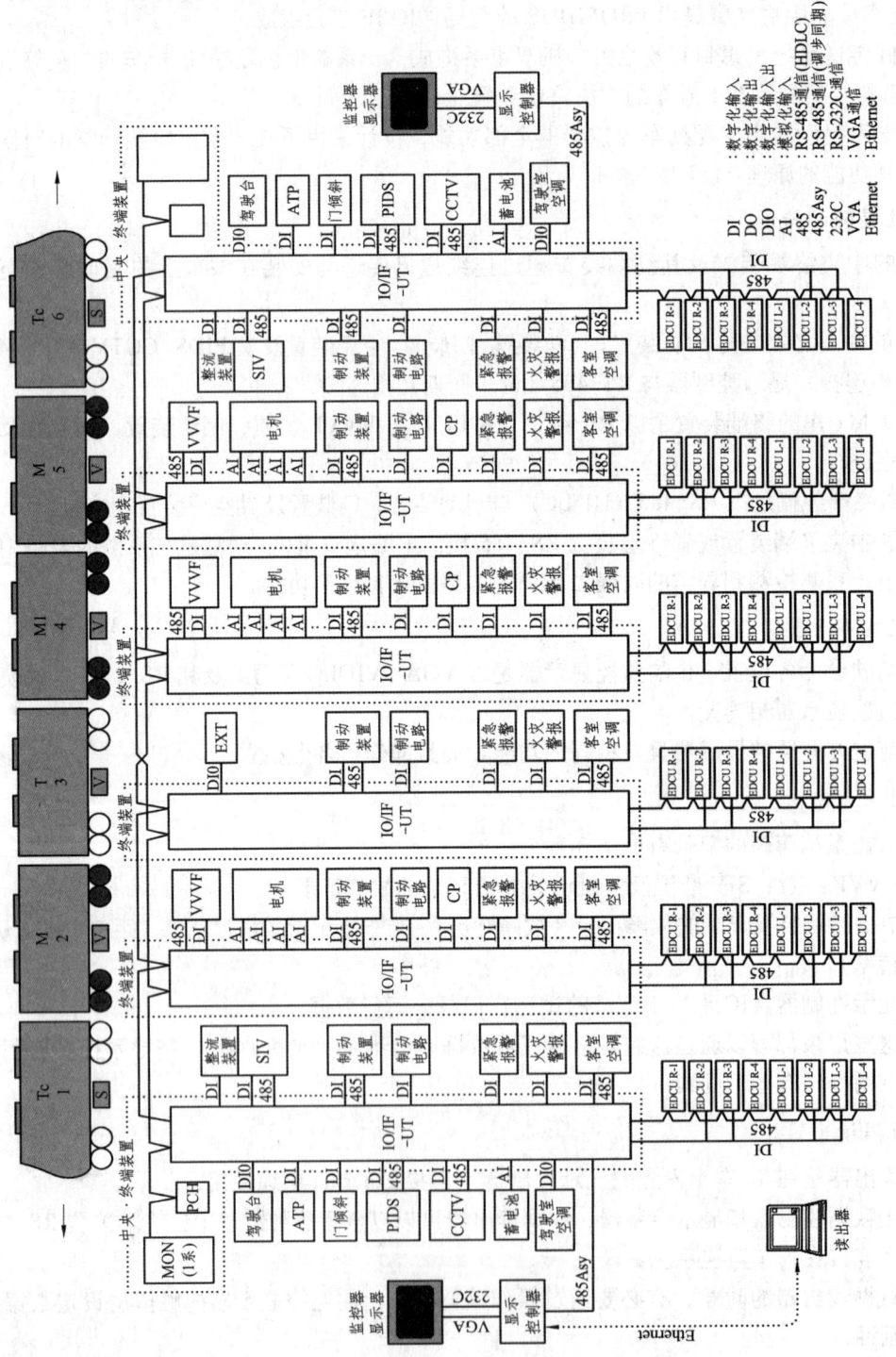

图 5-16 列车监控显示器系统构成图

（四）维修和检查

1. 日常的维修

这个列车监控系统是在通常的使用状态下几乎不需要点检，因为故障需要点检装置的各部位的时候，需要确认如下的项目后实施。

(1) 切断电源（DC 110 V）。

切断各车的中央·终端装置，驾驶台的监控显示器的电源。

(2) 确认输入信号的有无。

确认监控器中央装置，IO/IF 单元中没有输入信号。关于输入信号的有无是通过监控中央装置，IO/IF 单元的 LED 显示来确认。

(3) 确认其他装置的电源。

切断与此列车监控系统通信的其他装置的电源。

2. 中央终端装置的检修（见表5-1）

表 5-1 中央终端装置的检修

检查部位	检查项目	检查内容	限度、标准值
IO/IF 单元 监控中央装置	连接器	接触状态	更换针的变形、松弛、腐蚀的部件
	电路板	有无异常	更换变形、变色、损伤的部件
	箱内配线	电线损伤的有无	更换有损伤的部件

3. 显示控制器及其监控显示器的检修（见表5-2）

表 5-2 显示控制器及其监控显示器的检修

机器名称	检查项目	检查内容	限度、标准值
全体	外观	有无异常	
	电缆	电线的损伤的有无	更换有损伤的部件
	连接器	接触状态	更换有针的变形、松弛、腐蚀的部件
LCD 画面	外观	有没有异常	
	外伤	画面损伤的程度	更换显著伤痕的部件
	触摸开关	开关的回应	更换回应显著慢的部件
背景灯	亮度	画面是否有充分的亮度	更换昏暗的背景灯

4. 故障的分析和排除

故障发生时的原因分析和排除方法见表5-3。

表 5-3 故障分析和排除

序号	故障现象	原因分析	排除方法
1	显示器没有任何显示	没有电源	① 确认电源 NFB（车体侧） ② 确认电源配线、连接器 ③ 确认箱内或者组装配线，有损伤就更换

续表 5-3

序号	故障现象	原因分析	排除方法
1	显示器没有任何显示	电缆的断开	更换连接电缆
		显示控制器故障	更换显示控制器
		监控显示器故障	更换监控显示器
		显示控制器故障	更换显示控制器
2	监控显示器中不显示初期画面	箱内或者组装配线的损伤	更换出现损伤的配线
		显示控制器的故障	更换显示控制器
		通信板（IFB105）故障	更换 Tc 车的通信板（IFB105- SLOT2）
		中央终端装置的故障	更换中央终端装置
3	触摸开关没有回应	触摸开关故障	更换监控显示器
		电缆的断线	更换连接电缆
		显示控制器的故障	更换显示控制器
4	喇叭不响，或者接连响	喇叭故障	更换监控显示器
5	在编成表示中有车号的缺少	中央终端装置的故障或者终端装置故障	更换缺少车号的车辆的中央终端装置或者终端
		箱内配线的损伤	更换损伤的配线
6	运行画面或者车辆状态画面中发生如下项目的异常表示：前进方向（头尾切换开关）	数字化信号输入板（IBA124）故障	更换数字化信号输入板（IBA124- SLOT9）
7	运行画面或者车辆状态画面中发生如下项目的异常表示：门倾斜动作状态	数字化信号输入板（IBA124）故障	更换数字化信号输入板（IBA124-SLOT10）
8	运行画面或者车辆状态画面中发生如下项目的异常表示：①牵引·再生电流（显示 OFF）；②SIV 输出（表示 OFF）；③BHB 动作状态；④BLB 动作状态	数字化信号输入板（IBA124）故障	更换数字化信号输入板（IBA124-SLOT11）
9	运行画面或者车辆状态画面中发生如下项目的异常表示：BC 压力（OFF 表示）	数字化信号输入板（IBA124）故障	更换数字化信号输入板（IBA124-SLOT12）

续表 5-3

序号	故障现象	原因分析	排除方法
10	运行画面或者车辆状态画面中发生如下项目的异常表示： ① BC 压力（停车制动）； ② 火警； ③ 紧急短路； ④ CP 动作状态； ⑤ 制动启动； ⑥ 非常通报	数字化信号输入板（IBA124）故障	更换数字化信号输入板（IBA124-SLOT13）
11	运行画面或者车辆状态画面中发生如下项目的异常表示： ① BC 压力； ② 乘车率； ③ 速度； ④ 刻痕（制动）； ⑤ 制动装置故障； ⑥ 制动装置传送异常	通信板（IFB105）故障	更换通信板（IFB105-SLOT1）
		箱内或者组装配线的损伤	更换配线
		制动控制装置故障	调查制动控制装置
12	运行画面或者车辆状态画面中发生如下项目的异常表示： ① 牵引·再生电流； ② 第三轨电压； ③ 第三轨电流； ④ 刻痕（牵引）； ⑤ VVVF 故障； ⑥ VVVF 传送异常	通信板（IFB105）故障	更换通信板（IFB105-SLOT1）
		箱内或者组装配线损伤	更换配线
		VVVF 装置的故障	调查 VVVF 装置
13	运行画面或者车辆状态画面中发生如下项目的异常表示： ① SIV 输出电压； ② SIV 输出频率； ③ SIV 故障； ④ SIV 传送异常	通信板（IFB105）故障	更换通信板（IFB105-SLOT1）
		箱内或者组装配线的损伤	更换配线
		SIV 装置的异常	调查 SIV 装置
14	在运行画面中发生下列的异常项目表示： ① 门动作状态； ② 门故障； ③ 门传送异常	通信板（IFB105）故障	更换通信板（IFB105-SLOT1）
		箱内或者组装配线的损伤	更换配线
		门控制装置的异常	调查门控制装置

续表 5-3

序号	故障现象	原因分析	排除方法
15	运行画面或者空调设定画面中发生下列异常项目表示： ① 车内温度； ② 空调动作状态； ③ 空调故障； ④ 空调传送异常	通信板（IFB105）故障	更换通信板（IFB105-SLOT1）
		箱内或者组装配线的损伤	更换配线
		空调装置异常	调查空调装置

复习思考题

1. 列车监控系统的用途是什么？
2. 简述列车监控系统的工作原理。
3. 监控显示器不显示的原因有哪些？

第七节　其他电气系统的检修

一、其他电气系统的组成

（一）主控制器

驾驶员通过操纵主控制器手柄，使列车按驾驶员意图控制运行。

驾驶员控制器实际上是一组转换开关，能够控制主电路。通过搬动两根不同的轴，控制凸轮及与之组合开关相应的触点的分合，然后通过控制电路来控制列车的运行状态及方向，实现列车前进、后退、牵引、制动和惰行工况的转换。

主控制器主要由主控制手柄、方式/方向手柄、组合开关、凸轮、转动轴、电位器电阻等部件组成。

为了保证列车的安全，通常在主控制手柄顶部安装有警惕按钮，驾驶员只有按下该按钮后方能向列车发出指令；在列车运行过程中，如果驾驶员放开警惕按钮一定时间后不能及时再次按下，列车将实施紧急制动。

通常主控制器还与驾驶员钥匙开关相互联锁，保证在钥匙未打开前，主控制器处于锁定状态，而如果主控制器处于工作状态时，钥匙是不能被拔出的。主控制手柄与方式/方向手柄之间也相互联锁，在主控制手柄处于牵引或制动位置时，方式/方向手柄无法改变状态；方式/方向手柄不工作时，主控制手柄被锁定，无法放在牵引或制动位上。图5-17所示为列车用主控制器主视图，图5-18所示为位于列车驾驶室的主控手柄。

（二）熔断器

熔断器串联于电路中，当该电路产生过载或短路故障时，熔断器先行熔断，切断故障电路，保护电路和电气设备。

熔断器按结构可分为：开启式熔断器、半封闭式熔断器、封闭式熔断器。在地铁车辆上多采用封闭式熔断器，完全封闭在密闭的壳体内，没有电弧火焰喷出，一般不会造成飞弧危及人身安全及损坏电气设备的故障，并且可有效提高分断能力。

封闭式熔断器主要由熔体、熔管和插刀等组成。熔体是熔断器的主要部分，它受过载或短路电流的热作用而熔化，从而达到断开故障电路的目的。熔管用以控制电弧火焰和熔化金属粒子向两端喷出。插刀用以和外电路接通。

对熔化材料的要求是熔点低、易于熔断、导电性能好、不易氧化、容易加工和价格低廉等。熔体的材料一般有铜、银、锌、铅等。

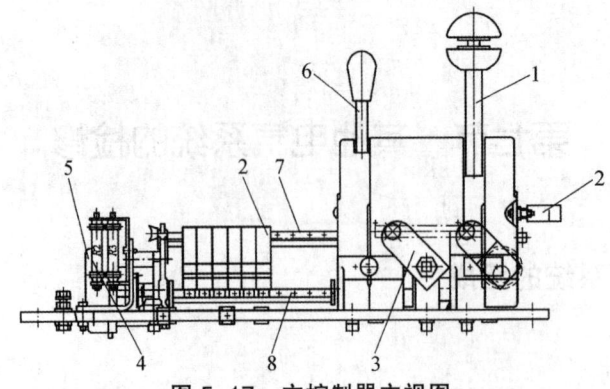

图 5-17 主控制器主视图

1—主控制手柄；2—微动开关；3—联锁机构；4—电阻；5—电位器；6—方式/方向手柄；
7—6 所用带凸轮装置的传动轴；8—1 所用带凸轮装置的传动轴

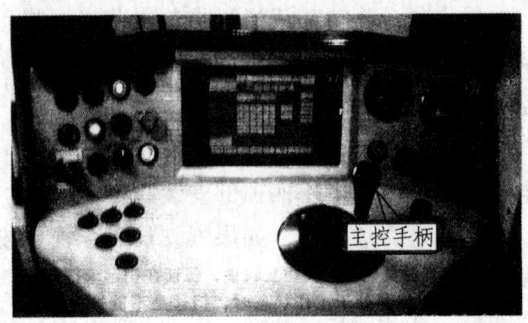

图 5-18 驾驶台主控手柄

在有分支的电路中，通常有串联总的熔断器和分支电路的熔断器，如图 5-19（a）所示。为了保证熔断器动作的选择性，各分支电路中的熔断器保护特性应处在总的熔断器保护特性之下，如图 5-19（b）所示。当电路在 C 点发生接地故障时，熔断器 2 先行熔断，切断故障电路，熔断器 1 不通过故障电流，保护了正常支路继续工作。因此，仅切除故障支路是熔断器动作的选择性。

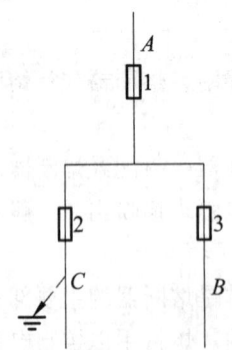 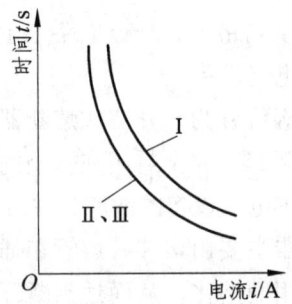

（a）分支电路的熔断器电路　　　　　（b）熔断器的保护特性

Ⅰ—总熔断器保护特性；Ⅱ、Ⅲ—分支熔断器保护特性；1、2、3—熔断器

图 5-19 有分支电路的熔断器及其保护特征

保护特性是熔断器的一个重要特性，另一个重要参数是分断能力。分断能力表示熔断器能断开的最大短路电流。

（三）继电器

继电器同接触器的共同点是都是一种自动控制电器。不同的是，继电器一般不直接控制主电路，而是接在控制电路中，因此，它通过的电流较小（一般在 20 A 以下）。同接触器相比，继电器没有灭弧系统，结构简单，接触容量小，动作的准确性要求高。

继电器主要由测量机构和执行机构两部分组成。测量机构接收输入量，并将其转变为继电器工作所必需的物理量，如电压、电流、压力等。执行机构用以改变原来所处状况。其结构多采用板式和桥式的点接触银质触头，银质触头通常焊在弹簧片上（磷铜片），弹簧片既产生触头压力，又作为传导电流的触头支架。触头是继电器的执行机构，必须工作可靠。对继电器触头的主要要求是：耐振动和冲击，不产生误动作；触头接触电阻要小，以便接触可靠；耐机械磨损和电磨损，抗熔焊；使用寿命长等。图 5-20 所示为电磁式继电器的结构。

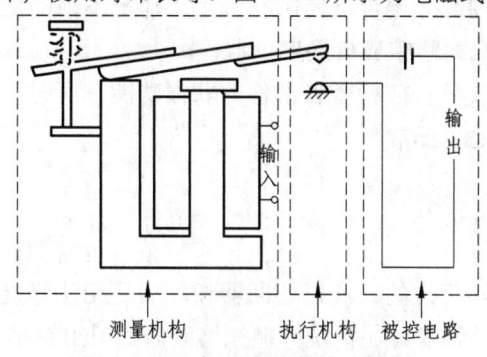

图 5-20　电磁式继电器结构图

（四）各类传感器

在列车各控制系统中，使用了大量的传感器为系统控制单元提供反馈信号。例如，牵引控制系统使用非接触式传感器测轴速，用于电子防滑和车轮空转的控制；用电流传感器、电压传感器检测主电路电流、电压情况；制动电阻箱内使用温度传感器监控制动电阻温度；空调系统在客室中安装温度传感器用于控制空调系统的工作状态等。图 5-21 所示为列车上使用的测速传感器。

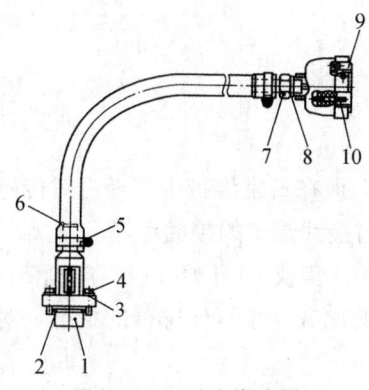

图 5-21　测速传感器

1—脉冲发生器；2—O 形环；3—自锁垫圈；4—螺栓；5—夹子；6—耐压胶管；
7—胶管座；8—密封环；9—接触件

二、其他电气系统部分的检修

这里主要介绍拆装主控制器、熔断器、继电器及各类传感器并了解它们的检修规程。所需工具、设备有：兆欧表、欧姆表、扭力扳手等。所需物品为：黏结剂1521、红漆等。

（一）主控制器的检修

(1) 检查凸轮外表是否有磨损痕迹，如有就更换。对转轴经常进行清洁和润滑，表面应经常擦拭。

(2) 检查转换开关，测量转换开关触点阻值是否正常。在大修中应更换所有的转换开关。

(3) 检查电位器工作情况。电位器电阻在整个工作范围内的变化应是平滑的，对于阻值有跳动的电位器应更换。在大修中应更换电位器。

(4) 主接触器组装完成后，应检查各部件的联锁功能。同时，还应检查在不同工作模式下相对应的转换开关工作是否正常。

（二）熔断器检查的检修

由于熔断器的工作是不可逆的，所以熔断器损坏后是无法修复的。因此，在日常检修中主要用欧姆表检查熔断器是否良好。清洗并抛光熔断器的引出铜排，确保状态良好。

（三）继电器的检修

1. 检查线圈阻值

对于阻值过大的应予以更换。

2. 检查触头阻值

触头接触是否良好，直接关系到继电器控制的电路能否正常工作。如果接触电阻过大，通常会造成列车控制失灵故障，而且这类故障呈现无规律性。因此，对于接触电阻过大的继电器也应予以更换。

（四）各类传感器检修

传感器通常无需进行检修，但在日常维护中应经常对传感器接线端进行检查，必要时清洁、打磨接线端子以保证电缆与接线端子的接触良好。

在进行较大修程作业时，如5年或10年修，应对电流传感器、电压传感器、速度传感器进行检测，通过对波形或数据的比较，了解传感器的状态。对于波形发生畸变或测量参数偏移较大的应予以更换。

复习思考题

1. 简述一种城市轨道交通车辆司机控制器的联锁关系。
2. 简述城市轨道交通车辆熔断器的作用、结构。
3. 简述城市轨道交通车辆各类传感器的作用。
4. 结合电磁式继电器结构原理图 5-20，归纳出继电器的检修内容。

参考文献

[1] 殳企平. 城市轨道交通车辆维修工艺及设备[M]. 北京：中国水利水电出版社，2007.
[2] 何宗华，汪松滋，何其光. 城市轨道交通车辆运行与维修[M]. 北京：中国建筑工业出版社，2007.
[3] 阳东，卢桂云. 城市轨道交通车辆检修[M]. 北京：机械工业出版社，2010.
[4] 曾青中，韩增盛. 城市轨道交通车辆[M]. 成都：西南交通大学出版社，2006.